学校の未来をつくる「働き方改革」

制度改正、メンタルヘルス対策、
そして学校管理職の役割

小川正人 編著

教育開発研究所

まえがき

学校の働き方改革の総合的方策を提言した中央教育審議会答申「『令和の日本型学校教育』を担う質の高い教師の確保のための環境整備に関する総合的な方策について」（2024年8月27日、以下、2024年中教審答申）では、日本の学校は、これまで一定水準の平等な教育と知・徳・体の全人的教育を全国的に保障してきたが、今後、コンピテンシーベースの新学力育成と学びの「構造転換」を通してさらなる高みを目指すことが期待されていると述べている。そして、そうした新たな課題の取り組みには、学びの専門職としての教職の高度化と優れた人材を教職に確保し続ける必要があり、長時間勤務など学校の労働環境を抜本的に改善することが重要であると学校の働き方改革の意義を強調している。教職への優秀な人材確保という点では、労働力人口減少下で他産業・業界との人材獲得競争にも晒《さら》されており、やりがいと成長を実感でき安全健康で働くことができる勤労者本位の抜本的な学校職場の労働環境整備が必至となっている。

2024年中教審答申がそのサブタイトルを、「全ての子供たちへのよりよい教育の実現を目指した、学びの専門職としての『働きやすさ』と『働きがい』の両立に向けて」（傍線・傍点引用者）としているのは、正しく、そうした意図を含んでいると思われる。

2019年度以降、学校・教員の働き方改革も本格的に動き出した。この間、マスメディアなどでも学校・教員の働き方改革の話題が多く報道され、関係する著作物や関係者・機関によるSNSなどを通した発信も枚挙にいとまがないほどである。確かに、学校・教員の働き方改革に対する社会の理解や認知度は高まったように感じるが、そのことで教員の働き方や学校職場の労働環境整備が抜本的に進んだかと言えば、残念ながらその成果は一部にとどまっている。そうした現状も見据え、本書は、学校・教員の働き方改革の現在地を確認したうえで、これまでの取り組みの成果と問題をさまざまなデータと視点から検証し、今後の取り組みのいくつかの重要課題を検討することを試みている。

本書の構成は以下のとおりである。

Ⅰ部では、総論として学校の働き方改革の〈これまで〉と〈これから〉を考えている。まず、学校の働き方改革の起点ともいえる2019年中教審答申とそれを具体化したガイドライン（指針）策定の意義と積み残された課題を確認する。次に、改革の課題を引き継いだ中教審〝質の高い教師の確保特別部会〟が、2019年以降の働き方改革の取り組みをどう総括しどのような新たな方策を示したのかを概観したうえで、今後の取り組みにおいて教育委員会や学校が留意したいいくつかの課題を整理している。

Ⅱ部では、学校の働き方改革の成果と問題を各種調査データから検証することを試みている。1章では、文科省と教育委員会が実施した2000年代後半以降の各種の教員勤務実態調査データを整理し直し、教員の勤務がどう変化してきているのかを実証的に明らかにしている。2章と3章は、筆者らが2021年末に実施した全国の校長・教員アンケート調査データを分析して、この間の学校の働き方改革に対する校長・教員の認識と評価、そして、自校での取り組みによりどのような成果や変化、問題が生じているのかなどを明らかにしている。

Ⅲ部では、公立学校における働き方改革で特に重要ないくつかのテーマを各論として論じている。

1章では、働き方改革が旧来の教員の仕事の「捉え方」と「やり方」の見直しを迫っていること、そして、そのことが学校経営のうえでもさまざまな葛藤を生じさせており管理職のマネジメントのあり方が改めて問われていることを論じ、管理職が学校経営上で留意したいいくつかのポイントを提案している。

2章と3章では、給特法下の公立学校の働き方改革を「相対化」して取り組みのさまざまな選択肢の可能性を考えたいとの思いから、国立大学附属学校（以下、附属学校）と私立学校の事例を取り上げている。私立学校は法令上では労働基準法が適用され、附属学校も独立行政法人化された２００４年度より給特法から適用除外され、労働基準法下で労務管理が行われているはずであったが、多くの附属学校と私立学校では給特法準拠の運用を行ってきた実態もあった。そのため、学校の働き方改革は公立学校に限らず、附属学校と私立学校にも労務管理や教員の仕事のやり方に見直しを迫ることになった。その点は公立学校と同じであったが、附属学校と私立学校は労働基準法を踏まえた見直しを求められた。そうした附属学校と私立学校の取り組み事例からは、給特法によって見直し方策の選択肢を制限されている公立学校における取り組みの課題を考えるうえでさまざまな示唆を読み取ることができる。

4章では、精神疾患による長期療養者数が20～30代を中心に急増している公立学校教員のメンタル不調の実情とその要因を整理し、取り組みの課題として、指針と２０１８年改正の労働安全衛生法の趣旨を踏まえた学校の安全衛生管理体制の整備とその運用上の留意点を論じている。

２０１９年以降の学校の働き方改革をめぐっては、給特法の改廃論議が社会の耳目を集めた。そのことを踏まえて、5章では、労働裁判における給特法の解釈と問題を考えている。また、教員の労働問題として争われることが多い労働災害（公立学校教員の場合、公務災害）と安全配慮義務をめぐる判例を紹介したうえで、実務上の問題についてもいくつかの課題を指摘している。労務管理責任を負っている教育委員会、校長などの管理職には特に留意しておきたい内容である。

そして最後に、教育行政や学校の現場責任者である教育長と学校長が文科省の働き方改革の方策をどう受け止めどのような取り組みを進めているのか、また成果や課題をどう捉え今後どのように対応していこうとしているのかなどを、現職の教育長と学校長に座談会で自由に語っていただいた。

本書が、読者にとって学校の働き方改革を考え、取り組みを進めていくうえでの一助になれば幸甚である。

編著者　小川　正人

２０２４年８月

目次

III部　各論

Ⅰ部　総論

学校の働き方改革——これまでとこれから

小川正人

中央教育審議会「『令和の日本型学校教育』を担う質の高い教師の確保のための環境整備に関する総合的な方策について（答申）」（２０２４年8月27日。以下、２０２４年中教審答申）は、改廃論議で社会の耳目を集めた給特法を維持し、２０１９年中教審答申がつくった仕組み（在校等時間による勤務実態把握と時間外月45時間・年間３６０時間の上限設定など）のもとで、学校の働き方改革を加速化していくとしている。学校の働き方改革は、今後、この答申に沿って進められていくことになるが、文科省には本答申に盛り込まれた諸施策を具体的に実行していく予算確保などが期待され、教委と学校はこれまで以上の取り組みが求められることになる。

そこで、Ⅰ部では、２０２４年中教審答申が、この間の働き方改革の取り組みをどう総括したうえで、今後の施策の方向性をどのように示しているのかを確認し、教委と学校の取り組みにおいて留意したいいくつかの課題を整理しておきたい。

1 学校の働き方改革の始動――「働き方改革推進法」と公立学校への影響

最初に、学校の働き方改革の起点になった「働き方改革を推進するための関係法律の整備に関する法律」（2018年6月成立、2019年4月施行。以下、「働き方改革推進法」）の内容を確認し、それが（公立）学校の働き方改革に及ぼした意義を確認しておきたい。

(1) 「働き方改革推進法」の要点

「働き方改革推進法」は、労働基準法（以下、労基法）、労働安全衛生法（以下、安衛法）、労働時間等の設定の改善に関する特別措置法など、労働関係の主要な8つの法律を含む36の法律を一つの法律をもって改正したものである。「働き方改革推進法」は、労基法改正で時間外労働の上限規制とその違反には罰則を科す等の新たな規定が盛り込まれるなど、70年ぶりの大改革であると関係者から評価された（第一東京弁護士会2019）。

「働き方改革推進法」の要点を整理しておくと、第一は、労働時間規制に関して刑事罰を伴う強行規定として上限規制が設けられたことである。確かに、従来も時間外労働に対する上限規制はあった。ただし、労使間の36協定で1ヵ月45時間、1年360時間まで上限可能となり、加えて、36協定で「特別条項」を締結すれば、1年のうち通算6ヵ月にわたって36協定の原則的な限度時間を超えて時間外労働をさせることができるとされ青天井の残業の温床とも批判されてきていた。そうした問題に対して、今次の労基法改正では、特別条項を結んだうえでの残業についても上限が設定され、上限に違反した場合には、６ヵ月以下の懲役又は30万円以下の罰金が科されるという罰則つきとなった。従来は、こうした罰則がなかったため今次改正が大改正と言われる理由にもなっていた。

第二は、健康確保措置の改善を進めている点である。たとえば、安衛法の改正により客観的で適切な方法による勤務実態把握（勤務時間管理）を義務づけ、産業医の役割・機能強化により健康確保などが図られ（Ⅲ部４章で詳説）、そして、労働時間等の設定の改善に関する特別措置法の改正で民間企業に勤務間インターバル制の導入促進が努力義務化された。

「働き方改革推進法」は、長時間の時間外労働に対する上限規制と健康確保という二つの措置で、勤労者のワーク・ライフ・バランスやウェルビーイングを高めることを重視した法令改正を行った。

(2) 公立学校の働き方改革への影響

民間を主な対象とした「働き方改革推進法」ではあったが、一連の関連法令の改正は私立学校ならびに附属学校は言うに及ばず公立学校に対しても、時間外労働に対する上限規制や客観的で適切な方法による勤務実態把握（勤務時間管理）、そして、健康確保の取り組みを要請した。

ただ、民間とは異なり、第一に、国家および地方公務員の場合には、時間外勤務の上限規制に関しては、強行規定や罰則は当面該当しないこととされた。そして、第二に、客観的で適切な方法による勤務実態把握（勤務時間管理）のあり方や時間外勤務の削減については、公立学校教員の場合には、給特法が適用されていることもあり（２０１９年度改革では、政府・文科省は給特法を維持することを前提としていたため）、給特法と齟齬が生じないような勤務実態把握（勤務時間管理）や時間外勤務を抑制する制度的措置のあり方を検討することが必要となった。そのため、公立学校の働き方改革の進め方を検討する場として、中教審に「学校における働き方改革特別部会」が設置され（２０１７年６月）、約１年半の審議を経て、答申「新しい時代の教育に向けた持続可能な学校指導・運営体制の構築のための学校における働き方改革に関する総合的な方策について」（２０１９年１月25日、以下、２０１９年中教審答申）が公表された。

２０１９年中教審答申を受けて、給特法の一部改正（２０１９年12月４日成立：在校等時間という外形による勤務実態把握の義務づけ、１年単位変形労働時間制の適用）と「指針」（「公立学校の教育職員の業務量の適切な管理その他教育職員の服務を監督する教育委員会が教育職員の健康及び福祉の確保を図るために講ずべき措置に関する指針」）が策定、告示された（２０２０年１月17日告示、同年４月１日適用。以下、指針）。

2　２０１９年中教審答申と積み残された課題

(1)　２０１９年中教審審議を制約した事情

２０１９年中教審では、給特法の維持という前提条件の他に、その審議を厳しく制約するようないくつかの事情があった。それら諸事情の一つが、教職員の増員要求に対する政府・財務省の厳しい定数改善抑制である（小川２０１９）。

教員の長時間勤務の主要因の一つが、学校・教員が担ってきた業務量の多さであり近年では授業や授業準備等の本来的業務の増加であることを考えれば、本来的業務を含め業務量を軽減するために、必要な教職員定数改善で教職員数を増員し教員一人当たり授業持ちコマ数を軽減するなど本来的業務の量を適正化すべきであるという主張には説得力がある。しかし、教職員数の大幅増員や定数改善の要求に対して、政府・財務省は、国・自治体の厳しい財政事情と児童生徒数の急減を見通して、教職員数の抑制、削減に舵を切っている。

文科省は、経済財政諮問会議からの要請を受け、２０１９年に「公立小中学校等の教職員定数の中期見通し」（同年3月29日。以下、「中期見通し」）を策定している。「中期見通し」では、公立小・中学校等の児童生徒数は、２０１８年度の約９４０・5万人から２０２６年度の約８６１・1万人まで約79・4万人の減少が見込まれるとし、その児童生徒数の減少に伴い、基礎定数全体で教職員数は２０１８年度の約63・3万人から２０２６年度の約60・6万人まで約２・７万人の減と試算している。

文科省のこれまでの教職員定数改善の手法・実績を考えると、児童生徒数の自然減に伴う教職員定数の減少枠でどれだけ多くの教職員数を確保できるかということが最大限の目標とならざるを得ない。「中期見通し」では、２０２６年度までの今後8年間で基礎定数部分において確実に増員を見込めるのが、①特別支援学校の児童生徒数5千人増に伴う3千人、②特別支援学級の児童生徒数8万8千人増に伴う1万人、③発達障害など通級指導を受ける児童生徒数5千人増に伴う5千人、④日本語指導が必要な児童生徒数1千人増に伴う1千人など、計1万9千人と試算している。つまり、①～④以外で教員増を要する諸施策で要求可能な数は残り8千人程しかないという試算になる。教員増の要求可能枠8千人程を最大限確保できたとしても、業務量の大幅削減を実現するような施策を実施できるとは考えられない。

その結果、文科省は教員数の大幅増員という手法に多くを頼れないのであれば、残された選択肢は、膨大な追加財源を要さずに、時間外勤務をいかに効果的に抑制していくかという方策や、その方策を持続的に進めていくことを担保する法制的仕組みを検討していくしかない。そうした状況のもとで考えられたのが、上限設定と勤務実態把握（勤務時間管理）を通した業務の明確化・適正化による業務量軽減と健康確保の取り組みであったといえる。

(2)　2019年中教審答申の要点と課題

公立学校にも時間外勤務の上限設定と勤務時間を客観的で適切な方法で把握（管理）することが強く要請され、文科省は、「公立学校の教師の勤務時間の上限に関するガイドライン」（2019年1月25日、以下、ガイドライン。その後、給特法改正で「指針」に格上げ）を策定した。ガイドライン（指針）には労基法が一般的な上限として設定した月45時間、年360時間を公立学校での時間外在校等時間の上限と明示された。そして、ガイドライン（指針）の上限まで時間外在校等時間を削減する方策として、これまで慣習的に行われてきた業務を含め、学校・教員が担うべき業務を大胆に見直して、学校・教員が担う業務の明確化、適正化を図ることを謳った。

また、ガイドライン（指針）では、従来、教員の「自発的行為」とされてきた超勤4項目以外の業務についても時間管理の対象としたことが大きな改善点であった。超勤4項目以外の業務も含め勤務時間を在校等時間という外形で把握し、時間外在校等時間をガイドライン（指針）の上限まで削減することを当面の課題とした。同時に、夏季長期休業期間に休日をまとめ取りしやすくする工夫の一つとして、

1年単位変形労働時間制の導入を自治体の判断でできるようにした。

①ガイドライン（指針）の「功」と「罪」

給特法下の公立学校では、在校等時間が所定勤務時間（地方公務員一日7時間45分）やガイドライン（指針）の上限を超えたとしても、罰則があるわけでもなく、また、代償の金銭的、あるいは代替休暇などの措置が伴うわけではないことから、「ただ働き」状況を変えるものではない。そのため、在校等時間という外形で勤務時間の実態把握（管理）をする意味はないのではないか、とする批判がある。そうした批判は一面では妥当だと考えるが、ガイドライン（指針）には以下のような「功」の面がある。

第一に、超勤4項目以外の業務の時間外勤務が、従来、教員の「自発的行為」とされ時間管理の対象外とされてきた問題を是正するため、超勤4項目以外の業務の時間外勤務も在校等時間という外形で時間管理の対象とされたことで、これまで〝隠されてきた〟時間外勤務が可視化され、「勤務時間」と認定される意味は大きい。時間外勤務が可視化され客観的データとして公になることで、今後、時間外勤務がどのような取り組みでどの程度削減されたのか、あるいは削減されなかったのか等を検証し、教育政策のPDCAサイクルに載せて教職員定数の改善や授業持ちコマ数の軽減、そして、新たな施策化に向けた取り組みなどに活用されていく可能性も出てくる。

また、在校等時間は、教員の健康確保を措置するうえで重要なデータの一つとして活用することが求められている点も重視する必要がある。今次の安衛法改正で、時間外勤務が月80時間を超える勤労者に対する医師の面接指導が義務づけられた。文科省は、「指針に係るQ＆A」で「教師の健康を確保する観点から、『在校等時間』も踏まえ、面接指導の実施又は面接指導に準ずる措置を講じるよう努め」るよう要請している（Ⅲ部4章で詳説）。加えて、長時間の時間外勤務を行ってもそれが「自発的行為」と扱われてきたことで、これまでなかなか認定が難しかった公務災害も認定されやすくなると考えられる。

第二に、ガイドラインが給特法改正（2019年12月4日成立）により同法に法的根拠をもつ指針として告示（2020年1月17日、同年4月1日から適用）されたことで、自治体（教委）は、指針を参考に方針等を条例、規則等で策定することが義務づけられた点である。そして、さまざまな取り組みにもかかわらず在校等時間が減らなかった場合、また、上限を超えた場合には、教委や校長はその背景や構造を分析し明らかにするなど、事後的に検証を行い改善に向けたさらなる取り組みを強く求められることになった。その意味では、教委や校長は、時間外在校等時間を削減していく行政上の責任を強く負うことになったといえる。事実、改正給特法案をめぐる国会審議で、〝ガイドラインと指針は何が違うか〟という野党議員からの質問に対して、当時の萩生田文科大臣は、次のように答弁している。

「ガイドラインは、あくまで指導助言として各教育委員会に対して通知をしているものにすぎないため、その実効性を高める観点から、今回、指針に格上げし、その根拠を法令上位置づけることとしております。」「指針を踏まえ、在校等時間が上限の目安時間を超えている場合には、学校の管理運営に係る責任を有する校長や教育委員会は業務削減等の取組を積極的に果たす必要があり、業務削減等に向けた努力を行わないまま、引き続き在校等時間が上限の目安を大幅に超えるような場合には、校長、教育委員会はこうした学校の管理運営に係る責任を果たしているとは言えないと考えられます。このような教育委員会としての責任を果たす観点から、本指針を参考にして、各地方公共団体において所管の公立学校の教師の勤務時間の上限に関する方針等を作成し、条例や規則等で根拠づけることが重要であると考えております。」（衆議院文部科学部会会議録第6号、2019年11月13日）

②積み残された課題——「応急処置」としての改正・給特法

指針の策定により、これまで「教員の自発的行為」とされてきた超勤4項目以外の業務の時間外勤務も在校等時間として勤務時間の実態把握（管理）の対象とされたことで、給特法の抱えていた労基法との〝不整合＝二重基準性〟がより明確になったことは否めず、給特法の見直し論議を忌避できない状況を生み出した。その点については、当時の萩生田文科大臣が、2019年の給特法一部改正は、教員の長時間勤務の改善に向けた「応急処置」であり、今後の取り組みの延長線上に、3年後に、再び、法制度の本格的な見直しを図りたいと改正給特法案の国会審議で次のように答弁していた。

「今回の法改正案においては、言わば応急処置として勤務時間かどうかを超え校務に従事している時間を在校等時間として位置付け、まずはこれを……上限をターゲットに縮減する仕組みを御提案させていただいております。」「今回の法改正で働き方改革は終わりではなく、むしろ始まりであります。この応急処置の実効性を高めつつ、これから省内でも検討チームを設けて、しっかり教師にふさわしい処遇の在り方の検討を重ね、3年後に実施される教師の勤務実態状況調査を踏まえて、給特法などの法制的な枠組みについて根本から見直しをします。その際、現在の給特法が昭和46年の制定当初に想定されたとおりには機能していないことや、労働基準法の考え方とのずれがあるとの認識は見直しの基本となる課題であると受け止めており、これらの課題を整理できる見直しをしてまいります。」（参

議院文教科学委員会会議録第6号、2019年12月3日）

当時の萩生田文科大臣が、制定当初に想定されたとおりに給特法が現在機能していないという認識を示したことや、給特法と労基法の間の〝ずれ〟から生じる問題を基本課題として、3年後の教員勤務実態調査の結果を踏まえて法制的検討を図ると担当大臣として表明していたことは、文科省としても重く受け止めなければならない責務を負うこととなった。

3 2024年中教審答申の検討と取り組みの課題

指針の策定により、学校の働き方改革は、⑴在校等時間による勤務実態把握（勤務時間管理）を通して、時間外在校等時間を縮減する取り組み、⑵そのために学校・教員の業務の負担軽減と見直し・適正化の取り組み、⑶在校等時間による勤務実態把握を踏まえた健康確保措置の取り組み、を中心に進められてきた。Ⅱ部とⅢ部の各章では、そうしたここ数年間の取り組みがどのような成果を上げているか、あるいは、取り組みから見えてくる問題や課題は何かなどを検証する作業を行っている。

本稿では、2024年中教審答申の検討を通して、今後、教委・学校が取り組むいくつかの課題を整理しておきたい。以下、まず本答申自らが、この間の学校の働き方改革をどう総括し評価しているかを確認する。そのうえで、本答申が提言している今後の方策のなかから、①学校・教員の業務の負担軽減と見直し・適正化の加速化、②給特法の維持と教職調整額10％以上増の意味、③健康確保と安全配慮義務、を取り上げてそれら方策の検討を通して見えてくるいくつかの課題を考えてみたい。

⑴　2024年中教審答申における働き方改革の総括、評価

本答申は、文科省が指針の策定とともに、環境整備（通級指導等の担当教員の基礎定数化、小学校35人学級、小学校高学年の教科担任制、教員業務支援員・SC／SSW・部活動指導員等の配置拡充、部活動ガイドライン策定、ICT活用による業務効率化など）を進めながら、全国の教委・学校の取り組みを促すために働き方改革の取り組み状況調査とその結果公表などフォローアップを図ってきた結果、取り組みは「全体として見れば着実に進捗してきている」と肯定的に評価している。具体的には、一例として、2022年教員勤務実態調査を踏まえた年間推計の教諭月当たり平均の時間外在校等時間が、小学校で約41時間、中学校で約58時間となり、2016年度調査の小学校約59時間、中学校約81時間から、それぞれ約18時間、約23時間減少（6年間で約3割減少）、また、教諭の有給休暇の年間平均取得日数も、2016年度調査の小学校11・6日、中学校8・8日から、それぞれ13・6日、10・7日と2日増加したことなどを指摘している。

他方で、課題としては、以下のような点をあげている。

第一に、教委・学校の取り組みに差がみられ、全ての教委が総合的に取り組む段階から、解像度を上げて、具体的な取り組みに向けた支援・助言を行っていく段階に移行すべきであるとしている。そのうえで、第二に、業務の見直し・適正化を一層推進する必要があり、教員が教員でなければできないことに集中できるように、引き続き、3分類に基づく14の取り組みの徹底を図っていくべきと強調している。

そして、第三に、旧来の「個業」型業務遂行から、業務の一部分を思い切って他の教員や事務職員、支援スタッフなどと分担し協働していくというシフトチェンジを徹底し、学校の組織体制のあり方も見直す必要があるとしている。加えて、第四に、標準授業時数を大きく上回る教育課程を編成・実施している学校が一定数存在する状況も踏まえ、全学校において、授業時数について点検したうえで、教育課程の編成に臨む必要があるとも述べている。また、ICT環境整備と校務DXを加速し、教委の取り組みの「見える化」とPDCAサイクルの構築も不可欠の課題であると指摘している。

(2) 学校・教員の業務の負担軽減と見直し・適正化の加速化――課題と留意点

２０２４年中教審答申において、学校の働き方改革の取り組みで最も重視しているのが、教員の負担軽減と時間外在校等時間の縮減である。その点、２０１９年中教審答申から一歩踏み込んで、取り組みをさらに加速化して、時間外在校等時間月80時間超の教員をゼロにすることを当面の通過点とし、月45時間以内、そして将来的に月20時間程度まで縮減することを目指すと明記した。その意味については、後で考えてみたいが、将来的という条件付きであれ明確な目標数値を示したことは、文科省の前向きな取り組み姿勢とある種の覚悟をうかがうことができるし、その分、重い責任を引き取ったともいえる。それに伴い、教委と学校もこれまで以上に業務の負担軽減と見直し・適正化を厳しく問われ取り組みの強化を図ることが求められることにもなる。そこで、以下、取り組みを進めていく際に留意すべきいくつかの課題を整理し考えていく。

①成果とされる年間推計の在校等時間縮減の意味

まず、2024年中教審答申がこの間の成果として示している年間推計の在校等時間縮減の数値をどう理解すべきなのかを確認しておく（以下の数値は、文科省「教員勤務実態調査（令和4年度）の集計（確定値）について」2024年4月4日公表）。

2022年教員勤務実態調査の速報値が公表された時、教諭の在校等時間が、2016年調査（小学校：11時間15分、中学校11時間32分）からわずかに30分程（小学校：10時間45分、中学校11時間1分）しか縮減しておらず十分な成果があがっていないと報じられた。それに対して、本答申では、調査対象の期間である通常期（10～11月）だけの在校等時間ではなく、それを踏まえた年間推計の月当たり平均の時間外在校等時間が、前述のとおり6年間で約3割減少したことを示して成果があったことを強調している。本答申のそうした成果の示し方は確かに一つの方法ではあると思うが、課題をより正確に把握するうえではその意味を再確認しておくことが大切である。

2016年と2022年の教員勤務実態調査は、通常期の10～11月と長期休業期間の8月を調査対象期間としている。その理由について、文科省は、2006年調査を踏まえ、通常期―長期休業期間を除いた時期―の平均に最も近いと考えられる時期が10月、11月であったことから10月と11月が調査対象時期となったと説明している（「教員勤務実態調査の実施方法等に関する補足説明」）。

その点を踏まえたうえで、年間推計の在校等時間が縮減した意味を確認しておきたい。2022年調査では、10～11月の教諭の1日平均在校等時間（平日）は、小学校10時間45分、中学校11時間1分となっており、所定勤務時間（7時間45分）を差し引くと時間外在校等時間が小学校3時間、中学校3時間

表1　2016年調査と2022年調査の在校等時間および時間外の比較（10～11月）

	2016年度調査（A）			2022年度調査（B）			A－B
	1日の在校等時間	1日の時間外	月の時間外	1日の在校等時間	1日の時間外	月の時間外	月の時間外
小学校	11時間15分	3時間30分	70時間	10時間45分	3時間	60時間	10時間
中学校	11時間32分	3時間47分	75時間40分	11時間01分	3時間16分	65時間20分	10時間20分

表2　教諭の夏季休業期間における勤務状況（平日）

○小学校　（日）

	勤務日	年休等	部分休	計
1週目	1.8	2.5	0.7	5.0
2週目	0.5	4.3	0.2	5.0
3週目	0.8	3.8	0.4	5.0
4週目	2.5	1.9	0.7	5.0
計	5.6	12.5	2.0	20.0

○中学校　（日）

	勤務日	年休等	部分休	計
1週目	2.8	1.2	1.0	5.0
2週目	0.9	3.7	0.4	5.0
3週目	1.6	2.8	0.6	5.0
4週目	3.1	1.0	0.9	5.0
計	8.4	8.7	2.9	20.0

表3　夏季休業期間における教諭の1日当たりの在校等時間（平日）（時間：分）

	小学校	中学校
教諭	8時間04分	8時間26分

表1～3出典：文部科学省「教員勤務実態調査（令和4年度）」

16分となり、月（勤務日20日）で小学校60時間、中学校65時間20分になる（**表1**）。一方、8月は、平日（20日）のうち、勤務した日数は、小学校5・6日（年休等12・5日、部分休2日）、中学校8・4日（年休等8・7日、部分休2・9日）で、1日当たりの教諭の平均在校等時間は小学校8時間4分、中学校8時間26分となっている（**表2**、**表3**）。8月の平均の時間外在校等時間は、小学校19分、中学校41分になる。年休等や部分休みは、勤務日に換算しないため、仮に、8月と10月、11月の教諭の1日平均時間外在校等時間を算出すれば、小学校1時間40分、中学校1時間54分となり、月（勤務日20日）平均にすると小学校33時間

20分、中学校38時間になる。通常期の10～11月の月当たり時間外在校等時間が、長期休業期間の8月のそれで平均化されることで小学校33時間20分（55％減）、中学校38時間（58％減）と大幅に縮減する結果となっている。本答申で年間を通し平均化してみれば月当たり時間外在校等時間が約3割縮減したとするのは、こうした8月や冬季休業期間、年末年始等の休業期間を含めた平均値であったという点に留意する必要がある。

この間の働き方改革により、休業期間中の勤務形態の見直しや中長期の閉庁日を設けるなど休業期間中に教職員に休んでもらう体制が整備されてきたことで、長期休業期間の勤務日や時間外在校等時間も大幅に減った事実がある。そうした長期休業期間中の勤務の見直しなどの成果として年間を通しての時間外在校等時間の縮減が進んだと理解できる。ただ、休業期間以外の通常期における学校の忙しさと時間外在校等時間の多さは、通常期10～11月の調査結果からもわかるようそれほど大きく変わっていないことも指摘しておく必要がある。取り組みの主要な課題は、児童生徒が学校に通っている通常期における学校・教員の業務の負担軽減と見直し・適正化であることに変わりはない。

②取り組みの成果と課題――文科省・教員勤務実態調査（確定値）から

〈２０１６年調査と２０２２年調査の比較――勤務時間が減った業務、増えた業務〉

文科省の２０２２年教員勤務実態調査から、２０１６年調査と比較して在校等時間が減った業務と増えた業務について主なものを整理してみた（**表4、表5**）。

減った業務が、学校行事、成績処理、学校経営、学年・学級経営、生徒指導等となっている。業務の見直しやＩＣＴでの効率化、サポートスタッフ等の導入等で、働き方改革の取り組みが一定の成果をあげていることは確認できる。しかし他方で、増えた業務は、授業、学習指導の時間という本来的業務や朝の業務となっている。朝の業務が増えた理由は、コロナ感染へのさまざまな対応が増えたことが指摘されている。授業や授業準備、学習指導という本来的業務が増え続け、他にそれに関係した生徒指導を軸に、学校・学年・学級経営など関係する業務の縮減にも限界（大幅に減っていない）があることも確認できる。

表４　勤務時間が減った業務（平日）

【小学校】

	平日１日	１週間（５日）	月当り
学校行事	11分	55分	３時間40分
成績処理	８分	40分	２時間40分
学校経営	５分	25分	１時間40分
学年・学級経営	４分	20分	１時間20分
本務としての研修	５分	25分	１時間40分
校内研修	４分	20分	１時間20分

【中学校】

	平日１日	１週間（５日）	月当り
学校行事	12分	60分	４時間
学年・学級経営	10分	50分	３時間20分
生徒指導（集団）	８分	40分	２時間40分
部活動	４分	20分	１時間20分

表５　勤務時間が増えた業務（平日）

【小学校】

	平日１日	１週間（５日）	月当り
授業（主担当）	７分	35分	２時間20分
授業（補助）	１分	５分	20分
学習指導	６分	30分	２時間
朝の業務	６分	30分	２時間

【中学校】

	平日１日	１週間（５日）	月当り
授業（主担当）	11分	55分	3時間40分
授業（補助）	２分	10分	40分
学習指導	４分	20分	１時間20分
朝の業務	７分	35分	２時間20分

出典：文部科学省「教員勤務実態調査（令和４年度）」をもとに作成

〈成果をめぐる議論――「持ち帰り時間」の増加など〉

本答申で示されたこの間の働き方改革の成果をめぐってはさまざま議論もある。

一つは、在校等時間が2016年調査から学校行事や生徒指導などを中心に30分程度縮減したのは、コロナ禍による学校行事などの「自粛」が影響しているのではないかという声もあり、必ずしも業務見直しの成果とは言えないのではないかという疑問である。

二つは、在校等時間の増減だけではなく、業務別の勤務時間の変化に注目した論議で、「本来的業務」である授業や学習指導の勤務時間が増える一方で、学校行事、部活動指導などが減っていることについて、授業や学習指導などにより多くの時間を費やす変化が「やりがい」「働きがい」の向上に資する状況をつくり出せているのではないかという声があるものの、他方で在校等時間の短縮を目指すために学校行事などを縮減・効率化するなどは生徒指導にかかる教育活動の後退ではないかと懸念する指摘もある。

そして、三つは、家庭への仕事の持ち帰りである。2022年教員勤務実態調査（確定値）では、在校等時間とともに持ち帰り時間も公表されている。**表6**は、教諭の1日の在校等時間と持ち帰り時間（仕

表6　在校等時間と持ち帰り時間の2016年と2022年調査比較

	平日						土日					
	在校等時間		持ち帰り時間		在校等時間及び持ち帰り時間の計		在校等時間		持ち帰り時間		在校等時間及び持ち帰り時間の計	
	平成28年度	**令和4年度**	平成28年度	**令和4年度**	平成28年度	**令和4年度**	平成28年度	**令和4年度**	平成28年度	**令和4年度**	平成28年度	**令和4年度**
小学校	11:15	**10:45**	0:29	**0:37**	11:45	**11:23**	1:07	**0:36**	1:08	**0:36**	2:15	**1:12**
中学校	11:32	**11:01**	0:20	**0:32**	11:52	**11:33**	3:22	**2:18**	1:10	**0:49**	4:33	**3:07**

出典：文部科学省「教員勤務実態調査（平成28年度、令和4年度）」

事）、持ち帰り時間を加えた1日当たりの全体の仕事時間を平日、土日で整理したものである。在校等時間は、さまざまな働き方改革の取り組みで少し減ったが、逆に持ち帰り仕事（時間）は若干であるが増えている。持ち帰り仕事（時間）の増加は、この間の働き方改革による在校等時間の縮減という成果に懐疑的にならざるを得ないデータの一つとなっている。

〈在校等時間の長短に影響を及ぼす要因〉

なお、文科省「教員勤務実態調査（令和4年度）の集計（確定値）について」（2024年4月4日公表）の概要版は、在校等時間の長短に影響を及ぼす要因についてさまざまな分析を行っているのでその概略も紹介しておく。

まず、教諭の在校等時間（平日）を従属変数とする回帰分析では、小・中学校共に、「年齢が若い」、「担任学級児童生徒数が多い」、「担当授業コマ数が多い」、「教務主任」、「学年主任」、「校務分掌数が多い」教諭で在校等時間が長い傾向があることが指摘されている。第二に、「学校の重点目標や経営方針に、教職員の働き方に関する視点を取り入れている」、「勤務時間数等の定量的な目標を設定している」、「学校における業務改善の取組の促進にかかる定量的なフォローアップを実施し、業務改善のPDCAサイクルを構築している（自己点検1年に2回以上）」などの取り組みが行われているほど教諭の時間管理意識が高く、また、管理職がリーダーシップを発揮し働き方改革を進めていると認識している教諭ほど時間管理意識が高いとしている。そのうえで、時間管理意識が高い教諭ほど在校等時間が短いとしている。第三に、教諭について、1週間当たりの在校等時間が「週50時間未満」、「週50時間以上60時間未満」、「週60時間以上」に分けて業務別の在校等時間（平日）を比較してみると、小学校では「授業準備」、「学

表７　小学校　週当たり在校等時間別による教諭の業務内容別の在校等時間比較

	週50時間未満（a）	週50時間～60時間未満（b）	週60時間以上（c）	差（c-a）
授業準備	1:01	1:20	1:39	0:38
学校行事	0:10	0:15	0:31	0:21
生徒指導（集団）	0:47	1:01	1:04	0:17
授業（主担当）	4:02	4:19	4:18	0:16
成績処理	0:19	0:27	0:35	0:16
学年・学級経営	0:13	0:21	0:28	0:15

表８　中学校　週当たり在校等時間別による教諭の業務内容別の在校等時間比較

	週50時間未満（a）	週50時間～60時間未満（b）	週60時間以上（c）	差（c-a）
部活動・クラブ活動	0:21	0:35	0:48	0:27
授業準備	1:12	1:21	1:33	0:21
学年・学級経営	0:15	0:25	0:36	0:21
授業（主担当）	3:06	3:14	3:25	0:19
成績処理	0:25	0:35	0:44	0:19
生徒指導（集団）	0:40	0:51	0:53	0:13

出典：文部科学省「教員勤務実態調査（令和４年度）」をもとに筆者作成

校行事」、中学校では、「部活動・クラブ活動」、「授業準備」、「学年・学級経営」で差が大きいことが指摘されている（表7、表8：週当たり在校等時間別の教諭の業務内容別、差の大きい順）。

また、教員の業務負担軽減に効果が高いとされる教員業務支援員でも、配置校と未配置校で1日当たりの「事務その他」などの従事時間が小学校で約６時間、中学校で約７・５時間の差があったとも指摘されている。

全体として、働き方改革に対する管理職のリーダーシップ、そして、若手教員と中堅教員などへの支援と適正な業務配分、学級規模の縮小、授業持ちコマ数の軽減、そして、教員業務支援員の配置などが負担軽減に大きな影響を及ぼす主要な要因となっていることを指摘する内容で、本答申が負担軽減を進めるために提言している諸施策の必要性を再確認するものとなっている。

③業務負担軽減や時間外在校等時間がなかなか減らない背景、原因

ここまで、この間における学校の働き方改革の成果と論議などをいくつかのデータに基づいて見てきたが、期待されるほどには教員の負担軽減や時間外在校等時間が減っていないとするのが大方の見方ではないかと思われる。その原因としては、次のようなことが指摘されている。

第一は、業務の負担軽減や見直し・適正化で捻出できた時間が、勤務以外のこと（自分の自由時間の確保やリフレッシュ）に使われるのではなく、授業準備などの本来的業務に使う傾向が多く、その結果、在校等時間それ自体は減らないという状況があるのではないかという指摘である。２０２２年教員勤務実態調査でも、「仮に今よりも業務時間が短縮された場合、空いた時間をどのように使いたいですか」との問に対し、「業務外のプライベートの時間を充実させたい」が小・中学校で50％前後の回答がある一方で、「更なる授業準備や教材研究等に充てたい」（小31・5％、中23・7％）、「自己研鑽に充てたい」（小14・9％、中15・8％）の回答も多くなっている。

第二は、教員構成比で若手教員が増加してきている中で、さまざまな業務に慣れておらず習熟していない若手教員は、他の年齢層に比べて各業務に時間がかかる傾向があり、それが全体として在校等時間の縮減幅に影響を及ぼしていること、第三には、この間の全国的な教員不足によるしわ寄せが学校現場での教員個々の業務にも及んでいること、そして第四には、新たな教育課題への取り組みが増加していることなどが指摘されている。

実は、右記のような背景、理由に加え、業務見直しの取り組みでの制約や業務の委託・移行の難しさ

もあるのではないかと推察される。文科省が、業務の負担軽減や見直し・適正化を3分類14業務を中心にさらに加速化するとしていることを踏まえると、業務の負担軽減や見直し・適正化の取り組みにかかる問題や課題を考えておくことが必要である。

以下、その点を筆者らが実施した校長および教員に対するアンケート調査から検証しておきたい。

④業務の負担軽減、見直し・適正化に対する校長・教員の認識と評価

２０２４年中教審答申は、学習指導など学校教育の高度化への対応のため授業などの本来的業務に専念できるよう、周辺的・境界的業務を可能な限り他専門・支援スタッフに委託・移行し、また、本来的業務も連携・協働と効率化で負担軽減を図ることを目指している。

ただ、学校現場の校長、教員が、そうした取り組みをどう認識し評価しているのかを見ておくことは大切である。筆者らは、学校現場の実情を把握するため、２０２１年末に全国7県の小・中学校（校長、教員）に無作為抽出のアンケート調査を実施した*。本稿に関係する調査内容として、ここでは、①負担軽減のさまざまな手法を実際に現場でどの程度実施しているのか、そして、その手法が負担軽減のうえでどれだけの効果があったと認識、評価しているか（校長対象）、②3分類14業務を中心に、教員はどれほどの負担感を感じているか、そして、それらの業務を他に委託・移行したいと考えているのかどうか（教員対象）、を尋ねた回答結果を紹介する。

〈負担軽減の取り組みで実行した諸手法とその効果認識（校長回答）〉

調査票では、業務の負担軽減の手法（小学校23項目、中学校24項目）を左記のように、手法の性質別に、「キャップ・制限」、「カット・縮小」、「効率化」、「委託・移行」の4カテゴリーに分け、校長にそ

れら手法を実際に実施したかどうか、そして、その効果について評価を尋ねた。

「キャップ・制限」6項目＋中学校1項目（長期休業期間・年末年始の学校閉庁日の実施、児童生徒の登下校時間の設定、定時退勤日・ノー残業日（一律）、会議無しデーの設定、定時退勤日・ノー残業日（個別）、有給休暇取得日数の目標設定・自己申告、〈中学校〉部活動休養日の設定）

「カット・縮小」4項目（学校行事の精選・縮小、地域行事参加の精選・縮小、留守番電話の設置、児童生徒の登下校見守りの縮減・廃止）

「効率化」6項目（ICTの整備による情報整理・共有化、会議の回数や運営の見直し、教材・プリント等の共有化、校務分掌・組織の見直し、職員室・印刷室・作業場等のレイアウト・改善、紙の家庭通信・お知らせの縮減・廃止）

「委託・移行」7項目（専門スタッフ配置による教員支援・負担軽減、スクールサポートスタッフによる教員支援、ICT支援員によるICT業務の教員負担軽減、集金業務の軽減・廃止、保護者・地域

＊ 筆者らが実施したアンケート調査の概要は、左記のとおりである。
・全国都道府県・地域ブロックごとに県1～2を選定し計7県を調査対象に、2021年11月下旬～12月中旬の期間に実施
・各県の小・中学校全数の10％、関東1県と近畿1県は調査対象の他県と比べ2～3倍の学校数であったため5％を無作為抽出（県内学校一覧から）、調査票を郵送・回収
・調査対象学校数：小学校↓221校、中学校↓110校の計331校
・調査票の配布数：小学校↓校長1枚、教員10枚／中学校↓校長1枚、教員15枚
・回収率・回収数：小学校↓校長87人（回収率39・4％）、教員651人／中学校↓校長46人（回収率41・8％）、教員480人

図１　【小学校】負担軽減の取り組みで実行した手法とその効果に対する認識（校長回答）

□ 自校の業務見直しにおける上位の取組み		
1位：長期休業期間・年末年始の学校閉庁日の実施	98.8%	キャップ・制限
2位：学校行事の精選・縮小	97.7%	カット・縮小
3位：ICTの整備による情報整理・共有化	96.5%	効率化
4位：会議の回数や運営の見直し	90.7%	効率化
5位：専門スタッフ配置による教員支援・負担軽減	87.1%	委託・移行
6位：児童生徒の登下校時間の設定	84.7%	キャップ・制限
7位：教材・プリント等の共有化	82.6%	効率化
8位：定時退勤日・ノー残業日（一律）	77.9%	キャップ・制限
9位：スクールサポートスタッフによる教員支援	74.1%	委託・移行
10位：校務分掌・組織の見直し	69.4%	効率化
11位：ICT支援員によるICT業務の教員負担軽減	63.5%	委託・移行
12位：職員室・印刷室・作業場等のレイアウト・改善	62.8%	効率化
13位：地域行事参加の精選・縮小	61.4%	カット・縮小
14位：会議無しデーの設定	60.0%	キャップ・制限
15位：留守番電話の設置	51.8%	カット・縮小
16位：定時退勤日・ノー残業日（個別）	47.1%	キャップ・制限
17位：児童生徒の登下校見守りの縮減・廃止	44.7%	カット・縮小
18位：集金業務の軽減・廃止	43.5%	委託・移行
19位：紙の家庭通信・お知らせの縮減・廃止	42.4%	効率化
20位：保護者・地域住民による教員支援業務	41.2%	委託・移行
21位：部活動指導員による教員支援・負担軽減	25.3%	委託・移行
22位：清掃・修繕等の外部委託	21.2%	委託・移行
23位：有給休暇取得日数の目標設定・自己申告	12.9%	キャップ・制限

□ 効果があると評価されている業務見直しの取組み		
1位：長期休業期間・年末年始の学校閉庁日の実施	78.9%	キャップ・制限
2位：スクールサポートスタッフによる教員支援	78.7%	委託・移行
3位：清掃・修繕等の外部委託	77.8%	委託・移行
4位：集金業務の軽減・廃止	70.3%	委託・移行
5位：留守番電話の設置	63.4%	カット・縮小
6位：ICTの整備による情報整理・共有化	53.2%	効率化
7位：ICT支援員によるICT業務の教員負担軽減	53.1%	委託・移行
8位：地域行事参加の精選・縮小	52.1%	カット・縮小
9位：児童生徒の登下校時間の設定	49.2%	キャップ・制限
10位：専門スタッフ配置による教員支援・負担軽減	47.7%	委託・移行
11位：児童生徒の登下校見守りの縮減・廃止	47.1%	カット・縮小
11位：保護者・地域住民による教員支援業務	47.1%	委託・移行
13位：学校行事の精選・縮小	46.3%	カット・縮小
14位：会議の回数や運営の見直し	43.8%	効率化
15位：有給休暇取得日数の目標設定・自己申告	42.9%	キャップ・制限
16位：会議無しデーの設定	42.2%	キャップ・制限
17位：紙の家庭通信・お知らせの縮減・廃止	40.6%	効率化
18位：部活動指導員による教員支援・負担軽減	40.0%	委託・移行
19位：職員室・印刷室・作業場等のレイアウト・改善	32.0%	効率化
20位：教材・プリント等の共有化	26.6%	効率化
21位：校務分掌・組織の見直し	26.0%	効率化
22位：定時退勤日・ノー残業日（一律）	19.6%	キャップ・制限
23位：定時退勤日・ノー残業日（個別）	13.8%	キャップ・制限

住民による教員支援業務、部活動指導員による教員支援・負担軽減、掃除・修繕等の外部委託）

回答結果を、学校で多く取り組まれた手法について左側、効果が高いと評価された手法について右側、という図表を作成し上位から順番をつけて整理したものが**図1**、**2**である。

【小学校】（**図1**）の回答では、自校の状況を踏まえて、自校で判断して決めることができるようなキャップ・制限、カット・縮小、効率化の手法が多く取り組まれている。委託・移行は、経費や人的確保が必要なため自校だけで取り組むのが難しいこともあり、国・県が施策化した専門・支援スタッフの配置に関する取り組みは上位にあげられているが、国・県の施策がない

図２　【中学校】負担軽減の取り組みで実行した手法とその効果に対する認識（校長回答）

□ 自校の業務見直しにおける上位の取組み		
1位：部活動休養日の設定	100%	キャップ・制限
2位：ICTの整備による情報整理・共有化	97.8%	効率化
3位：学校行事の精選・縮小	95.6%	カット・縮小
4位：長期休業期間・年末年始の学校閉庁日の実施	93.3%	キャップ・制限
4位：専門スタッフ配置による教員支援・負担軽減	93.3%	委託・移行
6位：児童生徒の登下校時間の設定	88.9%	キャップ・制限
7位：会議の回数や運営の見直し	77.8%	効率化
8位：部活動指導員による教員支援・負担軽減	73.3%	委託・移行
9位：定時退勤日・ノー残業日（一律）	66.7%	キャップ・制限
10位：ICT支援員によるICT業務の教員負担軽減	64.4%	委託・移行
11位：校務分掌・組織の見直し	62.2%	効率化
11位：スクールサポートスタッフによ教員支援	62.2%	委託・移行
13位：教材・プリント等の共有化	57.8%	効率化
14位：職員室・印刷室・作業場等のレイアウト・改善	53.3%	効率化
15位：留守番電話の設置	48.9%	カット・縮小
16位：会議無しデーの設定	44.4%	キャップ・制限
17位：地域行事参加の精選・縮小	42.2%	カット・縮小
18位：集金業務の軽減・廃止	40.9%	委託・移行
19位：紙の家庭通信・お知らせの縮減・廃止	31.1%	効率化
20位：児童生徒の登下校見守りの縮減・廃止	29.5%	カット・縮小
21位：定時退勤日・ノー残業日（個別）	26.7%	キャップ・制限
22位：有給休暇取得日数の目標設定・自己申告	17.8%	キャップ・制限
23位：保護者・地域住民による教員支援業務	15.6%	委託・移行
24位：清掃・修繕等の外部委託	11.1%	委託・移行

□ 効果があると評価されている業務見直しの取組み		
1位：長期休業期間・年末年始の学校閉庁日の実施	78.9%	キャップ・制限
2位：部活動休養日の設定	77.3%	キャップ・制限
3位：スクールサポートスタッフによる教員支援	69.2%	委託・移行
4位：留守番電話の設置	68.4%	カット・縮小
5位：児童生徒の登下校見守りの縮減・廃止	50.0%	カット・縮小
6位：部活動指導員による教員支援・負担軽減	48.3%	委託・移行
7位：ICTの整備による情報整理・共有化	45.0%	効率化
8位：集金業務の軽減・廃止	43.8%	委託・移行
9位：児童生徒の登下校時間の設定	40.5%	キャップ・制限
10位：専門スタッフ配置による教員支援・負担軽減	36.8%	委託・移行
11位：清掃・修繕等の外部委託	33.3%	委託・移行
12位：学校行事の精選・縮小	32.5%	カット・縮小
13位：紙の家庭通信・お知らせの縮減・廃止	30.8%	効率化
14位：ICT支援員によるICT業務の教員負担軽減	28.0%	委託・移行
15位：地域行事参加の精選・縮小	26.7%	カット・縮小
16位：校務分掌・組織の見直し	24.0%	効率化
17位：会議の回数や運営の見直し	21.9%	効率化
18位：保護者・地域住民による教員支援業務	16.7%	委託・移行
19位：職員室・印刷室・作業場等のレイアウト・改善	14.3%	効率化
20位：定時退勤日・ノー残業日（一律）	13.6%	キャップ・制限
20位：教材・プリント等の共有化	13.6%	効率化
22位：定時退勤日・ノー残業日（個別）	12.5%	キャップ・制限
23位：会議無しデーの設定	11.8%	キャップ・制限
24位：有給休暇取得日数の目標設定・自己申告	0.0%	キャップ・制限

場合には取り組みができていないという状況が見られる。

取り組みの効果を見ると、効果があると高く評価されているのが委託・移行である。キャップ・制限では、長期休業期間・年末年始の学校閉庁日の実施、また、カット・縮小では留守番電話の設置、地域行事参加の精選・縮小、効率化ではＩＣＴの整備による情報整理・共有化は効果が高いと評価されているが、他の効率化、キャップ・制限の多くは効果の面では総じて低いと評価されている。

【中学校】（**図2**）でも傾向は小学校と同様であるが、中学校の場合、部活動や生徒指導の比重が重くなっている分、キャップ・制限では部活動休養日の設定、カット・縮小では生徒の登下校見守りの縮減・廃止などは効果が高いと評価されているが、総じて、委託・移行の取り組みは効果が高い、キャップ・制限、効率化の取り組みは効果が低いと評価される傾向になっている。

委託・移行／カット・縮小の手法は、学校が引き受けるべきではない業務かどうかを問うため、葛藤が大きいが、それが実施できるとその分効果は大きい。ただ、他に委託・移行するかをめぐっては教員の間で意見が分かれる傾向にある（後述）。

［小括］

以上を総括すると、①自校の状況に沿って自らの判断で実行できるキャップ・制限、効率化の手法が高い割合で取り組まれている。ただし、総じて効果は低いと評価されている、②カット・縮小も高い割合で取り組まれているが、教育活動の継続という点から限度がある、③委託・移行の効果は高いが、経費・人材の確保が必要なため国・県の支援策の有無やその規模に左右され取り組みが制約されている。自校だけで経費・人的資源を調達したり連携先を探したりする手法は、総じて実施率も低い傾向がある、などが指摘できる。

文科省の調査などからは、在校等時間の縮減や働き方改革の成果では、自治体間、学校間の差が大きいという印象があるが、そうした差は、負担軽減の効果が大きいと評価される業務の委託・移行において、自治体や学校の経費・人的資源や連携先の調達力の差などに起因しているのではないかという推測ができそうな結果を示している。負担軽減のさまざまな取り組みでは、委託・移行の取り組みを国や教委が具体的な経費・人的資源の確保・配置を通して学校を支援することが大切であるともいえる。

〈個別業務の「負担感」と委託・移行の認識（教員回答）〉

図３　【小学校】個別業務の「負担感」と委託・移行の認識（教員回答）

「負担である」の回答率	
〈基本的に学校以外が担うべき業務〉	
8位：児童生徒の登下校時の見守り	**20.9%**
14位：地域や保護者ボランテイアとの連絡・調整	12.3%
15位：学校徴収金の徴収、管理	11.6%
17位：地域・保護者による学校や教育活動支援への取組みへの対応	10.2%
18位：放課後から夜間なども見守り、補導時の対応	9.0%
〈学校の業務だが、必ずしも教師が担う必要のない業務〉	
1位：児童生徒の休み時間の対応	**49.8%**
2位：校内掃除の指導や立ち合い	**47.9%**
20位：調査などへの回答	5.9%
21位：タブレット等端末保守やトラブル時のヘルプ	4.4%
〈教師の業務だが、負担軽減が可能な業務〉	
3位：給食時の対応・指導	**45.8%**
4位：授業や実験等の準備	**33.5%**
5位：学習評価や成績処理	**25.1%**
6位：進路指導	**22.6%**
7位：学校行事の準備・運営	**21.8%**
9位：テスト等のデータ入力、統計・評定	**20.2%**
10位：支援が必要な児童生徒の対応	19.8%
11位：問題行動のある児童生徒の生活指導	17.8%
12位：授業の資料、教材等の印刷	16.5%
13位：放課後の学習指導	14.8%
16位：保護者からの要望・苦情等への対応	10.6%
19位：PTA活動に関する業務	6.2%

「任せたくない」の回答率の高い順番で整理	
〈基本的に学校以外が担うべき業務〉	
13位：地域や保護者ボランテイアとの連絡・調整	8.7%
15位：地域・保護者による学校や教育活動支援への取組みへの対応	6.8%
16位：学校徴収金の徴収、管理	3.6%
19位：児童生徒の登下校時の見守り	2.4%
19位：放課後から夜間なども見守り、補導時の対応	2.4%
〈学校の業務だが、必ずしも教師が担う必要のない業務〉	
2位：児童生徒の休み時間の対応	**48.4%**
6位：校内掃除の指導や立ち合い	**35.9%**
16位：調査などへの回答	3.6%
21位：タブレット等端末保守やトラブル時のヘルプ	0.7%
〈教師の業務だが、負担軽減が可能な業務〉	
1位：学習評価や成績処理	**54.0%**
3位：授業や実験等の準備	**39.4%**
4位：問題行動のある児童生徒の生活指導	**39.3%**
5位：給食時の対応・指導	**36.7%**
7位：進路指導	**29.9%**
8位：学校行事の準備・運営	**29.4%**
9位：支援が必要な児童生徒の対応	**27.5%**
10位：テスト等のデータ入力、統計・評定	**22.8%**
11位：保護者からの要望・苦情等への対応	**21.2%**
12位：放課後の学習指導	13.5%
14位：授業の資料、教材等の印刷	8.3%
16位：PTA活動に関する業務	3.6%

業務の見直し・適正化では、２０２４年中教審答申は、３分類14業務を中心に取り組みを加速化していくとしているが、ただ、これら業務の外部化、委託・移行（分業）、連携・協業化を当の教員はどう考えているかが肝要である。そこで調査では、14業務を中心に個別業務ごとにどれだけの負担感を感じているのか、そして、それら業務を他に委託・移行することを望んでいるのかどうかを教員に尋ねた（**図3、4**）。

図の左側が、業務をカテゴリー別に分けた業務ごとに、教員が「負担である」と強く感じている割合と順位を示し、右側は、それら業務を他に「任せたくない」と思っている割合と順位を示し、「負担感」と「任せたくない」の関係を矢印で示した。

【小学校】（**図3**）では「負担である」と強く感じている業務が、１位：児童生徒の

図４　【中学校】個別業務の「負担感」と委託・移行の認識（教員回答）

「負担である」の回答率	
〈基本的に学校以外が担うべき業務〉	
8位：児童生徒の登下校時の見守り	**26.4%**
9位：放課後から夜間なども見守り、補導時の対応	**26.4%**
16位：地域や保護者ボランテイアとの連絡・調整	11.1%
17位：学校徴収金の徴収、管理	9.1%
19位：地域・保護者による学校や教育活動支援への取組みへの対応	7.0%
〈学校の業務だが、必ずしも教師が担う必要のない業務〉	
1位：児童生徒の休み時間の対応	**55.8%**
2位：校内掃除の指導や立ち合い	**52.0%**
12位：部活動	22.3%
18位：調査などへの回答	7.5%
22位：タブレット等端末保守やトラブル時のヘルプ	5.1%
〈教師の業務だが、負担軽減が可能な業務〉	
3位：授業や実験等の準備	**48.7%**
4位：給食時の対応・指導	**42.7%**
5位：進路指導	**31.5%**
6位：学習評価や成績処理	**30.5%**
7位：授業の資料、教材等の印刷	**27.7%**
10位：学校行事の準備・運営	**25.3%**
11位：テスト等のデータ入力、統計・評定	**22.7%**
13位：問題行動のある児童生徒の生活指導	17.4%
14位：放課後の学習指導	16.5%
15位：支援が必要な児童生徒の対応	16.3%
20位：保護者からの要望・苦情等への対応	6.3%
21位：PTA活動に関する業務	6.2%

「任せたくない」の回答率の高い順番で整理	
〈基本的に学校以外が担うべき業務〉	
15位：児童生徒の登下校時の見守り	6.1%
16位：放課後から夜間なども見守り、補導時の対応	4.5%
17位：地域や保護者ボランテイアとの連絡・調整	4.3%
19位：地域・保護者による学校や教育活動支援への取組みへの対応	3.9%
20位：学校徴収金の徴収、管理	3.3%
〈学校の業務だが、必ずしも教師が担う必要のない業務〉	
3位：児童生徒の休み時間の対応	**49.5%**
6位：校内掃除の指導や立ち合い	**38.0%**
11位：部活動	**19.0%**
17位：調査などへの回答	4.3%
22位：タブレット等端末保守やトラブル時のヘルプ	0.7%
〈教師の業務だが、負担軽減が可能な業務〉	
1位：授業や実験等の準備	**61.3%**
2位：学習評価や成績処理	**50.2%**
4位：進路指導	**47.3%**
5位：問題行動のある児童生徒の生活指導	**40.2%**
7位：学校行事の準備・運営	**34.0%**
8位：給食時の対応・指導	**32.7%**
9位：テスト等のデータ入力、統計・評定	**22.9%**
10位：支援が必要な児童生徒の対応	**20.5%**
12位：授業の資料、教材等の印刷	18.3%
13位：保護者からの要望・苦情等への対応	16.9%
14位：放課後の学習指導	10.7%
21位：PTA活動に関する業務	2.3%

休み時間の対応49・8%、2位：校内掃除の指導や立ち合い47・9%と続き、次に、給食時の対応・指導の3位以下、〈教師の業務だが、負担軽減が可能な業務〉のカテゴリーの業務が続いている。〈基本的に学校以外が担うべき業務〉では、児童生徒の登下校時の見守りが8位20・9%になっている。

ではそれら業務を他に「任せる」かといえば、単純に、「負担感が強い」から「任せたい」ということになっていない。負担感が強かった1位、2位の業務は、実は必ずしも教師が担う必要のない業務だとされていても、「任せたくない」という割合が高くなっている。また、〈教師の業務だが、負担軽減が可能な業務〉でも、負担感が強いにもかかわらず、「任せたくない」という回答が軒並み高い傾向にある。

【中学校】（図4）の回答も傾向は小学校と同様である。基本的に、〈基本的に学校以外が担うべき業務〉のほとんどを他にまかせてよいという意識となっているが、〈学校の業務だが、必ずしも教師が担う必要のない業務〉では、児童生徒の休み時間の対応や校内掃除の指導や立ち合いでは、負担感が強いにもかかわらず「任せたくない」という意識が意外に強くあり、また、〈教師の業務だが、負担軽減が可能な業務〉でも、「任せたくない」とする意識があり、特に小学校と比べてその意識が高い傾向が見られる。

【小括】

以上を総括すると、小・中学校の全体を通して、教員の多くは、〈基本的に学校以外が担うべき業務〉に関しては、他に委託・移行してよいとする意識となっている。一方、〈学校の業務だが、必ずしも教師が担う必要のない業務〉と〈教師の業務だが、負担軽減が可能な業務〉に分類される業務の多くでは、負担感の強さがそのまま委託・移行を進める意識に必ずしもなっていない教員も無視できない割合で存在する。その理由は、委託・移行の「受け皿」が十分でないためなのか、あるいは、それら業務も教員の「本来的業務」とする認識があるからなのか、はたまた、学校が抱える課題に起因してのことかなど、アンケート調査の結果だけからは判断できない面がある。

学校が抱える課題に起因するとは、当該学校が生徒指導面で多くの問題を抱えている場合、「児童生徒の休み時間の対応」や「校内掃除の指導や立ち合い」などは、生徒指導上、大切な時間や取り組みになるため他に任せたくないとする意識が強く生じるのではないかと推察できる。そうした事情なども踏まえると、3分類14業務の負担軽減と見直し・適正化をトップダウンで一律に進めようとしてもなかなか難しいことが想定される。学校の諸条件・諸事情を踏まえて、限られた教育活動時間の中で、学校の教育目標の実現に向けて重点課題として優先すべき業務は何か、そのために見直すべき・削減すべき業務は何かを学校全体で話し合い確認し、合意形成を図りながら学校ごとの判断で取り組んでいくことが尊重される必要があるように思う。

国や教委がやるべきことは、そうした個々の学校の諸条件・諸事情を理解し取り組みに要する経費・人的資源を確保し適切に指導・支援していくことにある。その点、本答申も、教委は、「業務の優先順位を踏まえて思い切った業務の廃止を打ち出す等、真に必要な取組に精選することが、教育の質の向上の観点から重要であるという認識を学校・家庭・地域とも共有しつつ、業務の適正化のために必要な予算措置等も含め主体的な役割を引き続き果たす必要がある。その際、教育委員会には、従来型の指導・助言にとどまらず、現場との対話を通じ、課題解決に向けた学校の取組を支援する伴走者としての役割が期待されていることも踏まえる必要がある。加えて、国においては、学校・教師が担う業務の適正化の徹底に向け」、「各種の支援スタッフの配置拡充をはじめとした支援を行う必要がある。」と指摘している。

(3) 給特法の維持と教職調整額10％以上増額の意味

①給特法の本来の趣旨

給特法の維持を提言した2024年中教審答申に対しては、教育関係者やマスメディアの一部からは疑問と失望の声も聞かれたが、給特法の社会的作用は、時間外勤務の量により異なるという考え方もあるため、時間外勤務をどれだけ縮減できるかどうかという文脈の中で論じ評価することも必要である。

給特法を「定額働かせ放題」を容認する法であるとする批判がある。しかし、給特法を擁護する側からも批判する側からも、給特法の本来の趣旨は、逆に、時間外勤務を厳しく制限するものであったとする評価もある。給特法は、正規の勤務時間を超えて時間外勤務をさせる場合は政令に定める基準に従うこと、政令を定める場合は健康と福祉を害さないよう勤務の実情に十分な配慮をすること、そして、関係政令では正規の勤務時間の割振りを適正に行い原則として時間外勤務（休日勤務を含む）を命じないとしたうえで、例外的に時間外勤務を命じることができるのは超勤４項目だけでそれも臨時又は緊急のやむを得ない必要がある時に限るとしている。給特法の本来の趣旨は、時間外勤務を例外的とし、二重三重に時間外勤務を命令する際の制限を課している。憲法学の堀口（２０２３）も、「これは、公立学校教員に対する時間外勤務命令を、一般労働者に対するそれよりも格段に厳しく制限したもの」と評価している。

②給特法本来の趣旨が機能しなくなった背景、原因

では、時間外勤務を原則容認しないとした給特法本来の趣旨がなぜ形骸化したのか。

給特法を擁護する側からは、その本来の趣旨を再確認して勤務時間をしっかり管理し、時間外勤務が生じたら適正に割振りして時間外勤務をなくすように運用することが肝要であるとする指摘がある。そうした指摘は正論であるが、ただ、生じた時間外勤務を適正に割振りできないほどに時間外勤務が増大していること、そして、それら時間外勤務が超勤４項目以外であれば職務命令でなく教員の「自発的」業務とされ、膨大な時間外勤務が教員の「自発的」行為として放置、黙認されてきたことが給特法本来の趣旨を骨抜きにしてきた原因であったことは周知のとおりである。指針では、長時間勤務を是正するため、超勤4項目以外の業務の時間も在校等時間という外形で把握し、その上限規制と在校等時間を削減する取り組みを図ることになったはずである。ただ、この間、その上限規制が機能せず時間外在校等時間を大幅に削減できなかったことは、2022年教員勤務実態調査で示された。

③給特法本来の趣旨が機能する要件

労働法の早津（2023）は、給特法本来の趣旨を今日において機能させるためには、⑴時間外勤務の許容性を限定（時間外は「臨時又は緊急のやむを得ない必要があるとき」に限る、超勤限定4項目）、⑵自主的・自発的教育活動の確保、⑶抑制的で許容範囲の時間外勤務に見合った教職調整額で金銭的に担保、という要件が遵守される必要があると指摘する。

それら要件を今日の学校現場の実態に即してみれば、時間外勤務は一日1時間程度、月20～30時間程度、教職調整額10％以上と想定するのが妥当であろうか。実際、自民党「令和の教育人材確保に関する特命委員会」が公表した「令和の教育人材確保実現プラン」（2023年5月16日）は、将来的には時間外在校等時間を月20時間程度まで縮減し、教職調整額を現行4％から10％以上に増額すべきと提言した。特命委の提言を逆から読めば、時間外在校等時間月20時間程度、調整額10％以上ということが、給特法本来の趣旨が生きて機能する今日的な要件であり、特命委もその要件を満たせば給特法の維持も社会的に容認されるという認識ではなかったかと考えられる。給特法をめぐっては社会的にさまざまな改廃論議があるなかで、本答申は特命委と同様に、給特法を維持するうえで学校現場を含め広く社会的了承を得るには給特法本来の趣旨が生きて機能する要件と想定される月20時間程度まで時間外在校等時間を減らすことを将来的にという条件付きであれ明記する必要があったのではないかと推察される。

ただ、本答申では、時間外在校等時間を月20時間程度まで縮減していく取り組みを進めるとしてはいるが、短期的にそれを実現するのは難しいと考えられる。そのため、教職調整額10％以上の支給で金銭的に措置される月20時間程度の時間外在校等時間は容認できたとしても、それを超える時間外在校等時間が今後も生じ続けた場合には、その時間外在校等時間をどう措置するのかについて何らかの次善策を講ずる必要がある。それを従来どおり、やむを得ない「ただ働き」として黙認し放置する状況を続けていけば、おそらく、そうした事態を生じさせている給特法への疑問、批判がその分強くなることが想定される。その点については、次の(4)「健康確保と安全配慮義務」で考えてみたい。

④給特法をめぐる争点の継続的な検証と議論の必要性
〈評価が分かれる状況下での〝戦略的〟な給特法維持の提言〉

給特法をめぐっては、周知のように、評価が大きく分かれている。論者の間だけでなく、学校現場でも同様の傾向がみられる。前節で紹介した筆者らが行った学校を対象にしたアンケート調査でも、給特法に対する評価とその見直しの方策に関しては教員の間で意見が大きく分かれていた(**図5、6**を参照)。給特法に対する評価とその具体的な見直し方策をめぐってさまざまな評価や考え方があることに加えて、給特法の実際の作用は時間外勤務時間の多寡でも違ってくるという錯綜する面もある。

そうした状況を踏まえると、今回、本答申（その〝たたき台〟ともなった自民党特命委の提言）は、給特法本来の趣旨が生きて機能するように、将来的に時間外在校等時間を月20時間程度まで縮減する目標を示すことで給特法の維持を広く容認してもらうという戦略的な提言をしたとも考えられる。確かに、それも給特法をめぐるさまざまな論議に一応の「決着」をつける一つの方策であるとは思える。ただ、

図５　給特法に対する基本的評価（教員回答）

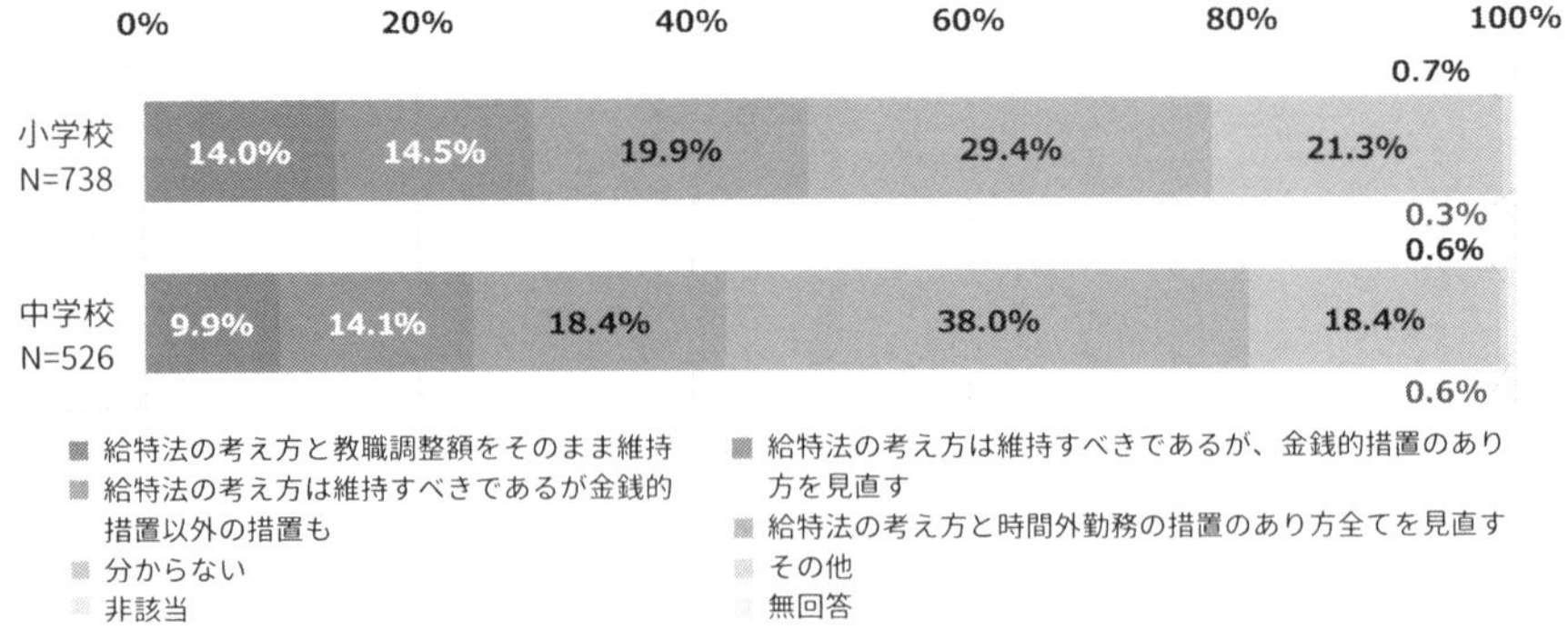

図６　給特法の具体的な見直し方策に対する意見（教員回答）

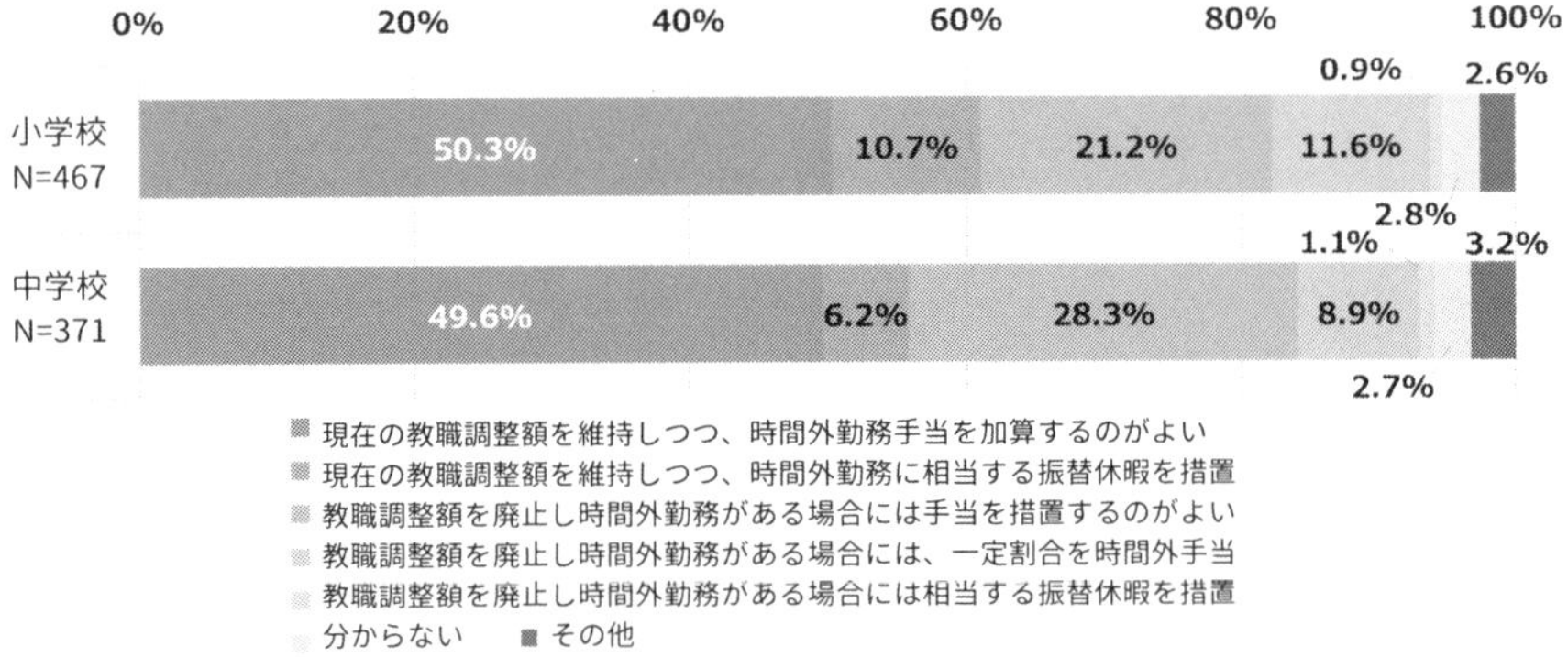

（注）「給特法の考え方は維持すべきであるが、金銭的措置のあり方を見直す」「給特法の考え方は維持すべきであるが金銭的措置以外の措置も」「給特法の考え方と時間外勤務の措置のあり方全てを見直す」と回答した者の集計。

本答申で給特法維持の論拠として主張されている理由については、対立する主張間で噛み合う掘り下げた議論が十分に行われたとは言えない。

〈給特法維持の理由とそれへの疑問〉

本答申が、給特法を維持する主な理由としてあげているのは、第一に教員の職務の特殊性（勤務時間を明確に勤務・職務内外と区別することが困難など）、第二に教育の成果は勤務時間の長さではない（業務処理の能力等に関係なく勤務時間が長いことを理由に時間外勤務手当をその分支給することは不適切など)、第三に県費負担教職員制度下で服務監督権者(市町村教委)の時間外勤務縮減のインセンティブが機能しないなどである。

給特法維持の右記のような理由に対しては、さまざまな疑問、批判もある。ここでは、一例として、日本労働弁護団の「公立学校教員の労働時間法制の在り方に関する意見書」(2023年8月18日、以下、意見書)の指摘を参照しながら、本答申の給特法維持の理由に対していくつかの疑問を呈してみたい。

第一の教員の職務の特殊性に対して、意見書は、教員以外にも勤労者の自主性、創意性が求められる仕事は多数存在しており、ことさらに公立学校教員だけ差異を設ける理由はないと批判している。一例として、勤労者の裁量に多くを委ねる専門業務型裁量労働制も、実労働時間ではなく「みなし」時間をもとに労基法上の労働時間規制に服していることなどを指摘する。産業構造や労働形態が大きく変わり働き方の態様も多様化し、専門職型・企画型裁量労働制などのような勤労者に大幅な裁量を認める職業が広がっているだけでなく、一般の企業・組織でも企画・研究などの勤労者の自主性・創意性が求められる職務・業務が多くなっているなかで、さまざまな工夫をして勤務時間管理を行いワーク・ライフ・バランスやウェルビーイングの向上を図ってきている実情がある。それら民間などの取り組みを参照しながら、公立学校においても勤務時間の内外を区別する時間管理のあり方をさらに検討していくことが重要ではないかと思われる。

第三の服務監督権者(市町村教委)のインセンティブが働かないという理由に関しても、意見書は、「給与負担の主体が異なるからといって市町村が野放図に時間外労働手当を支払うことは考え難く、市町村もその属する都道府県の一部であるから、かかる指摘はあまりに形式的に過ぎる。教員の労働環境の改善においては、市町村のみならず、国、都道府県、各学校等のそれぞれの主体がその権限と責任に応じた役割を果たすべきことが指摘されているのであるから、市町村の労働時間管理状況について都道府県等が把握・評価する仕組みを構築するなどして一体として取り組むように、国や都道府県がその責任を果たすことが求められているのであり、上記指摘の懸念も克服できる」と反論している。至極真っ当な反論である。仮に、服務監督権者（市町村教委）のインセンティブに懸念があるのであれば、都道府県と市町村で合意する一定基準以上の時間外勤務に対しては市町村に時間外勤務手当を支給させる措置を図ればよいのではないかと考える（そうした案に対しては市町村教委側から反発も想定されるが）。

そして、第二の教育の成果は勤務時間の長さではないし、業務処理能力等に関係なく業務を迅速・的確に処理できない者の時間外勤務の長さに応じた時間外勤務手当を支給することは不適切とする指摘も皮相的な批判に感じられる。多くの企業・組織でも勤労者が申請・報告した時間外勤務分をそのまま了承してその分の時間外勤務手当を支給している実態があるわけではない。どのような職務・業務のどのような仕事・時間を時間外勤務として認定するかなどのルール・基準を設ければ、そうした問題は解決できるはずであるし、実際、附属学校・私立学校でもそれを労使で合意し時間外勤務を管理している例がある。

以上のような論点を含めて、今後も引き続き、給特法と教員の勤務時間管理のあり方については検証と議論を続けていくことが必要であるし、また、そのことを文科省はじめ関係機関などに期待したい。

⑷ 健康確保と安全配慮義務

学校の働き方改革下でも教員の長時間勤務がなかなか改善されず、また、給特法の維持により時間外勤務を強制的に規制する仕組みも構築されていない状況下で懸念されるのが、教員の健康問題である。そのため、2024年中教審答申でも、「第3章　学校における働き方改革の更なる加速化」の4節に、「教師の健康及び福祉の確保に向けた取組の充実」を記載し、「(1)教師のメンタルヘルス対策と労働安全衛生管理の充実」と「(2)休憩時間や継続した休息時間の確保等」を主に取り組むべき課題としている。

本答申に十分な生活時間や睡眠時間を確保しワーク・ライフ・バランスを保ちながら働き続けることを可能にするためとして、初めて、勤務間インターバルの推奨が記載されたこともあり、ここでは公立学校でも運用可能な柔軟ないくつかの勤務時間制度の特則を説明しておきたい。また、指針と安全配慮義務の関連についても考えてみたい（教員のメンタルヘルス対策と安全衛生管理については、Ⅲ部4章を参照のこと)。

①労働時間の柔軟化と勤務間インターバル――その仕組みと運用上の留意点

長時間労働は心身にさまざまな悪影響を及ぼし疾病の原因にもなるため、法令上、心身の健康確保を図るため労働時間を規制し適切な休息・休日などを与えることを義務づけている。公立学校の場合も、適切な休息・休日などを確保することは義務づけられており、教職員に対する安全配慮も服務監督権者の責務である。ただ、学校・教員の勤務態様の性質上、時期により繁閑がある場合には、法令上許される最長労働時間を遵守しつつ柔軟な労働時間管理ができるような労働時間の柔軟化＝労働時間制度の特則が法令で設けられている。公立学校においても、教委や学校管理職は、教職員の勤務状況に応じてそうした柔軟な労働時間の運用を図り、教職員の健康確保に努めることが必要である。以下、そうした取り組みを進めるため、それら仕組みと運用上の留意点を見ておく。

1）労働時間の柔軟化＝労働時間制の特則

(ア) 変形労働時間制

変形労働時間制には、1ヵ月単位、1年単位等の種類がある。地方公務員（一般職員）への適用は、1ヵ月単位変形労働時間制（以下、1ヵ月変形）だけであるが、公立学校では1ヵ月変形に加えて、2019年法改正で1年単位変形労働時間制（以下、1年変形）を実施できるようになった。1ヵ月変形は、労働時間の調整が月単位なので運用しやすいこともあり導入している教委・学校もある。一方、1年変形は、1年という長期間のため運用が難しく、また、公立学校教員の長時間労働が依然深刻な実態にあることもあり、導入・実施する場合には左記のような厳しい条件が設けられている（給特法施行規則、給特法7条に基づく指針）。

①1年変形労働は、長期休業期間中に休日まとめ取りをする目的にだけ導入できること（対象期間には長期休業期間等を含む）

②勤務日や勤務時間の設定に当たっては、通常の正規の勤務時間に比して短く設定する日には勤務時間を割り振らず、かつ、長期休業期間等において勤務時間が割り振られない日を連続して設定すること

③育児や介護等を行う者については、これらの者が育児等に必要な時間を確保できるような配慮をすること

④対象となる教育職員の在校等時間に関し、指針に定める上限時間（42時間／月、320時間／年等）の範囲内であること

これら条件からもわかるように、公立学校で1年変形を導入するためには、時間外在校等時間が月42時間以下でなければならないことや、1年変形は長期休業期間に休日をまとめて取得できるためにだけ活用できるとされている（そのため、「休日まとめ取り」制とも呼ばれている）。

(ｲ) フレックスタイム制

労働時間の枠を柔軟化する点では変形労働時間制と同じであるが、具体的な労働時間の配分（始業・終業時刻など）を労働者の決定に委ねているなど労働者の主体的な選択を重視する制度であるとされている（水町２０１９：７００頁）。

(ｳ) 勤務間インターバル制

終業から始業までに一定時間以上の継続した休息時間を確保することを目的とするもので、２０１８年改正「労働時間等の設定の改善に関する特別措置法」で民間に導入の努力義務が課された。その後、人事院勧告（２０２３年８月）で国家公務員においても勤務間インターバルの確保に努める義務を法令上明確にすることが適当と示され、現在、国家公務員および地方公務員への導入が検討されている。現在はまだ法令上の規定はないが、文科省は指針で教委に終業から始業までに一定時間以上の継続した休息時間を確保するよう求めていた。本答申では、「教師が十分な生活時間や睡眠時間を確保し、心身ともにゆとりを持ち教育活動を行うことができるよう、教師の健康福祉を確保するため、11時間を目安とする『勤務間インターバル』の取組を学校においても進めることが必要である」と提言した。

2) 実施状況と運用可能性

1年変形は、公立学校の長時間勤務が改善されていない実態もあり、条例制定自治体（都道府県・政令市）がわずか12、それら自治体で実際に活用している学校数は半数以上の学校で活用が1・4％、一部で活用が4・0％にとどまっている（文科省2023年調査）。現在の状況下では、繁忙期で仕事の割振りをする必要が生じて変形労働時間制の活用を余儀なくされる場合、1ヵ月変形で工夫するのが現実的といえる。ただ、働き方改革が進み、時間外在校等時間が月42時間以下になるような状況を常態的につくり出せた場合には、学校現場や教職員個々の諸事情に配慮して、夏季休業期間に連続した休日のまとめ取りを可能にするよう1年変形を活用することはあり得る。

勤務間インターバル制（以下、インターバル制）に関しては、条例・規則等を整備し導入・実施している教委が131（7・3％）、検討中647（36・3％）などとなっている（文科省2023年調査）。この制度に期待される効果は、月単位での上限規制だけでなく日々退勤―出勤時間を意識した働き方を教員個々に促すことにあるが、課題はインターバルの時間をどれほどに設定するかである。11時間インターバルでは、最大月100時間ほどの時間外勤務を容認することになるため、時間外在校等時間月80時間、あるいは、月60時間の教員層を減らすのかなど、目標の違いで、インターバル時間を12時間とか13時間と設定していく必要がある。他の課題としては、インターバル制の実施で減る勤務時間で行っていた業務を代わって担う代替の人的・物的資源を整えることや、持ち帰り仕事を増やさないなどの工夫も求められる。文科省や教委が公立学校に本格的なインターバル制の導入を図ろうとするのであれば、そうした人的・物的な整備が先行投資として不可欠である。そうした人的・物的な整備を整えないまま、現有スタッフだけで学校にインターバル制の取り組みを進めるよう求めても実現は難しいと考えられる。

フレックスタイム制は、子育て・介護などの教員個々の諸事情に応じて出勤（退勤）時間を柔軟に設けることで働きやすい職場づくりに資する。ただ、課題は、限られた校内の人的資源だけではフレックスタイム活用の人数、時間なども限られるため、必要度の高い教員を優先するなどの工夫のほか、活用の幅と柔軟さを広げるため教委からの人的配置などの計画的支援が欠かせない。

②安全配慮義務

安全配慮義務とは、管理監督者が労働者の安全・健康に配慮し心身の危険に晒されないよう配慮する義務のことをいう。安衛法は、労基法と相まって労働者の安全・健康の確保と快適な職場環境の形成促進を目的に、労働者の生命・身体などの安全を確保して働くことができるよう管理監督者に必要な配慮を求めている。ただ、その内容は、信義則という一般法理に基づく義務であるため一律で決められず個々の具体的状況に応じて判断される。そのため、事故などが生じた際には、安全配慮義務違反の有無をめぐって争われることが多いが、安衛法の関係法令、基準の他、判例などの積み上げにより一定の法理は定着している（水町2019、角森2021）。

教員の長時間勤務などを背景にした過重労働に起因する疾病などの場合、安全配慮義務の具体的内容としては、労働時間・業務状況の把握義務、健康診断の実施や日常の観察に基づく心身の健康状態の把握義務、休憩時間・休日・休憩場所などの適正な労働条件の確保義務、労働者の年齢・健康状態などに応じて従事する業務時間および内容の軽減、就労場所の変更などの適切な措置義務などがあげられる。

1）公立学校教員の安全配慮義務をめぐる判例

膨大な時間外勤務があっても給特法違反ではないとする一方、そうした勤務状態が常態化していたのは管理監督者の安全配慮義務違反であるとして原告一部が勝訴した例がある。京都市立学校の複数教員が、時間外勤務手当支給と安全配慮義務違反での慰謝料請求をした「損害賠償等請求事件」の一審（京都地裁2008年4月23日）と二審（大阪高裁2009年10月1日）判決である。ただ、その最高裁判決（2011年7月12日）は、一・二審の給特法違反ではないとする判断を引き続き採用したうえで、一・二審の安全配慮義務違反の判断を覆している。理由は、原告に健康被害が生じていなかったこともあり（長時間の時間外勤務による精神的苦痛に対する損害賠償請求）、①時間外勤務は、職務命令ではなく教員の自主的行為で勤務校以外の場所で行っていたものも少なくない、②強度のストレスによる精神的苦痛を被ったと推認されるというが、外部から認識できる具体的健康被害やその徴候を認定できない、③そのため校長はストレスによる健康状態の変化を予見することが不可能であったと指摘し、これらの事情を鑑みると当該教員らの負担軽減措置をとらなかったとしても安全配慮義務違反の過失があったとはいえないとした。この判決に対して、「給特法は、教員の時間外勤務を原則として認めていないわけであり、慰謝料請求を認められるような時間外勤務は、それ自体給特法違反と考えて差し支えないから、給特法に違反せず、かつ、安全配慮義務違反が認められる場合というものを、実務上想定することは難しい」という指摘がある（星野2013）。この指摘のように、本判決が、教職員が心身の苦痛などを感じるような時間外勤務の実態があったとしても、それが給特法違反と認定されないものであれば、そうした実態を是正、改善しなかったとしても管理職に安全配慮義務違反の過失があったと言えないと結論づけたように、給特法と安全配慮義務を一体的に扱う考え方を採っていたこともそうした判断に向かわせたと思われる。

しかし、2019年ガイドライン（指針）の策定は、そうした給特法と安全配慮義務を一体的に扱う旧来の考え方を見直して、給特法とは別次元で安全配慮義務の新基準を設定したと捉えることができる。

2）指針と大阪地裁判決のポイント、意義

ガイドライン（指針）は、旧来、教員の「自発的行為」と扱われてきた超勤4項目以外の業務も含め教員の勤務実態を在校等時間で把握することを義務づけ、その上限規制を設けた。その目的の一つは教員の健康確保を図ることであり、労基法上の労働時間（地方公務員法上の勤務時間）とは概念上異なるが、在校等時間の実態を踏まえて健康被害防止に配慮した健康確保措置を求め、在校等時間の長時間化や過重労働を防ぐため必要に応じ適切な業務分担の見直しや配置換えなども要請している。そうしたガイドライン（指針）の健康確保措置が司法の場で最初に採用されたのは、過重労働が原因で適応障害を発症したとして大阪府立高校教員が大阪府に損害賠償を求めた訴訟の大阪地裁判決（2022年6月28日）であった。

本事件裁判の被告（府側）の主張は、①過重な時間外勤務があったとするが、その多くが超勤4項目以外の業務で原告の自主的なものであった、②教員の業務は自主性・創造性が期待され労働時間の管理は難しく、原告の長時間勤務は業務遂行の非効率が原因、③業務軽減は第一義的に原告自身が行うべきで管理職の対応には限界があるし、校長は原告に頻繁に声がけしたなどの安全配慮義務を尽くした、などというものであった。

本判決は、右記の被告側主張を全面的に退けた。判決では、文科省のガイドライン（指針）は、超勤4項目以外の業務を含めて勤務時間を適切に把握するためのものであり、その趣旨やその背景にある考え方を踏まえれば、部活動を含む本件時間外勤務時間をもって業務の量的過重性を評価するのが相当であり、職務命令ではないとか労基法上の労働時間と同じでないということは無関係であるとした。また、原告からの再三の業務過重と健康被害の訴えに対し被告は原告に頻繁に声がけしたこと、原告の業務の自主性などから教員自らが調整すべきで管理職が踏み込むのは難しかったことなどの被告の主張に対して、判決は、「原告の業務の自主性・創造性を尊重すべきことと、当該職員が客観的に心身の健康を害するおそれのある過重な業務に従事して、精神的に追い詰められた様子を示し、労務管理を求めている際にこれに応える義務があることとは別の問題である」とし、被告が安全配慮義務を怠ったと明確に述べている。

本判決が前述の2011年最高裁判決と異なる判断となったのは、①原告がすでに公務災害の認定をされていたこともあり、過重な時間外勤務と適応障害発症との間に因果関係があったと判断されたこと、②ガイドライン（指針）策定により、超勤4項目の業務か否かに関係なく在校等時間を把握義務化することで勤務状況を正確に把握し教員個々への安全配慮義務と講ずべき具体的措置が管理監督者に要請されるようになったこと、などが指摘できる。今次の学校の働き方改革でも給特法が維持されたことで、把握義務となった在校等時間が所定勤務時間や指針の上限を超えた場合でも、その時間は「ただ働き」として扱われる状況が継続していて学校現場は旧来となんら変わっていないという認識や批判もある。しかし、指針の策定は、給特法の金銭的措置の問題とは別次元で、安全配慮義務の新基準を設定したという意味で意義があったと評価でき、大阪地裁判決はその点を確認したといえる。教委や学校管理職は、そのことを認識し教職員の安全配慮に一段と留意した労務管理と学校経営に努める必要がある（そのための学校の安全衛生管理体制のあり方と取り組みについては、Ⅲ部4章を参照)。

4 2024年中教審答申と「令和の日本型学校教育」のゆくえ

2024年中教審答申は、日本の学校教育は、全国的に一定水準の教育を保障し、知・徳・体にわたる全人的な教育とPISA2022でも世界トップレベルの結果を実現するなど、国際的にも高く評価されていること、そして、それらは教員の献身的な努力の成果であると評価している。そのうえで、「主体的・対話的で深い学び」、「個別最適な学び」と「協働的な学び」の一体的充実など日本の学校教育はさらなる高みを目指すことが要請されているとする。そして、そのために教職の魅力を向上して教育界内外から教師に優れた人材を確保し続ける環境整備が必要不可欠だとし、長時間勤務などに象徴される今日の教員を取り巻く環境の抜本的改革が必要だとする課題認識を示した。

本答申が示した学校の働き方改革の更なる加速化と実効性の向上に向けた取り組みは、まさに日本の学校教育を新たな高みに押し上げるための試金石とも位置づけられている。ただ、そうした位置づけにもかかわらず、本答申で提言される諸方策は、目指そうとしている新たな学校像を実現していくうえで中途半端さを拭いきれない。

(1) 学校・教員の役割縮小論に対抗する文科省「令和の日本型学校教育」像

近年、公立学校のあり方に関して、Society5・0などと称される社会・産業構造の大きな変化やデジタル・ICT技術の飛躍的発展を背景に、複数の政府・関係省庁から政策文書や答申が出されている。代表的なものを示すと、内閣府・総合科学技術・イノベーション会議「Society5.0の実現に向けた教育・人材育成に関する政策パッケージ」（2022年6月）、内閣官房・教育未来創造会議「我が国の未来をけん引する大学等と社会の在り方について」（第1次提言、2022年5月）、経済産業省・未来人材会議「未来人材ビジョン」（2022年5月）、産業構造審議会・商務流通情報分科会・教育イノベーション小委員会「中間とりまとめ」（2022年9月）などであり、文部科学省では中教審答申「『令和の日本型学校教育』の構築を目指して」（2021年1月26日、以下、2021年中教審答申）などがある。

これら政策文書・答申では、多様性、個別最適な学びと協働的な学び、デジタル・ICT／先端技術の活用、学びと教育資源のオープン化＝学校の相対化（縮小）と多様な外部の機関・人材とのネットワーク化、ネットワークの結節点としての学校、教員の役割変化（指導からコーチ、伴走者、コーディネーター）などの共通用語が多く使われ、一見、同じ学校・教員の将来像が共有されているかのような印象を抱く。しかし、内容を詳細に見ていくと、学校と教員の役割・機能を広範囲に捉えるか、あるいは縮減の方向で見直していくかでベクトルの違いも見えてくる。特に、経済産業省や内閣・審議会の政策文書が、教科学習を軸に個別最適な学びと協働的な学びを学校内外の多様な教育ネットワークで構築していくという文脈の中で、学校・教員の役割・機能を相対化、縮小させていく提言をしていることがわかる。

そうした学校・教員の役割・機能の相対化、縮小化を前提にした新しい学校像に対して、文科省が対抗して提示したのが「令和の日本型学校教育」像であったといえる。2021年中教審答申は、日本の学校教育の成果と特徴を、学習指導のみならず生徒指導の面でも主要な役割を担い、児童生徒の状況を総合的に把握して教員が指導を行うことで子供たちの知・徳・体を一体で育む「日本型学校教育」と捉えている。そのうえで、コロナ禍の経験を通し再認識された学校の役割を、①学習機会と学力の保障、②全人的な発達・成長の保障、③身体的、精神的な健康の保障（安全・安心につながることができる居場所・セーフティネット）と再確認している。それらの違いを、少し機械的にはなるが図式化すれば**図7**のように整理できる。

図7 各省庁政策文書・答申にみる学校・教員の役割・機能の類型

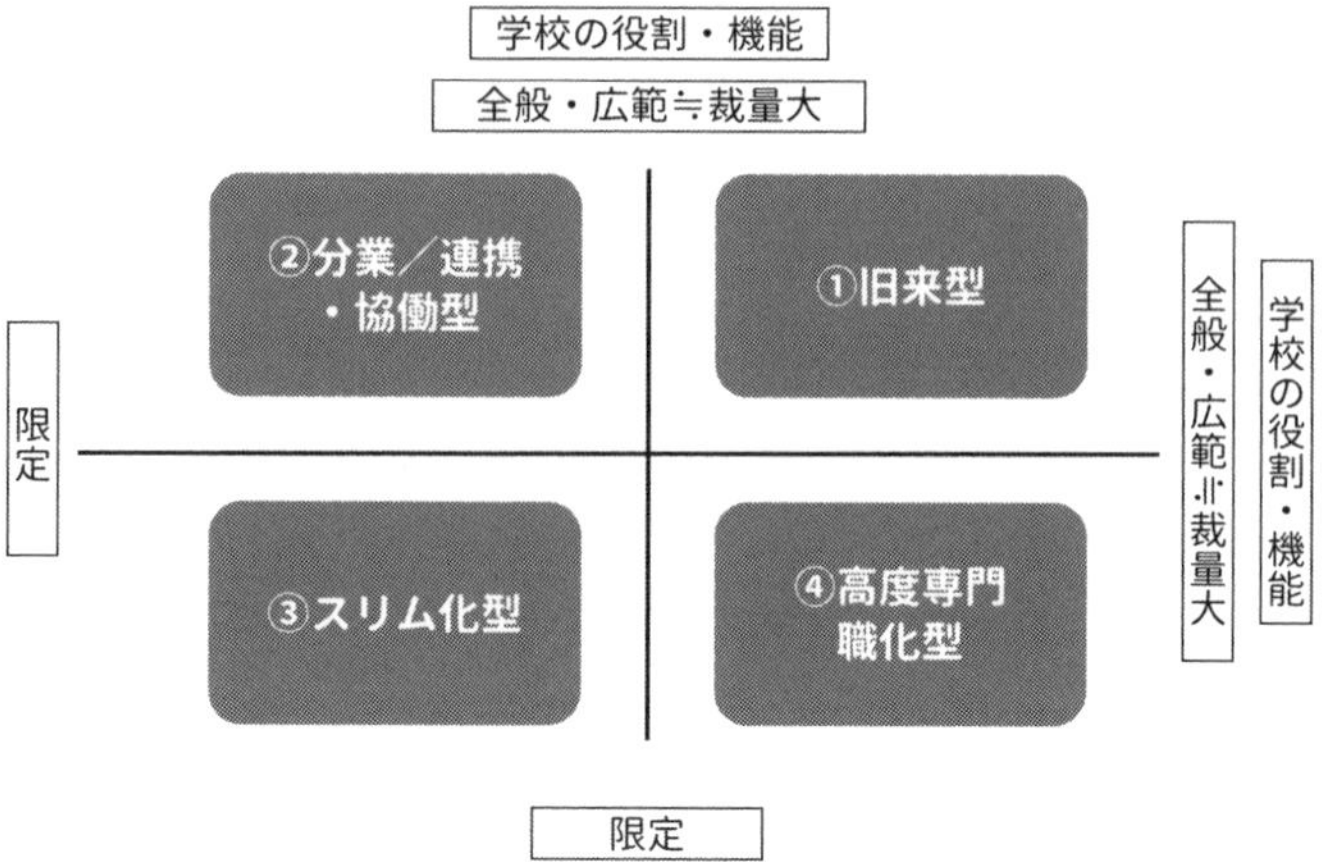

出典：油布（2007）を参考に筆者作成

図7で示されている4つの類型は、左記のように説明できる。

①旧来型：学校の役割・機能は全般的・広範囲の教育領域を包含し、教員は業務遂行に関しては広範囲の発言権・裁量を有する

②分業／連携・協働型：学校の役割・機能は全般的・広範囲の教育領域を包含するが、それらを教員だけではなく他の専門・支援スタッフで分担し連携・協

働で担う。教員が従来担ってきた職務・業務を分業化していくため発言権・裁量はその分狭まる（文科省・2021年中教審答申、2024年中教審答申の基本的スタンス）

③スリム化型：学校の役割・機能を知育のある側面に限定し、他の知育面や他の教育の役割・機能は学校外の組織・人材などに委ねたりネットワーク化で対応する。教員の発言権・裁量はその分狭まる（経済産業省の学習環境オープン・イノベーション構想）

④高度専門職化型：学校の役割・機能を知育とそれに深い関係を有する教育活動に限定し、教員はそれら職務・業務に関し広範囲の発言権・裁量を有する

③のスリム化型は、旧来の硬い学校制度を相対化して見直しを図っていき、児童生徒一人一人を主役とした学習に焦点化する点で魅力的である。一方で、これまで日本型学校教育が重視してきた教科学習指導と生徒指導を関係づける一体的教育活動や、個別最適な学びと協働的な学びを関係づける学習環境基盤ともいえる学級（学習集団）づくりは、画一化や同調圧力につながることから、日本型学校教育の「弱み」として批判的な立場をとっているように思える。

それに対抗するのが、②の分業／連携・協働型で、文科省や中教審の立場である。「創造的な一斉授業」という言い方があるように、日本の学校での授業は、グループ学習や個別学習といった多様な学習形態との交互転換のなかで、学習の個別化と学級集団の中での豊かな交流でより深い認識に到達させる授業づくりの努力が続けられてきた（熊井2021）。また、デジタル・ICT／先端技術の活用や外部人材・機関とのネットワーク化を通した個別最適な学びと協働的な学び・探究的な学びは、教員を単なる伴走者やコーディネーターの地位に〝格下げ〟することではなく、一層の入念な「指導」＝学習と「学習環

境の設計という形で（直接的な教師の指導以上に）間接的な教師の指導性」が不可欠ともされる（熊井2021）。日本の学校教育の特徴と強みを新しい時代に見合うように再構築するためには、教員の負担軽減も含めて分業や連携・協働を指向しつつ、教員の高度専門職化を図っていくことが欠かせないとする考え方で、2024年中教審答申もこうした考え方を踏まえている（小川2023）。

⑵「分業化の徹底」か、それとも「教員の『多能工』的役割の維持」か

2021年中教審答申や2024年中教審答申は、日本の学校教育の特徴と強みを発展させ新時代に見合うように再構築を図るため、教員が教員でなければできないことに集中できるようにすることが重要で、学校・教員が担う業務の適正化、一人の教員が多様な業務を抱える「個業」型から他の教員や専門・支援スタッフと分担する「協働」型にシフトチェンジを徹底することが重要だとしている。

ただ、そうしたシフトチェンジを図っていくうえで本答申の諸方策は、中途半端という印象が拭えない。学校・教員の負担軽減＝分業化と連携・協働のあり方をめぐっては、欧米のように徹底して学校内外の分業化を進める方向を採るか、それとも周辺的・境界的業務の他への移行・委託を図りながらも主要な教育活動では「多能工」的な教員が学校内外のコーディネートを主に担う方向を採るのか、どちらの方向を目指すのかの選択肢があるように思える。本答申の内容は、前者の選択肢を採るには専門職・支援スタッフの質量両面での確保が見通せず不十分さがあり、後者の選択肢を採るには教員数の大幅増員の難しさがあり中途半端感を否めない。根底には厚い財源の壁があることは承知しているが、そうした厚い壁を突破する見通しの暗さが中途半端感として現れているという印象を免れない。

ここで改めて、旧来の日本の学校と教員の仕事の特徴と問題点を振り返ってみる。

日本型学校教育では、教科学習と社会的規範を身につける生徒指導を一体的に行い、そうした教育活動は学級をベースに展開され、教員には多様な児童生徒が混在する学級をまとめる学級経営の力が要請されてきた。その結果、そうした学級に同化・同調できない個は学級から排除されがちで、学級は「同質性」を強めることになった。また、教員は新たな課題が起きると、その対応に必要な新たな知識・技能を学び、「多能工化」することで対応してきた。学校では教員が圧倒的に多数派で、他のスタッフは常に少数派であった。ただ、こうした旧来の学校は「知・徳・体にわたる全人的な教育」として評価され、ＯＥＣＤのＰＩＳＡ２０２２でも世界トップレベルの学力という結果を維持してきた。

一方、児童生徒の多様化や子どもたちが抱える課題の多様化、複雑化、困難化によって、効率的な学級経営にとって適合的であった「同質性」を維持できなくなり、そこから生じる諸問題にも対応しきれなくなってきた。その結果、不登校児童生徒なども増え続け、それらの課題を抱え込んだ学校や教員の負担が増大し、教員の長時間労働やメンタルヘルス上の問題が噴出してきた。

そうした現状の課題解決に向けて、文科省・中教審は、旧来の学校の「強み」と「弱み」を踏まえ、働き方改革を通したチーム学校への転換を図るという新たな学校教育を構築する方向を示した。ただ、分業と連携・協働には大きく分けて二つの選択肢があるように思える。

一つの選択肢は、学校内外の分業化を徹底する考え方であるが、ただ、現状ではチーム学校を実現していくうえで必要な教員以外の専門職・支援スタッフの質量両面での絶対的不足状況が続いている。欧米のように、教員と他の専門職・支援スタッフの比率を50：50程度にしないと、令和の日本型学校教育に期待されるような効果的な連携・協働型のチーム学校と教員の高度専門職化を実現することは難しい。しかし、分業化の徹底という選択肢は、本答申も同じスタンスに立っていると思うが、筆者にはあまり望ましいとは思えない。日本の学校教育の強みは、教員が授業による教科指導だけに特化するのではなく、生徒指導を含めて、教科学習の周辺的なところを一体的にやっているところにあり、それが「知・徳・体にわたる全人的な教育」に通じていると考える。児童生徒を自立した学習者として問題解決型能力を育んでいくことを考えると、授業と個々の教科学習だけでそれが達成されるとは思えず、多様で異質な意見・考えも受け入れる「心理的安全性」と、挑戦や失敗も容認する協働的な学びを保障する学習集団づくりも同時に必要である。そういう意味でも、「多能工」的役割を維持したうえでその新たな発展を図っていく選択肢の方が、日本型学校教育を維持・発展させていくためには適切ではないかと考える。ただ、それを実現するには、教職を高度専門職として育成・成長させていく環境整備と、教員が教員だけにしかできない本来的業務に専念できる適正な業務負担の改善が不可欠であり、教職員定数と教員数の大幅改善・増員は欠かせない。また、「多能工」的教員（集団）は業務の領域とその連携・協働を状況に応じて教員（集団）間の柔軟な調整で進めていくという特徴を有し、潜在的にオーバーワークを生む組織の特性もあるため、ワーク・ライフ・マネジメントが不可欠である。その点では、「多能工」的教員（集団）の仕事の取り組み方と給特法には「親和性」があるため、ワーク・ライフ・マネジメントがいっそう重要となる（小川２０２４）。

【引用・参考文献】

・石嵜信憲編著（２０１０）『労働時間規制の法律実務』中央経済社
・石嵜信憲編著（２０１９）『改正労働基準法の基本と実務』中央経済社
・大内伸哉（２０１５）『労働時間制度改革』中央経済社
・大村剛史・高亮（２０１９）『これ１冊で安心！　働き方改革法の実務がしっかりとわかる本』労務行政
・小川正人（２０１９）『日本社会の変動と教育政策——新学力・子どもの貧困・働き方改革』左右社
・小川正人（２０２３）「近年の教育政策提言の動向と課題」（田中博之編著『実践　教育法規』小学館）
・小川正人（２０２４）「『答申（案）』と学校像の再構築」（『教職研修』２０２４年９月号、通巻６２５号）
・小川正人・川上泰彦・荒井英治郎・櫻井直輝・神林寿幸・雪丸武彦（２０２２）「学校の働き方改革に対する教職員の意識分析——全国７県校長・教員アンケート調査結果から——」（日本教育行政学会第57回研究大会自由研究発表）
・角森洋子（２０２１）『改訂版　わかりやすい労働衛生管理』経営書院
・熊井将太（２０２１）「個別化・個性化された学び」（石井英真編著『流行に躍る日本の教育』東洋館出版社）
・第一東京弁護士会労働法制委員会編著（２０１９）『詳解　働き方改革関連法』労働開発研究会
・早津裕貴（２０２３）「給特法における労基法37条適用除外の合憲性に関する検討」（連合総研『もっと子どもたちと向きあいたい～教職員の働き方改革の促進にむけて～日本における教職員の働き方・労働時間の実態に関する調査研究報告書』２０２３年９月）
・星野豊（２０１３）「教員の『時間外勤務』と管理者の『安全配慮義務』」（『法律時報』85巻４号）
・堀口悟郎（２０２３）「憲法学からみた教員多忙化問題」（『岡山大学法学会雑誌』72巻３・４号）
・水町勇一郎（２０１９）『詳解　労働法』東京大学出版会
・文部科学省（２０２０）「公立学校の教育職員の業務量の適切な管理その他教育職員の服務を監督する教育委員会が教育職員の健康及び福祉の確保を図るために講ずべき措置に関する指針に係るQ&A」（２０２０年１月17日）
・油布佐和子（２００７）「学校の改革と教師役割の行方」（油布佐和子編著『転換期の教師』放送大学教育振興会）

Ⅱ部　分析と課題の整理

1章 「学校の業務改善・働き方改革」で教員の勤務はどう変わったか？
――2000年代後半以降の教員勤務実態調査の集計分析

神林寿幸

1 本章の目的

2006年に文部科学省が行った「第1回教員勤務実態調査」以降、教員の多忙や長時間労働に対して社会から強い関心が向けられ（神林2017）、教員の長時間労働対策として「学校の業務改善」や「学校の働き方改革」が進められてきた[*1]。これらの施策が進められてから本稿執筆時点（2024年6月）で約20年経過したが、この間に教員の勤務は変わったのか。また、教員の勤務が変わったのであれば、どのように変わったのか。本章は以上の問いを実証的に解明する。

これまで教員の勤務をめぐる変化について国内外で研究が進められてきた。日本については、たとえば、神林（2017）は超勤訴訟が全国的に発生した1950～60年代の教員との比較から、2000年代後半の教員の働き方をめぐる特徴として、教育活動に費やす時間が長いことなどを明らかにした。

また、青木・神林（2013）は、先述の文部科学省「第1回教員勤務実態調査」と2012年に当該論文の筆者らが実施した調査の間で平均労働時間を比較した。その結果、中学校教員の部活動指導時間に縮減傾向がみられたものの、教員の総労働時間に顕著な変化が確認できないことが明らかになった。しかし、これらの研究は2000年代後半以降から2020年代までの教員の労働時間をめぐる趨勢を分析しておらず、特に2010年代後半になって進められた「学校の働き方改革」によって、教員の勤務がどう変わったのかを明らかにしていない。

他方、海外では教員の労働時間対策が進んだ年代の間に、教員の労働時間が変化したか否かを検証した研究がある。たとえば、イギリスでは1990年代以降に教員の長時間労働が政策課題となり、特に2000年前後から教員の健康保持増進・ウェルビーイングの実現と教員の離職を防止する観点から、教員の長時間労働対策が進められた（Bubb & Earley 2004）。そして、教員の長時間労働対策が推進された1990年代から2010年代までの教員の週労働時間に関するトレンド分析が行われた。その結果、教員の労働時間に顕著な変化が確認できず、より踏み込んだ教員の長時間労働対策が必要であることが提示された（Allen et al. 2020）。「学校の業務改善・働き方改革」の成果と課題を明らかにするためには、同様の分析が日本の教員にも求められる。

＊1　2000年代後半以降に進められてきた教員の多忙・長時間労働対策の具体については、小川（2019）などを参照されたい。また、文部科学省のウェブサイトには「学校における業務改善について」（https://www.mext.go.jp/a_menu/shotou/uneishien/1297093.htm）というページもあり、あわせて参照されたい。

そこで、本稿では２０００年代後半以降に推進された「学校の業務改善・働き方改革」のもとでの教員の勤務をめぐる変化を実証的に解明する。具体的には、２０００年代後半以降に国と教育委員会が実施した教員勤務実態調査の集計分析を行い、これによって２０００年代後半以降の公立小・中学校教員の勤務をめぐる変化を明らかにする。

ここでいう「教員勤務実態調査」とは、文部科学省によるものと同様に、教員が1日に従事した業務を時間帯ごとに記録・把握するタイムユーズ・サーベイを指す[*2]。管見の限り、22調査（文部科学省実施のものが３調査、教育委員会実施のものが19調査）の公開された集計結果を入手できた。本分析にはこれらの調査の公立小・中学校教諭に関する合計１８４種類の集計結果（主幹教諭・指導教諭を含む、小学校79種類、中学校１０５種類）を使用する。本分析に使用する文部科学省調査（以下、文科省調査）と教育委員会調査（以下、教委調査）の概要は、77頁の**付表1**のとおりである。

各調査の集計結果には在校等時間を構成する個別の業務時間の数値が含まれる。しかし、週の平均業務時間を示すものや勤務日1日・休日1日それぞれの平均業務時間を示すなど、調査によって集計方法は多様である。そこで、各調査の結果を比較できるように、各調査結果を週在校等時間に再集計し[*3]、本分析には週在校等時間を用いる。

また、各調査が使用する教員業務の分類も異なる。そのため、各調査の間で業務時間が比較できるように各調査の教員業務分類を、文部科学省「第1回教員勤務実態調査」の集計報告で用いられた次の４つの大分類に割り当てる（国立大学法人東京大学編２００７）。

第一に、児童生徒の指導に直接的にかかわる業務（以下の図表では直接指導と表記、以下同様）である。「朝の業務」「授業」「学習指導」「生徒指導（集団）」「生徒指導（個別）」「部活動・クラブ活動」「児童会・生徒会指導」「学校行事」が含まれる。第二に、児童生徒の指導に間接的にかかわる業務（間接指導）である。「授業準備」「成績処理」「学年・学級経営」が含まれる。第三に、学校の運営にかかわる業務（学校運営）である。「学校経営」「会議・打合せ」「事務・報告書作成」「校内研修」「校務としての研修」「会議（校外）」「その他の校務」が含まれる。第四に、外部対応である。「保護者・ＰＴＡ対応」「地域対応」「行政・関係団体対応」が含まれる。

2　２０００年代後半以降の教員の勤務をめぐる変化

(1)　小学校

図1は、２０００年代後半以降に実施された22個の教員勤務実態調査をもとに推計された小学校教諭

＊2　タイムユーズ・サーベイ（time-use survey）とは「個々人が一日24時間をどのように配分しているかを調査する統計」（黒田２０１０、54頁）のことである。国内のタイムユーズ・サーベイとして、総務省「社会生活基本調査」やＮＨＫ放送文化研究所「国民生活時間調査」がある。

＊3　ある業務について勤務日（平日）１日の平均従事時間と週休日（土日）１日の平均従事時間の結果を公表する調査の場合、当該業務週の在校等時間は「勤務日（平日）１日の平均従事時間×５＋週休日（土日）１日の平均従事時間×２」で概算する。また、勤務日（平日）１日の平均従事時間のみを公開する調査については、直近の文部科学省「教員勤務実態調査」の結果が示す勤務日（平日）１日の平均従事時間と週休日（土日）１日の平均従事時間の比から、週休日（土日）１日の平均従事時間を推計する。

図１　2000年代後半以降の小学校教諭の週あたり在校等時間

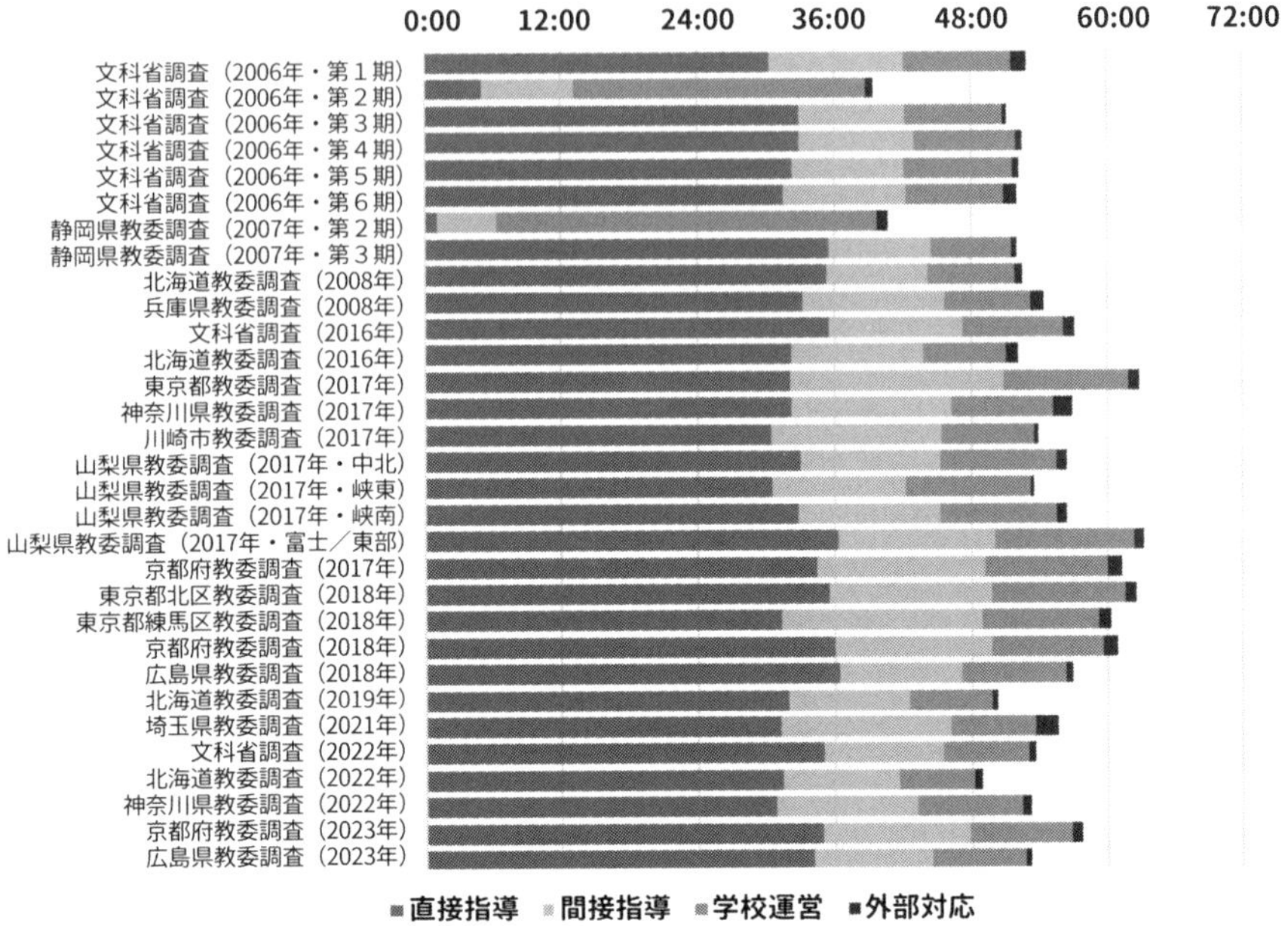

の週あたり在校等時間に関する単純集計である。まず「文科省（２００６年・第２期）」と「静岡県教委調査（２００７年・第２期）」は夏季休業期間中の教員の勤務実態を表す。そのため、他の調査と傾向が異なる。具体的には、授業期間外であるため、児童生徒の指導に直接的にかかわる業務が短かった。

　また、夏季休業期間中に研修が設定される。そのため、本分析で「校内研修」と「校務としての研修」を含む業務分類である学校運営に関する業務時間が長かった。

　それ以外の傾向として、総在校等時間は２０００年代後半から２０１０年代半ばにかけて増加し、２０１０年代後半以降は減少していることがわかる。２０００年代後半に行われた教員勤務実態調査で、総在校等時間はいずれも週55時間以内であった。

他方、２０１０年代の調査では週の総在校等時間が60時間を超えるものも散見された。そして、２０２０年代に実施された調査の大半では、週の総在校等時間が55時間前後であるものが大半であった。

個別の業務に着目すると、授業準備や成績処理より構成される児童生徒の指導に間接的にかかわる指導で、２０１０年代以降の増加が確認できる。児童生徒の指導に間接的にかかわる指導時間について、２０００年代後半以降の調査の大半では週あたり10時間前後であった。そして、２０１０年代後半以降の調査では12時間から14時間の間に収まるものがほとんどであった。他方、これ以外の児童生徒の指導に直接的にかかわる指導、学校の運営にかかわる業務、外部対応については明確な傾向を確認することができなかった。

さらに、各集計結果のノイズを統制したうえで*4、在校等時間の趨勢を分析する。ここでは２００６年、２０１６年、２０２２年と行われた文部科学省「教員勤務実態調査」の実施時期を基礎に、まず各調査の実施時期を「２００６-２０１５年」「２０１６-２０２１年」「２０２２年以降」と分類する。そして、これらの時期で各在校等時間を比較した。

結果は**図２**のようになった。**図１**の単純集計からも読み取れたように、時期による統計的な有意差が

*4　統制要因として、「調査実施月」（教員の一般的な勤務傾向が得られる「11月」、夏季休業期間である「7・8月」、これら以外の月）、「学校規模」（「全規模」「小規模校（11学級以下）」「適正規模校（12-18学級）」「大規模校（19学級以上）」）、「年代」（「全年代」「30歳以下」「31-40歳」「41-50歳」「51歳以上」）、「学級担任の担当状況」（「非担任」「全体」「担任」）、「職種」（「教諭（主幹教諭・指導教諭を含む）」「教諭のみ」「主幹教諭のみ」）、「部活動顧問の有無」（中学校のみ、「非担当」「全体」「担当」）を設定した。なお、分析に使用した記述統計量は79頁の**付表２**のとおりである。

確認されたのは、総在校等時間と児童生徒の指導に間接的にかかわる指導時間であった。総在校等時間については、「２００６－２０１５年」と「２０１６－２０２１年」の間に１％水準で有意差が確認された。２００６年から２０１５年の総在校等時間の推計値は週51・1時間であった。これに対して、２０１６年から２０２１年の総在校等時間の推計値は週55・7時間で、２００６年から２０１５年と比べ

図２　小学校教諭の在校等時間の趨勢（2000年代後半以降）

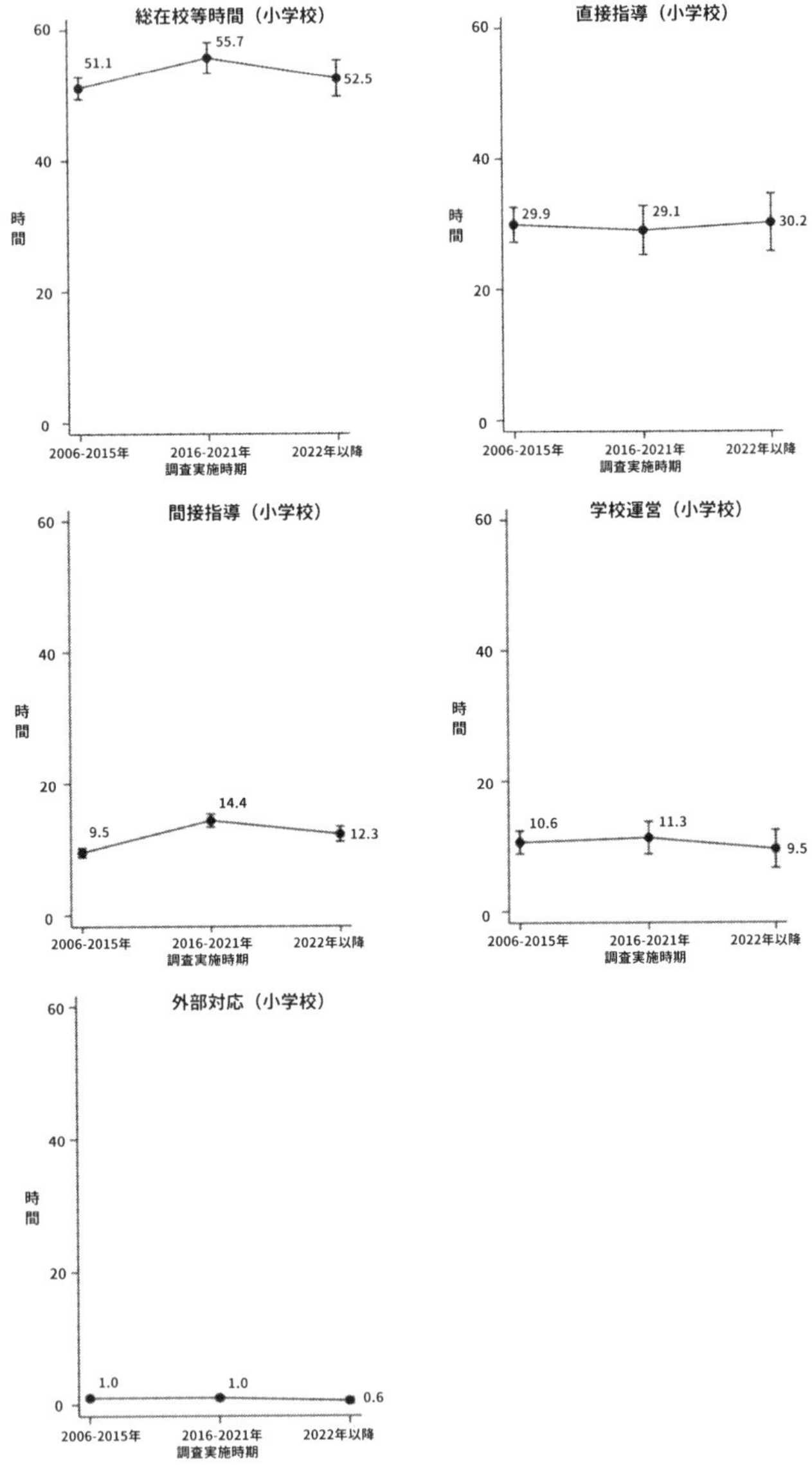

て約４・６時間長かった。他方「２００６－２０１５年」と「２０２２年以降」の間には有意差が確認されなかった。このことから、２０２２年以降の総在校等時間（週52・５時間）は２００６年から２０１５年までの水準に戻ったと言える。

児童生徒の指導に間接的にかかわる業務時間については、「２００６－２０１５年」と「２０１６－２０２１年」および「２０２２年以降」の間でいずれも１％水準で有意差が確認された。児童生徒の指導に間接的にかかわる業務時間の推計値は、２００６年から２０１５年までが約９・５時間、２０１６年から２０２１年までが約14・４時間、２０２２年以降は12・３時間であった。すなわち、２００６年から２０１５年と比較して、２０１６年から２０２１年は約４・９時間、２０２２年以降は約２・８時間長かった。以上より、児童生徒の指導に間接的にかかわる業務時間は２０１６年から２０２１年までがピークで、２０２２年以降に減少したことがわかる。しかし、２０２２年以降の当該業務時間は、２００６年から２０１５年よりも長い水準であった。

⑵　中学校

図３は２０００年代以降の中学校教諭の在校等時間に関する単純集計である。ここでも、「文科省（２００６年・第２期）」と「静岡県教委調査（２００７年・第２期）」は授業のない夏季休業期間中の教員の勤務実態を示すため、総在校等時間が短かった。ただ、小学校と異なり、夏季休業期間中も部活動指導があることから、小学校と比べて、夏季休業期間中の生徒への指導時間が長かった。

在校等時間の趨勢として、ここでも２０１６年以降の総在校等時間が長いことがうかがえる。２００

図３　2000年代後半以降の中学校教諭の週あたり在校等時間

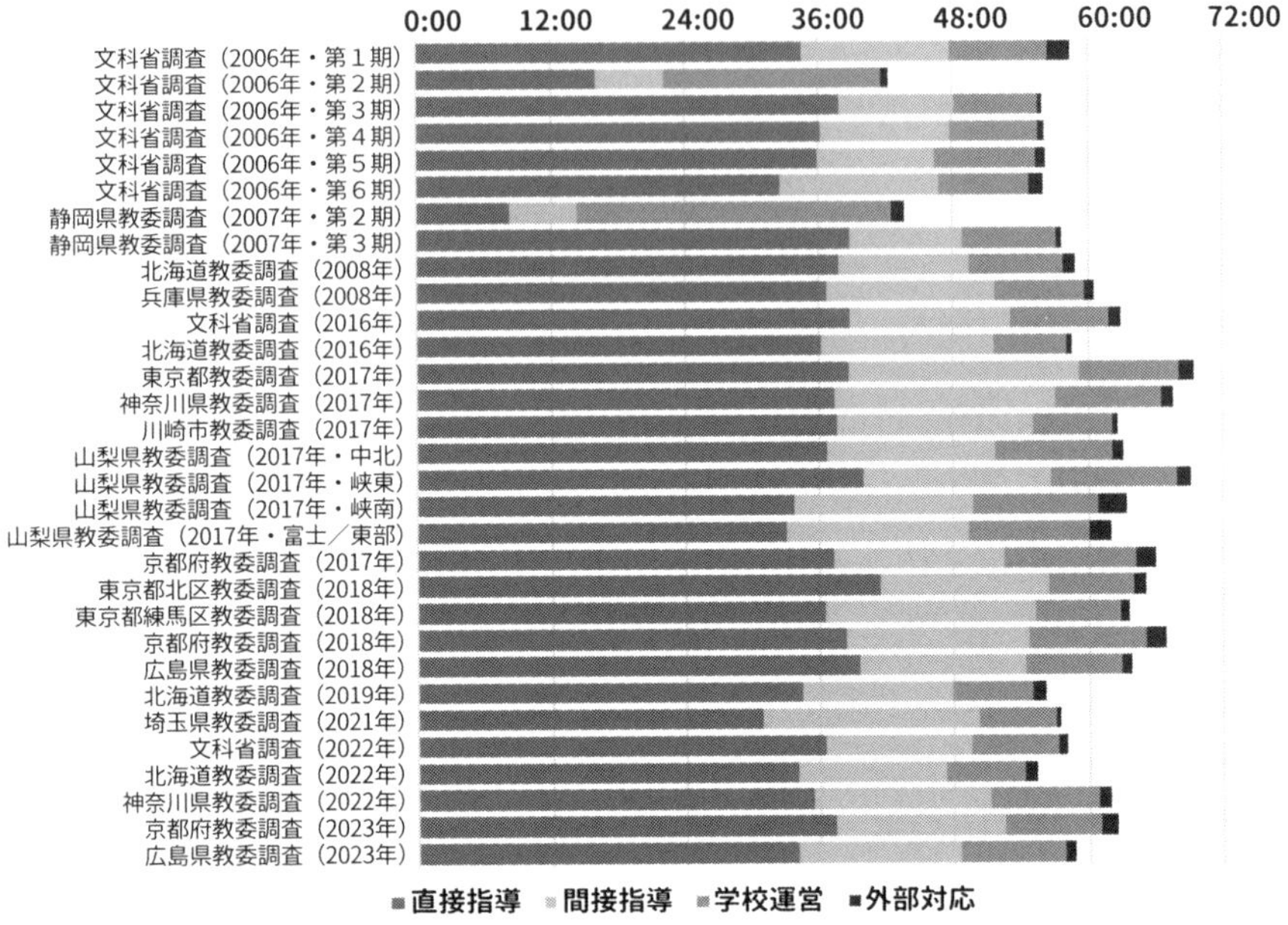

6年から2015年実施調査の大半で、総在校等時間は週60時間を下回った。しかし、2016年以降に実施された教員勤務実態調査のほとんどで、総在校等時間は週あたり60時間超であった。

　個別の業務についても、小学校と同様に、生徒の指導に間接的にかかわる業務について、2010年代以降の増加が確認された。2015年までの調査の大半は15時間を下回ったが、2016年以降の調査の多くは15時間超であった。

　さらに、各集計結果のノイズを統制して、在校等時間の趨勢を推計したところ、**図４**のような結果が得られた。在校等時間について時期による有意差が確認されたのが、総在校等時間と児童生徒の指導に間接的にかかわる指導時間であった。

　総在校等時間については、「2006－

図４　中学校教諭の在校等時間の趨勢（2000年代後半以降）

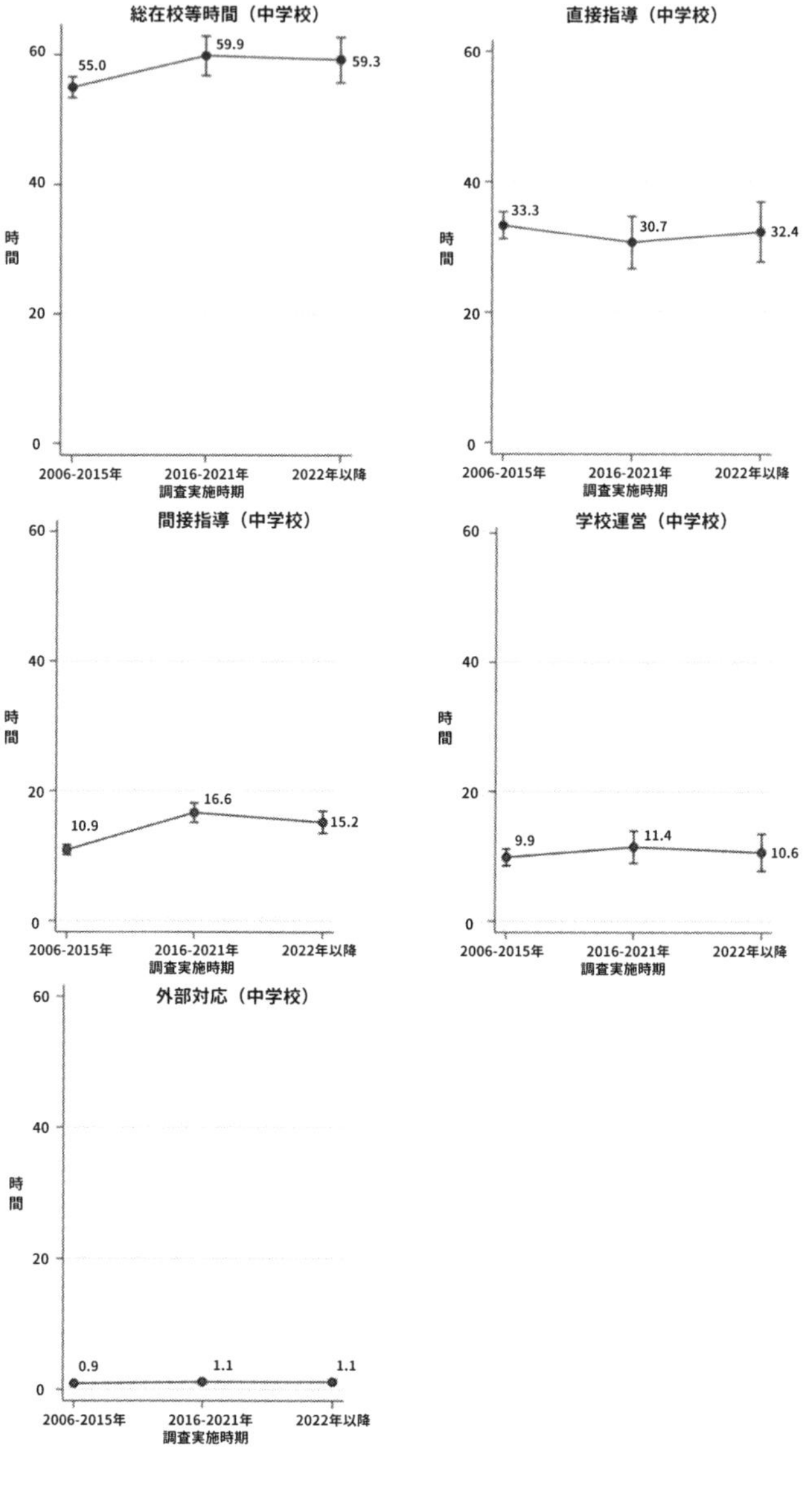

２０１５年」と「２０１６－２０２１年」の間に５％水準で有意差が確認された。週あたりの総在校等時間の推計値は２００６年から２０１５年までが週55・０時間で、２０１６年から２０２１年までが59・９時間であった。２００６年から２０１５年までと比べて、２０１６年から２０２１年までの総在校等時間は約４・９時間長かった。

他方、「２００６－２０１５年」と「２０２２年以降」の間には、５％水準で有意差が確認されなかった。これは２００６年から２０１５年までと２０２２年以降の総在校等時間は同水準であることを意味する。ただ、２０２２年以降の総在校等時間の推計値は週59・３時間であり、２００６年から２０１５年までの総在校等時間の推計値と比べると、週あたりで約４・３時間長かった。２０２２年以降の実施調査についてはデータ数が少ないことで推計値の誤差が大きくなり、今回の分析では５％水準で有意差が確認できなかったと思われる。そのため、今後のデータの蓄積によっては２００６年から２０１５年と比べて、２０２２年以降の中学校教諭の総在校等時間は依然として長い可能性があることを指摘しておきたい。

児童生徒の指導に間接的にかかわる業務については、「２００６－２０１５年」と「２０１６－２０２１年」および「２０２２年以降」の間で、それぞれ１％水準で有意差が確認された。２００６年から２０１５年の推計値は10・９時間であった。これに対して、２０１６年から２０２１年は16・６時間、２０２２年以降は15・２時間であった。すなわち、２００６年から２０１５年と比べて、２０１６年から２０２１年は約５・７時間長く、２０２２年以降は約４・２時間長かった。

したがって、児童生徒の指導に間接的にかかわる業務時間は、２０１６年から２０２１年まで長く、２０２２年以降に減少したことが読み取れる。ただし、直近の２０２２年以降の児童生徒の指導に間接的にかかわる業務時間は、２００６年から２０１５年よりも依然として長かった。

3 考察

本稿の目的は、2000年代後半以降に推進された「学校の業務改善・働き方改革」によって、教員の勤務をめぐる変化を実証的に解明することにあった。

2000年代後半以降に文部科学省と教育委員会が実施した教員勤務実態調査の集計分析を行った。その結果、2000年代後半から2010年代にかけて、小・中学校教諭の総在校等時間は増加したことが明らかになった。教員の労働時間削減という観点に立って学校の業務改善を考えた場合、2000年代後半から2010年代半ばまではうまくいかなかったと言える。

その期間で業務時間が増加したのは、授業準備や成績処理から構成される児童生徒の指導に間接的にかかわる業務であった。その背景には学習指導要領改訂に伴う教育内容の変化が考えられる。小学校では高学年に外国語活動が新たに導入された。加えて、基礎的・基本的知識の育成に加えて、知識・技能を活用する活用型学習も求められるようになった（大高2009）。このような新しい教育活動の新設や授業展開の変容が要求されることによって、2000年代後半から2010年代にかけて、小・中学校教諭の授業準備に費やす時間が増加したものと思われる。

他方、2010年代後半から2020年代にかけて、小・中学校ともに教諭の在校等時間は減少した。2019年に公立の義務教育諸学校等の教育職員の給与等に関する特別措置法（給特法）が改正され、文部科学大臣は教員の業務量の適切な管理等に関する指針を策定することになった。この指針では、1ヵ月の時間外在校等時間を45時間以内、1年間の時間外在校等時間を360時間以内とすることになり、この数値目標をもとに各教育委員会や学校は「働き方改革」を進めてきた。こうした取り組みは教員の労働時間削減に一定程度寄与したと思われる。

ただ、直近の２０２２年以降の総在校等時間は、教員の長時間労働が注目され始めた２０００年代後半の水準に戻った状況であり、依然として健康の観点から憂慮される働き方である。２０２２年以降の総在校等時間は、小学校で週52・５時間、中学校で59・３時間といずれも週50時間以上であった。労働時間と脳卒中の発症との関連に関する疫学のシステマティックレビューによれば、週36－40時間の労働者と比較して、週49－54時間の労働者が脳卒中を発症するリスクは１・27倍、週55時間以上の場合は１・33倍であった（Kivimäki et al. 2015）。「学校の働き方改革」による小・中学校教員の労働時間削減に一定の成果がうかがえるが、引き続き教員の労働時間削減に向けた取り組みが求められる。

【引用文献】

・青木栄一・神林寿幸（２０１３）「２００６年度文部科学省「教員勤務実態調査」以後における教員の労働時間の変容」（『東北大学大学院教育学研究科研究年報』第62集第1号、17〜44頁）
・大高泉（２００９）「新学習指導要領における理科の改訂と理科授業づくりの視点」（『教育実践学研究』第13号、25〜37頁）
・小川正人（２０１９）『日本社会の変動と教育政策――新学力・子どもの貧困・働き方改革』左右社
・神林寿幸（２０１７）『公立小・中学校教員の業務負担』大学教育出版
・黒田祥子（２０１０）「生活時間の長期的な推移」（『日本労働研究雑誌』第52巻第6号、53〜64頁）
・国立大学法人東京大学編（２００７）『教員勤務実態調査（小・中学校）報告書』（平成18年度文部科学省委託調査研究報告書）

・Allen, R., Benhenda, A., Jerrim, J., & Sims, S. (2020). New evidence on teachers' working hours in England. An empirical analysis of four datasets. *Research Papers in Education* (6), 1-25.
・Bubb, S., & Earley, P. (2004). *Managing Teacher Workload: Work-life Balance and Wellbeing.* London: Paul Chapman Publishing.
・Kivimäki M, Jokela M, Nyberg ST, Singh-Manoux A, Fransson EI, Alfredsson L, Bjorner JB, Borritz M, Burr H, Casini A, Clays E, De Bacquer D, Dragano N, Erbel R, Geuskens GA, Hamer M, Hooftman WE, Houtman IL, Jöckel KH, Kittel F, Knutsson A, Koskenvuo M, Lunau T, Madsen IE, Nielsen ML, Nordin M, Oksanen T, Pejtersen JH, Pentti J, Rugulies R, Salo P, Shipley MJ, Siegrist J, Steptoe A, Suominen SB, Theorell T, Vahtera J, Westerholm PJ, Westerlund H, O'Reilly D, Kumari M, Batty GD, Ferrie JE, Virtanen M; IPD-Work Consortium., (2015). Long working hours and risk of coronary heart disease and stroke: a systematic review and meta-analysis of published and unpublished data for 603,838 individuals. *Lancet, 386* (10005), 1739–1746.

【引用資料】

・神奈川県教育委員会（２０１８）「市町村立学校勤務実態調査の調査結果について」
・神奈川県教育委員会（２０２４）「神奈川県公立学校教員勤務実態調査の集計結果について」
・株式会社リベルタス・コンサルティング編（２０１８）『「公立小学校・中学校等教員勤務実態調査研究」調査研究報告書』
・川崎市教育委員会（２０１９）「教職員の勤務実態調査（最終報告）」
・京都府教育委員会（２０１８）「平成29年度『公立学校教員勤務実態調査』等の集計（速報値）」
・京都府教育委員会（２０１９）「平成30年度『公立学校教員勤務実態調査』等の集計（速報値）」
・京都府教育委員会（２０２４）「令和５年度『公立学校教員勤務実態調査』等の結果」
・埼玉県教育局市町村支援部小中学校人事課（２０２２）「令和３年度埼玉県小・中学校働き方改革に関する実態調査調査報告書」

・財団法人静岡総合研究機構（２００７a）「学校を取り巻く実態状況調査　教職員勤務実態調査（第Ⅱ期）暫定集計」
・財団法人静岡総合研究機構（２００７b）「学校を取り巻く実態状況調査　教職員勤務実態調査（第Ⅲ期）暫定集計」
・東京都教育庁（２０１８）「東京都公立学校教員勤務実態調査の集計結果について」
・東京都北区教育委員会（２０１９）「北区立学校教員勤務実態調査（集計結果）」
・練馬区教育委員会（２０１９）「練馬区立学校（園）における教員の働き方改革推進プラン」
・兵庫県教職員の勤務時間適正化検討委員会（２００９）「教職員の勤務時間適正化対策プラン」
・広島県教育委員会（２０１９）「教員勤務実態調査（平成30年度）の結果について」
・広島県教育委員会（２０２４）「教員勤務実態調査（令和５年度）の結果について」
・北海道教育委員会（２０１７）「教育職員の時間外勤務等に係る実態調査」
・北海道教育委員会（２０２３）「令和４年度（２０２２年度）北海道の教育職員に係る勤務実態調査」
・北海道教育委員会時間外勤務等縮減推進委員会（２０１０）「教育職員の時間外勤務等の縮減について（報告）」
・山梨県教育委員会（２０１８）「山梨県教員勤務実態調査の集計結果について」

付表１

実施主体	調査名	実施時期（小・中学校）	調査対象（小・中学校）	公開の集計結果	分析に用いる集計結果	データ数	
						小	中
文科省	教員勤務実態調査（１回）	●１期：2006年７月３日～30日 ●２期：2006年７月31日～８月27日 ●３期：2006年８月28日～９月24日 ●４期：2006年９月25日～10月22日 ●５期：2006年10月23日～11月19日 ●６期：2006年11月20日～12月17日	●１期：全国公立小学校180校に勤務する教員4,133人（164校・3,556人）、中学校180校に勤務する教員4,843人（168校・4,174人） ●２期：全国公立小学校180校に勤務する教員4,104人（168校・3,540人）、中学校180校に勤務する教員4,709人（171校・4,226人） ●３期：全国公立小学校180校に勤務する教員4,069人（164校・3,446人）、中学校180校に勤務する教員4,752人（157校・3,934人） ●４期：全国公立小学校180校に勤務する教員4,029人（151校・3,327人）、中学校180校に勤務する教員4,781人（158校・3,915人） ●５期：全国公立小学校180校に勤務する教員4,310人（171校・3,715人）、中学校180校に勤務する教員4,915人（172校・4,372人） ●６期：全国公立小学校180校に勤務する教員4,099人（168校・3,654人）、中学校180校に勤務する教員4,753人（163校・4,186人）	●期別（１～６期） ●職種別（全体、校長、教頭・副校長、教諭、講師） ●学級担任の有無別（教諭） ●部活動顧問の有無（中学校全体、中学校教諭） ●年齢別（小学校教諭、中学校教諭） ※勤務日１日・休日１日平均	各期について下記の集計結果 ●学級担任の有無別教諭の集計結果（学級担任をしている／学級担任をしていない×６期、小12、中12） ●部活動顧問の担当別教諭の集計結果（中学校のみ、運動部顧問／文化部顧問／顧問なし×６期、中18） ●年代別の教諭の集計結果（30歳以下、31-40歳、41-50歳、51歳以上×６期、小24、中24）	36	54
文科省	教員勤務実態調査（２回）	●10月期：2016年10月17日～23日又は10月24日～30日 ●11月期：2016年11月７日～13日又は11月14日～20日	各期全国公立小学校200校、中学校200校に勤務する教員（２期合わせて小学校397校・8,591人、中学校399校・10,687人）	●職種別（教諭〔主幹教諭・指導教諭を含む〕） ※平日１日・土日１日平均	10月期・11月期合算の教諭の集計結果（小１、中１）	1	1
文科省	教員勤務実態調査（３回）	●８月期：2022年８月１日～７日、８月８日～14日、８月15日～21日、８月22日～28日 ●10月期：2022年10月３日～９日、又は10月17日～23日又は10月24日～30日 ●11月期：2022年11月７日～13日、又は11月14日～20日	各期全国公立小学校400校、中学校400校に勤務する教員（10月・11月期合わせて小学校793校・11,569人、中学校789校・11,675人）	●職種別（教諭〔主幹教諭・指導教諭を含む〕） ※平日１日・土日１日平均	10月期・11月期合算の教諭の集計結果（小１、中１）	1	1
北海道教委	教育職員の時間外勤務等に係る実態調査（2008年）	●Ⅰ期：2008年10月５日～18日の連続する７日間 ●Ⅱ期：2008年11月２日～15日の連続する７日間	●Ⅰ期：道内公立小学校教員530人、中学校教員558人 ●Ⅱ期：道内公立小学校教員533人、中学校教員571人	●職種別（校長、教頭、教諭、養護教諭、栄養教諭） ※勤務日１日・休日１日平均	第Ⅰ期・第Ⅱ期合算の教諭の集計結果（小１、中１）	1	1
北海道教委	教育職員の時間外勤務等に係る実態調査（2016年）	●Ⅰ期：2016年11月７日～20日のうち連続する７日間 ●Ⅱ期：2016年12月５日～18日のうち連続する７日間	２期合わせて道内公立小学校28校、中学校28校に勤務する教員（Ⅰ期小学校教員476人、中学校教員455人、Ⅱ期小学校教員466人、中学校教員472人）	●職種別（副校長・教頭、主幹教諭・教諭） ※勤務日１日・勤務不要日１日平均	第Ⅰ期・第Ⅱ期合算の教諭（主幹教諭を含む）の集計結果（小１、中１）	1	1
北海道教委	教育職員の時間外勤務等に係る実態調査（2019年）	2019年11月中に調査対象校が指定した任意の１週間	道内公立小学校28校、中学校28校に勤務する教員（小学校教員507人、中学校教員443人）	●職種別（副校長・教頭、主幹教諭・教諭） ※勤務日１日・勤務不要日１日平均	教諭（主幹教諭を含む）の集計結果（小1、中1）	1	1
北海道教委	教育職員の時間外勤務等に係る実態調査（2022年）	2022年11月４日～30日のうち、調査対象校が指定した連続する７日間	道内公立小学校28校、中学校28校に勤務する教員（小学校教員439人、中学校教員358人）	●職種別（副校長・教頭、主幹教諭・教諭） ※勤務日１日・勤務不要日１日平均	教諭（主幹教諭を含む）の集計結果（小１、中１）	1	1

実施主体	調査名	実施時期（小・中学校）	調査対象（小・中学校）	公開の集計結果	分析に用いる集計結果	データ数	
						小	中
埼玉県教委	埼玉県小・中学校働き方改革に関する実態調査	2021年６月14日～７月11日の連続する７日間	県内（指定都市を除く）公立小学校62校、中学校62校に勤務する教員（小学校教員1,368人、中学校教員1,683人）	●職種別（校長、教頭、主幹教諭、教諭等、養護教諭等、栄養教諭、学校栄養職員、事務職員） ●学校規模別（主幹教諭・教諭等） ●年代別（教諭等） ※勤務日１日平均	●年代別の教諭（20代〔文部科学省「教員勤務実態調査（第１回）」と合わせて30歳以下とみなす、以下同様〕、30代〔31-40歳〕、40代〔41-50歳〕、50・60代〔51歳以上〕）の集計結果（小４、中４） ●学校規模別の教諭（小規模校〔11学級以下〕、適正規模校〔18学級以下〕、大規模校〔19学級以上〕）とした集計結果（小３、中３）	7	7
東京都教委	東京都公立学校教員勤務実態調査	2017年６月19日～７月16日のうち連続する７日間	都内公立小学校39校、中学校40校に勤務する教員（小学校教員876人、中学校教員994人）	●職種別（教諭〔主幹教諭・指導教諭・主任教諭を含む〕） ※週あたり	教諭（主幹教諭・指導教諭・主任教諭を含む）	1	1
東京都北区教委	北区学校教員勤務実態調査	2018年10月15日～11月18日のうち、連続する７日間	区内公立小学校35校、中学校12校の教員（小学校教員720人、中学校教員289人）	●職種別（教諭〔主幹教諭・指導教諭・主任教諭を含む〕） ※週あたり	教諭（主幹教諭・指導教諭・主任教諭を含む）	1	1
東京都練馬区教委	練馬区立学校（園）教員勤務実態調査の集計結果	2018年６月11日～７月８日のうち、連続する７日間	区内公立小学校33校、中学校17校に勤務する教員（小学校：管理職67人、教員738人、中学校：管理職34人、教員356人）	●職種別（教諭〔主幹教諭・指導教諭・主任教諭を含む〕） ※週あたり	教諭（主幹教諭・指導教諭・主任教諭を含む）	1	1
神奈川県教委	市町村立学校勤務実態調査	2017年11月～12月のうち、調査対象校が指定した７日間	県内（指定都市を除く）公立小学校60校に勤務する教員1,538人、中学校30校に勤務する教員864人（小学校教員1,424人、中学校教員801人）	●職種別（教諭〔主幹教諭・指導教諭・主任教諭を含む〕） ※勤務日１日・週休日／休日１日平均	教諭（主幹教諭を含む）	1	1
川崎市教委	教職員の勤務実態調査	2017年10月17日～11月22日のうち、連続する７日間	市内公立小学校16校に勤務する教員426人、中学校８校に勤務する教員262人（小学校教員273人、中学校教員175人）	●職種（校長、教頭、主幹教諭、教諭） ※勤務日１日平均	教諭（主幹教諭を含む）	1	1
神奈川県教委	神奈川県公立学校教員勤務実態調査	2022年10月～11月のうち、調査対象校が指定した７日間	県内（指定都市を除く）公立小学校60校に勤務する教員1,525人、中学校30校に勤務する教員823人（小学校教員1,515人、中学校教員818人）	●職種別（副校長・教頭、主幹教諭、教諭） ●学校規模別（教諭、主幹教諭、副校長・教頭、校長） ●年齢別（教諭、主幹教諭） ※勤務日１日・週休日／休日１日平均	●学校規模別（教諭、主幹教諭：小６、中６） ●年齢別（教諭、主幹教諭：小７、中７）	13	13
山梨県教委	山梨県教員勤務実態調査	2017年10月16日～10月22日	県内公立小学校65校に勤務する教員1,142人、中学校42校に勤務する教員894人（小学校教員1,121人、中学校教員864人）	●職種別（校長、教頭、教諭〔主幹教諭を含む〕、養護教諭、栄養教諭） ●教育事務所管内別（４地域） ※勤務日１日・週休日１日平均	●地域別の教諭〔主幹教諭を含む〕の集計（小４、中４）	4	4
静岡県教委	教職員勤務実態調査	●Ⅰ期：2007年６月16日～６月22日 ●Ⅱ期：2007年８月４日～８月10日 ●Ⅲ期：2007年９月８日～９月14日	●Ⅰ期：県内公立小学校教員1,362人、公立中学校教員922人 ●Ⅱ期：県内公立小学校教員1,350人、公立中学校教員912人 ●Ⅲ期：県内公立小学校教員1,349人、公立中学校教員916人	●期別（Ⅱ期、Ⅲ期） ●職種別（校長、教頭、教諭、講師、養護教諭、事務職） ●部活動顧問の有無別 ※勤務日１日・休日１日平均	※Ⅱ期・Ⅲ期それぞれの下記の集計結果 ●小学校教諭の集計結果（小２） ●部活動顧問の有無別（中学校のみ、運動〔正〕、運動〔副〕、文化〔正〕、文化〔副〕、顧問なし）（中10）	2	10
京都府教委	公立学校教員勤務実態調査（2017年）	●１期：2017年10月16日～22日 ●２期：2017年10月23日～29日 ※上記の中から、調査対象教員がいずれかを選択	府内（指定都市を除く）公立小学校教員400人、中学校教員250人（小学校教員328人、中学校教員199人）	●職種別（教諭） ※平日１日・土日１日平均	教諭	1	1

実施主体	調査名	実施時期（小・中学校）	調査対象（小・中学校）	公開の集計結果	分析に用いる集計結果	データ数	
						小	中
京都府教委	公立学校教員勤務実態調査（2018年）	●１期：2018年10月15日～21日 ●２期：2018年10月22日～28日 ※上記の中から、調査対象教員がいずれかを選択	府内（指定都市を除く）公立小学校・中学校の校長・教員の約１割を無作為抽出 ※詳細な調査対象者数・有効回答数は不明	●職種別（教諭） ※平日１日・土日１日平均	教諭	1	1
京都府教委	公立学校教員勤務実態調査（2023年）	●１期：2023年10月23日～29日 ●２期：2023年11月６日～12日	府内（指定都市を除く）公立小学校・中学校の校長・教員の約１割を無作為抽出 ※詳細な調査対象者数・有効回答数は不明	●職種別（教諭） ※平日１日・土日１日平均	教諭	1	1
兵庫県教委	教職員勤務実態調査	2008年６月１日～７月５日のうち、各校連続する７日間	県内公立小学校70校に勤務する教員1,592人、中学校35校に勤務する教員908人	●職種別（主幹教諭・教諭） ※勤務日１日・休日１日平均	教諭（主幹教諭を含む）	1	1
広島県教委	教員勤務実態調査（2018年）	2018年10月15日～28日のうち、原則月曜を始期とする連続する７日間	県内（指定都市を除く）公立小学校65校に勤務する教員1,141人、中学校40校に勤務する教員690人	●職種別（教諭等） ※平日１日・土日１日平均	教諭（主幹教諭・指導教諭を含む）	1	1
広島県教委	教員勤務実態調査（2023年）	2023年６月１日～30日のうち、連続７日間	県内（指定都市を除く）公立小学校65校に勤務する教員994人、中学校41校に勤務する教員622人	●職種別（教諭等） ※平日１日・土日１日平均	教諭（主幹教諭・指導教諭を含む）	1	1

付表２

	小学校		中学校	
	平均	標準偏差	平均	標準偏差
週の在校等時間（全体）	52.7	5.3	56.72	6.86
週の在校等時間（児童生徒の指導に直接的にかかわる業務）	29.76	8.39	32.61	8.62
週の在校等時間（児童生徒の指導に間接的にかかわる業務）	11.47	2.83	12.81	4.02
週の在校等時間（学校の運営にかかわる業務）	10.55	5.8	10.31	5.5
週の在校等時間（外部対応）	0.92	0.81	0.99	0.54
調査時期年	**度数**	**比率**	**度数**	**比率**
2006-2015年	40	50.63%	66	62.86%
2016-2021年	22	27.85%	22	20.95%
2022年以降	17	21.52%	17	16.19%
調査実施時期	**度数**	**比率**	**度数**	**比率**
11月	29	36.71%	32	30.48%
7・8月	15	18.99%	25	23.81%
7・8・11月以外	35	44.30%	48	45.71%
学校規模	**度数**	**比率**	**度数**	**比率**
全体	70	88.61%	96	91.43%
小規模校（11学級以下）	3	3.80%	3	2.86%
適正規模校（12-18学級）	3	3.80%	3	2.86%
大規模校（19学級以上）	3	3.80%	3	2.86%
教員年代	**度数**	**比率**	**度数**	**比率**
全体	44	55.70%	70	66.67%
30歳以下	8	10.13%	8	7.62%
31-40歳	9	11.39%	9	8.57%
41-50歳	9	11.39%	9	8.57%
51歳以上	9	11.39%	9	8.57%
学級担任の担当状況	**度数**	**比率**	**度数**	**比率**
非担任	6	7.59%	6	5.71%
全体	67	84.81%	93	88.57%
担任	6	7.59%	6	5.71%
職種	**度数**	**比率**	**度数**	**比率**
教諭（指導・主幹教諭を含む）	20	25.32%	20	19.05%
教諭	53	67.09%	79	75.24%
主幹教諭	6	7.59%	6	5.71%
部活動顧問の有無別	**度数**	**比率**	**度数**	**比率**
担当なし	-	-	8	7.62%
全体	-	-	77	73.33%
担当あり	-	-	20	19.05%

2章 学校の働き方改革によって教員の勤務環境はどう変わったか？
——教員質問紙調査の集計分析

神林寿幸

1 本章の目的

前章では2000年代後半以降に文部科学省・教育委員会が実施した教員勤務実態調査の集計分析から、「学校の業務改善・学校の働き方改革」に伴い、教員の勤務がどのように変容したのかを明らかにした。本章ではこの間に進められた特に「学校の働き方改革」によって、教員の勤務環境がどのように変化したのかについて、筆者らが行った教員調査の集計分析から明らかにする。

本章では、小・中学校教員それぞれについて、以下の3つに焦点を当てる。第一に、「市町村教委や自校の働き方改革によるここ1年ほどの自身の働き方をめぐる変化」である。在校等時間、家庭への持ち帰り仕事、授業準備や自己研鑽の時間、児童生徒と向き合う時間、睡眠時間、自分の自由時間、有給休暇の取得日数の変化について集計結果を報告する。

第二に、「客観的な勤務時間管理の導入による自身の勤務時間に対する意識・行動をめぐる変化」である。時間管理意識の高まり、仕事の優先順位・時間配分・効率化に関する意識づけ、働き方や生活様式の変化、時間管理の厳格化に伴う仕事のやりづらさなどについて集計結果を報告する。

第三に、「教育委員会や学校の労働安全衛生管理・メンタルヘルス対策に関する変化」である。職場の安全衛生管理に関する知識が増えた、市町村教育委員会や校長等からの通知・指導・報告が増えた、職場の労働環境や他の教職員の健康・メンタルヘルスへの注意がけ、職場の労働環境やメンタルヘルスについて職場で話すようになったかについて集計結果を記す。ここでの集計では全体集計に加えて、衛生管理者・衛生推進者の把握状況に応じた集計結果も整理する。

2　「学校の働き方改革」による勤務をめぐる変化

図1は、市町村教委や自校の働き方改革によるここ1年ほどの自身の働き方で生じた変化に関する教員の認識を示したものである。

小・中学校ともに「学校の在校等時間」の減少を感じる教員が4割ほどであった。前節の分析で示されたように、小・中学校教諭の総在校等時間が減少傾向にあるが、これを実感する教員が一定数いることがうかがえる。

他方、増えたという回答が最も多かったのが、小・中学校ともに「授業準備や自己研鑽の時間」であった。この背景には働き方改革も考えられるが、本調査を実施した2021年当時は新学習指導要領が

図１　働き方改革によるここ１年ほどの働き方の変化

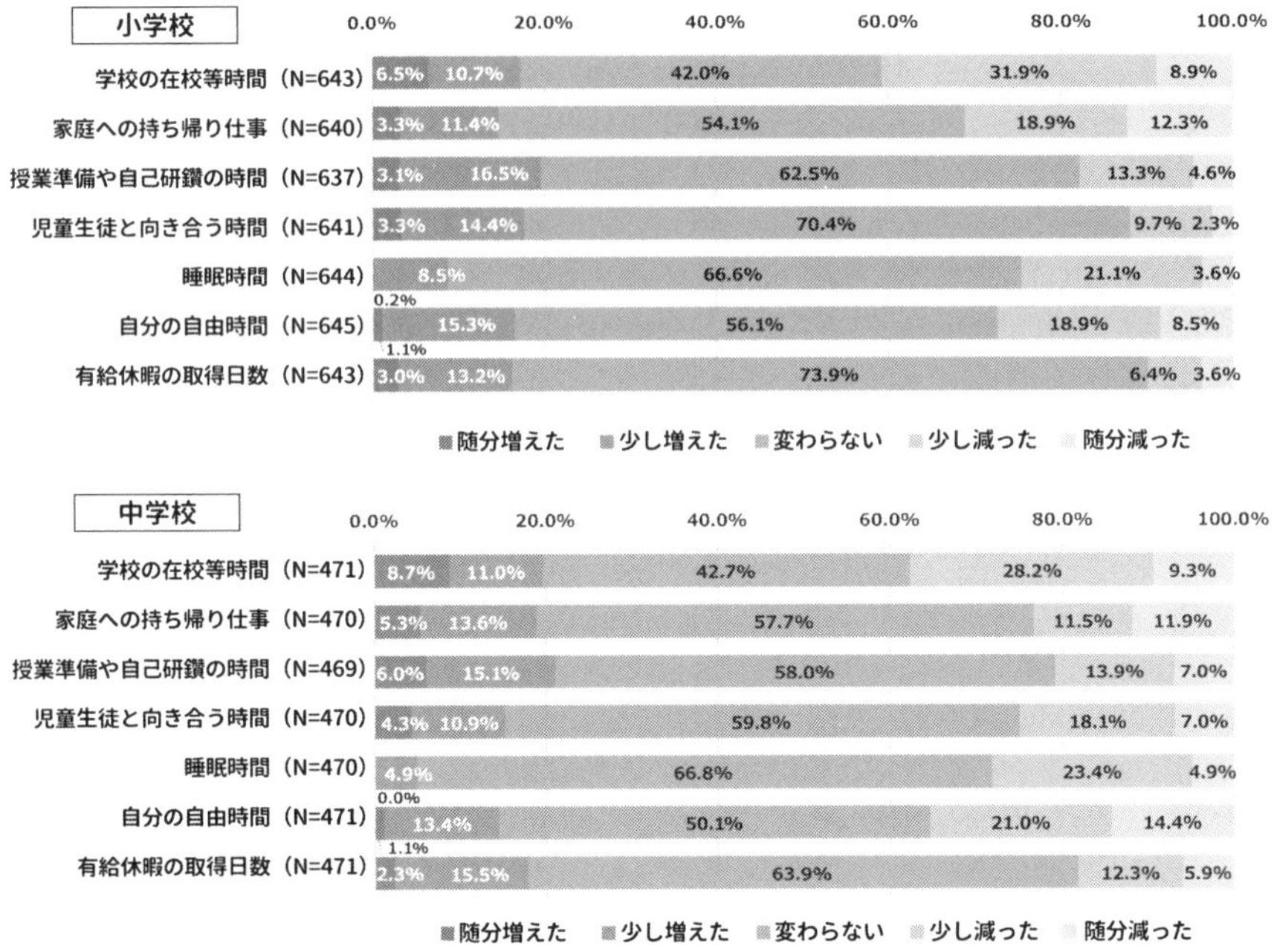

始まったころで、新課程に対応した授業準備に迫られた可能性もある。

さらに、働き方改革の課題として、睡眠時間や自由時間の減少、有給休暇の取得日数が変わらないと感じる教員が一定数いることがあげられる。睡眠時間については、小学校教員の24・7%、中学校教員の28・3%が減少したと感じていた。また、自分の自由時間については、小学校教員の27・4%、中学校教員の35・4%が減少したと感じていた。教員の健康保持増進とワーク・ライフ・バランスの実現に向けて、改善の余地がうかがえる。加えて、有給休暇の取得日数について、小学校の7割以上が「変わらない」と回答したことにも注目したい。学級担任制を基礎とする小学校教員では有給休暇は

図2　客観的な勤務時間管理の導入による自身の勤務時間に対する意識・行動をめぐる変化

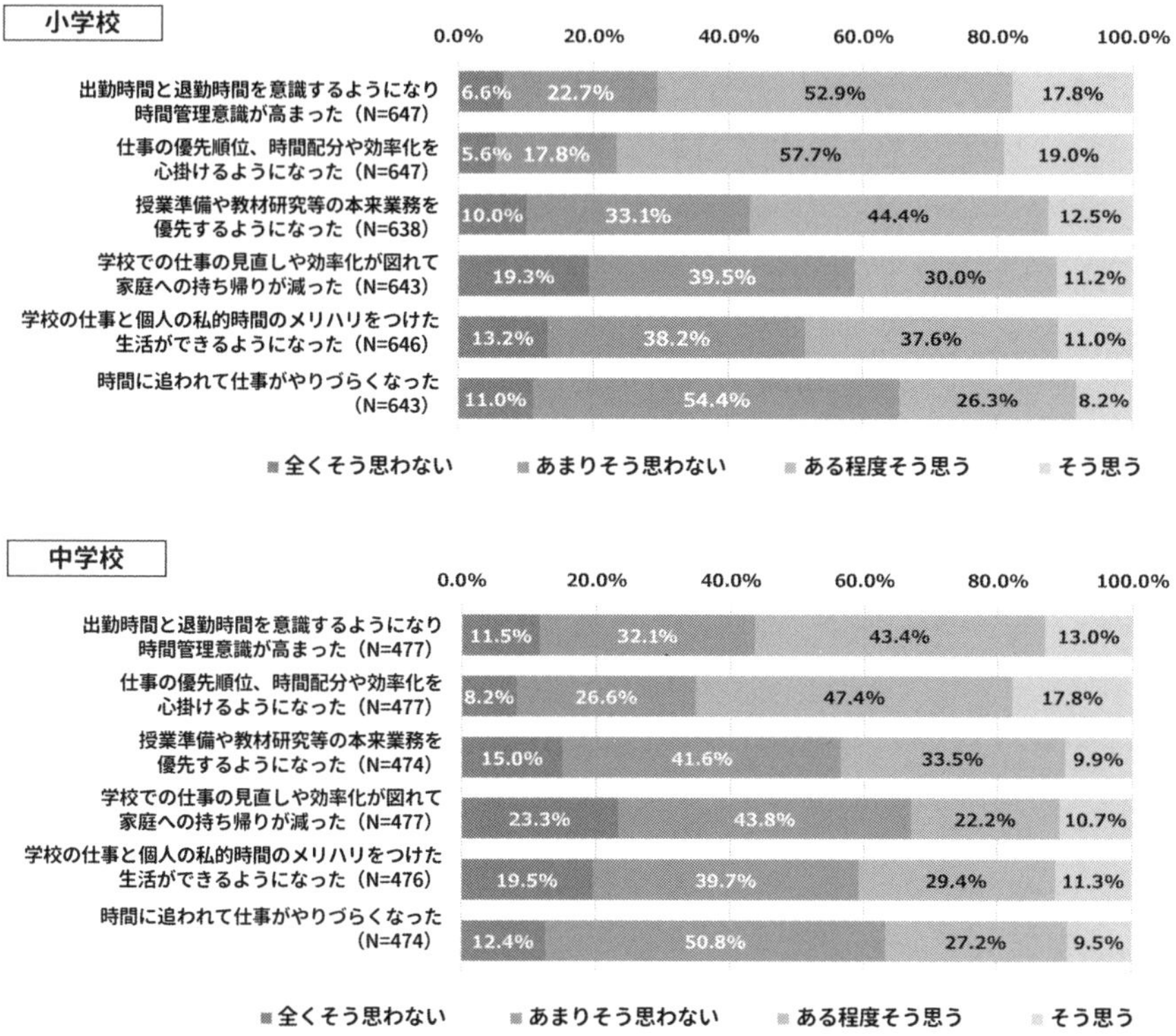

取得しにくいという現状がうかがえ、この点にもさらなる対策が期待される。

3 客観的な勤務時間管理導入による勤務時間に関する意識・行動上の変化

図2は、客観的な勤務時間管理の導入による自身の勤務時間に対する意識・行動をめぐる変化についての回答を示すものである。小・中学校ともに、「仕事の優先順位、時間配分や効率化を心掛けるようになった」「出勤時間と退勤時間を意識するようになり時間管理意識が高まった」と感じる教員が多かった。

また、「時間に追われて仕事がやりづらくなった」に対して、小・中学校双方で6割以上の教員が否定的な回答をしていた。これらの結果を踏まえると、勤務時間管理の強化は多くの教員に仕事上の支障をもたらすことなく、時間や仕事の優先順位を意識して効率的に仕事をするための行動変容をもたらすきっかけになったことがうかがえる。

他方、小・中学校ともに、持ち帰り仕事の減少、仕事と私的時間のメリハリをつけた生活の実現という点については肯定的な回答が少なかった。教員の勤務時間管理が直ちにワーク・ライフ・バランスの実現につながるわけでないことを示唆する結果だと言える。

4 労働安全衛生管理・メンタルヘルス対策上の変化

(1) 全体的な傾向

図3は、教育委員会や学校の労働安全衛生管理・メンタルヘルス対策に関する変化についての回答である。全体として、小・中学校双方で、労働安全衛生管理やメンタルヘルス対策の浸透について成果と課題がそれぞれうかがえる。

たとえば、成果が確認できる項目として「市町村教育委員会や校長等から通知や指導、報告などが多くなった」があげられる。これに対して、小学校、中学校ともに約6割が肯定的な回答であった。市町村教育委員会や学校での労働安全衛生管理・メンタルヘルス対策が多くの教員に周知されていた。また、「自分や同僚の健康・メンタルヘルスに注意できるようになった」についても、半数以上の教員が肯定

図3　教育委員会や学校の労働安全衛生管理・メンタルヘルス対策に関する変化

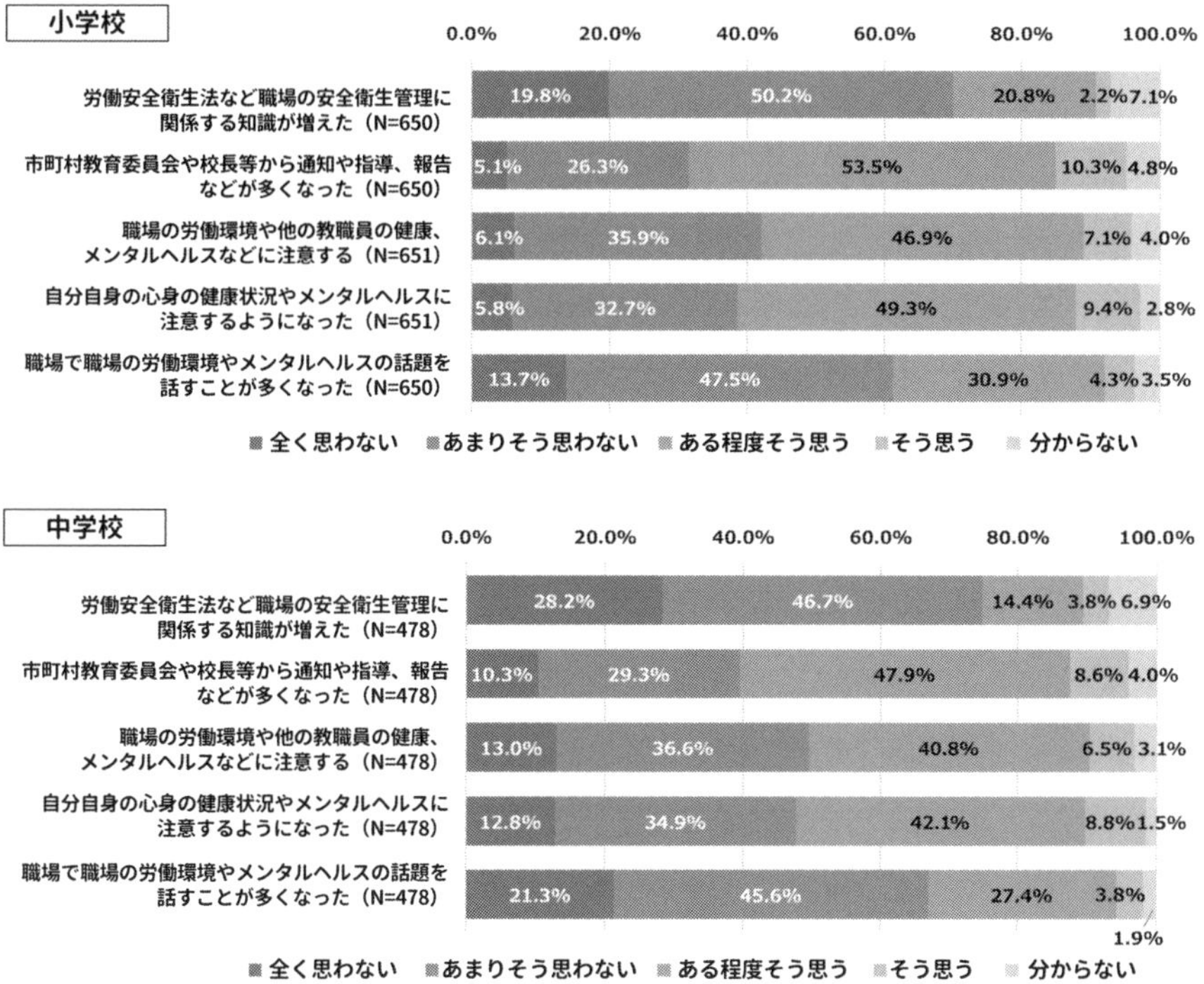

的な回答をしており、成果がうかがえる。

他方、課題が示唆される項目として、「職場で職場の労働環境やメンタルヘルスの話題を話すことが多くなった」があげられる。これに対しては否定的な回答が多く、職場全体で労働安全衛生管理を行うという意味で課題がうかがえる。加えて、「労働安全衛生法など職場の安全衛生管理に関係する知識が増えた」という点も否定的な回答が多かった。教員に労働安全衛生管理に関する知識を広めることが今後の課題として示唆される。

(2) 衛生管理者・衛生推進者に関する教員の認知状況による傾向

さらに、市町村教育委員会と学校での労働安全衛生管理・メンタルヘルス対策の評価を左右する要因として、勤務校の衛生管理者・衛生推進者に関する教員の認知状況に着目してみたい。勤務校の衛生管理者や衛生推進者を把握しているということは、各学校で産業保健活動の担当者が選任され、衛生委員会やそれに準じた安全衛生活動を行う体制が整っていることを意味する。特に衛生管理者や衛生推進者の氏名まで教員が知っている場合は、学校の労働安全衛生管理体制がより整備されていると判断できる。各学校での労働安全衛生管理体制の整備状況に応じて、教育委員会や学校の労働安全衛生管理・メンタルヘルス対策の進展に差があるのか否かを検証する。そのため、以下の分析では勤務校の衛生管理者や衛生推進者に関する教員の認知状況に注目して集計分析を行う。

さて、勤務校の衛生管理者・衛生推進者に関する教員の認知状況と、市町村教育委員会・学校での労働安全衛生管理・メンタルヘルス対策の進捗に対する評価*の関連を示したクロス集計は、**表1**から**表5**のとおりになった。

おおむね勤務校の衛生管理者または衛生推進者の氏名まで把握できている教員ほど、市町村教育委員会・学校での労働安全衛生管理・メンタルヘルス対策の進捗に対して肯定的な評価を持っていた。たとえば、「労働安全衛生法など職場の安全衛生管理に関係する知識が増えた」については、小・中学校でともに氏名を把握している教員で「思う」という比率が最も高かった（小学校37・6％、中学校31・3％）。一方で、「思う」という回答の比率が最も低かったのは「選出・配置の実態が不明」であった（小学校15・9％、中学校13・6％）。同様の傾向は「職場で職場の労働環境やメンタルヘルスの話題を話すことが多くなった」でも確認された。

ただ、先の全体傾向で指摘したように、衛生管理者・衛生推進者の把握状況にかかわらず、全体的に「思う」という肯定的な回答が多い項目と「思わない」の回答が多い項目も確認された。まず全体的に肯定的な回答が多かったのが、「市町村教育委員会や校長等から通知や指導、報告などが多くなった」であった。衛生管理者・衛生推進者の把握状況について「選出・配置の実態が不明」という教員でも、小・中学校ともにその過半数が「思う」と回答した（小学校64・4％、中学校56・5％）。

他方、「労働安全衛生法など職場の安全衛生管理に関係する知識が増えた」については、他の項目と比べると、衛生管理者・衛生推進者の「氏名を把握」している教員でも、職場の安全衛生管理に関係する知識が増えたと感じていなかった。小・中学校ともに、衛生管理者・衛生推進者の氏名を把握している教員で安全衛生管理に関係する知識が増えたという教員は3割台にとどまった（小学校37・6％、中学校31・3％）。

5 考察

本稿の目的は、筆者らが行った教員調査の集計結果を手がかりに、学校の働き方改革によって、教員

＊ クロス集計にあたって、市町村教育委員会・学校での労働安全衛生管理・メンタルヘルス対策の評価は「思わない」（全く思わない、あまりそう思わない）と「思う」（ある程度そう思う、そう思う）に統合した。

表1　衛生管理者・衛生推進者の把握状況×労働安全衛生法など職場の安全衛生管理に関係する知識が増えた

校種	衛生管理者・衛生推進者の把握状況	N	労働安全衛生法など職場の安全衛生管理に関係する知識が増えた	
			思う	思わない
小学校	氏名を把握	218	37.6%	62.4%
	選出・配置の実態を把握	18	16.7%	83.3%
	選出・配置の実態が不明	270	15.9%	84.1%
	未選出・未配置	52	21.2%	78.8%
中学校	氏名を把握	112	31.3%	68.8%
	選出・配置の実態を把握	12	16.7%	83.3%
	選出・配置の実態が不明	243	13.6%	86.4%
	未選出・未配置	47	27.7%	72.3%

表2　衛生管理者・衛生推進者の把握状況×市町村教育委員会や校長等から通知や指導、報告などが多くなった

校種	衛生管理者・衛生推進者の把握状況	N	市町村教育委員会や校長等から通知や指導、報告などが多くなった	
			思う	思わない
小学校	氏名を把握	222	70.7%	29.3%
	選出・配置の実態を把握	18	55.6%	44.4%
	選出・配置の実態が不明	278	64.4%	35.6%
	未選出・未配置	54	72.2%	27.8%
中学校	氏名を把握	112	65.2%	34.8%
	選出・配置の実態を把握	12	66.7%	33.3%
	選出・配置の実態が不明	255	56.5%	43.5%
	未選出・未配置	47	63.8%	36.2%

表3　衛生管理者・衛生推進者の把握状況×職場の労働環境や他の教職員の健康、メンタルヘルス等に注意する

校種	衛生管理者・衛生推進者の把握状況	N	職場の労働環境や他の教職員の健康、メンタルヘルス等に注意する	
			思う	思わない
小学校	氏名を把握	221	66.5%	33.5%
	選出・配置の実態を把握	18	33.3%	66.7%
	選出・配置の実態が不明	283	49.8%	50.2%
	未選出・未配置	56	55.4%	44.6%
中学校	氏名を把握	112	62.5%	37.5%
	選出・配置の実態を把握	12	58.3%	41.7%
	選出・配置の実態が不明	260	40.0%	60.0%
	未選出・未配置	47	61.7%	38.3%

表4　衛生管理者・衛生推進者の把握状況×自分自身の心身の健康状況やメンタルヘルスに注意するようになった

校種	衛生管理者・衛生推進者の把握状況	N	自分自身の心身の健康状況やメンタルヘルスに注意するようになった	
			思う	思わない
小学校	氏名を把握	223	71.3%	28.7%
	選出・配置の実態を把握	18	44.4%	55.6%
	選出・配置の実態が不明	287	51.9%	48.1%
	未選出・未配置	56	64.3%	35.7%
中学校	氏名を把握	114	61.4%	38.6%
	選出・配置の実態を把握	12	58.3%	41.7%
	選出・配置の実態が不明	263	44.5%	55.5%
	未選出・未配置	47	61.7%	38.3%

表５　衛生管理者・衛生推進者の把握状況×職場で職場の労働環境やメンタルヘルスの話題を話すことが多くなった

校種	衛生管理者・衛生推進者の把握状況	N	職場で職場の労働環境やメンタルヘルスの話題を話すことが多くなった	
			思う	思わない
小学校	氏名を把握	221	47.5%	52.5%
	選出・配置の実態を把握	18	16.7%	83.3%
	選出・配置の実態が不明	283	29.3%	70.7%
	未選出・未配置	56	37.5%	62.5%
中学校	氏名を把握	114	43.9%	56.1%
	選出・配置の実態を把握	12	41.7%	58.3%
	選出・配置の実態が不明	260	26.2%	73.8%
	未選出・未配置	47	29.8%	70.2%

の勤務環境にどのような変化が生じたのかを実証的に解明することにあった。

前章の２０００年代後半以降の教員勤務実態調査の集計分析から、２０１０年代後半以降に教員の在校等時間の減少傾向が確認された。今回筆者らが行った教員調査でも、在校等時間の削減は多くの教員の中で実感されていた。そのため、「学校の働き方改革」は教員の間で時間や仕事の優先順位を心がけて効率的に業務を遂行することを促したと言える。加えて、「学校の働き方改革」とともに進められた労働安全衛生管理体制の整備については、教員自身や同僚教員の健康に注意するきっかけも与えた。とりわけ、自校の衛生管理者・衛生推進者の選出・配置の実態を知り、さらにその氏名まで把握できている教員において、労働安全衛生管理や健康に対する意識が強かった。

一方で、「学校の働き方改革」や労働安全衛生管理体制の整備をめぐる課題もうかがえる。具体的には、以下のようなものがあげられる。

第一に、「学校の働き方改革」が教員のプライベートの充実につながっていない点である。本調査の分析結果が示すように、「学校の働き方改革」による勤務をめぐる変化として、有給休暇取得日数が増えた、自分の自由時間が増えたという回答が相対的に少なかった。また、客観的な勤務時間管理導入による勤務時間に関する意識・行動上の変化として、メリハリをつけた生活ができるようになったという回答も少なかった。「学校の働き方改革」の目的である教職の魅力向上、さらには教員として必要な修養の充実という観点からも、今後いっそうの対策が期待される。

第二に、労働安全衛生管理については、関連する知識を増やすことと職場での体制整備が求められる。労働安全衛生管理・メンタルヘルス対策上の変化で明らかになったように、労働安全衛生法など職場の安全衛生管理に関係する知識が増えたという教員は相対的に少なかった。衛生管理者・衛生推進者の氏名まで把握できている労働安全衛生管理に意欲のある教員でも、労働安全衛生管理に関する知識が増えたと感じる教員は3割程度にとどまった。教員の健康保持増進と労働安全衛生管理体制を具現化するうえでも、教員に必要な知識理解を促す仕組みが求められる。

また、職場で職場の労働環境やメンタルヘルスの話題を話すことが多くなったと感じる教員が少なかった。本調査では、市町村教育委員会や校長等から関連する通知・指導が多くなった、職場の労働環境や自分と他の教職員の健康・メンタルヘルス等に注意するようになったという教員が多かった。これらの点を踏まえると、労働安全衛生管理という取り組みの存在や教職員の健康・メンタルヘルスへの注意喚起は進んだと思われる。しかし、これらを実現するための体制整備が十分できていないことが、職場で労働環境やメンタルヘルスについて話すことが多くなったと感じる教員の少なさに反映されている。労働安全衛生管理や教職員の健康保持増進に向けて、関連する取り組みをいかに学校運営に実装できるかが今後の課題と言える。

3章 学校・教員の業務類型と志向性

――業務の外部化・分業化・協業化に対する意識調査を用いて

櫻井直輝

学校における働き方改革に関わって、中教審（2019）が示した「学校・教師が担う業務に係る3分類」は、学校・教員が現在担っている業務を「基本的には学校以外が担うべき業務」（外部化）、「学校の業務だが、必ずしも教師が担う必要のない業務」（分業化）、「教師の業務だが、負担軽減が可能な業務」（協業化）と分類し教員の負担軽減を図ろうとする取り組みである（小川・川上・荒井ほか2022）。教職の「無境界性」という特徴から（佐藤1994、35頁）、これまで際限なく拡張してきた教員の業務範囲に対して、今般の働き方改革は、標準的職務の明確化[*1]を求めることも含めて、そのあり方を抜本的に見直そうとしている。

＊1　文部科学省初等中等教育局初等中等教育企画課長・財務課長「教諭等の標準的な職務の明確化に係る学校管理規則参考例等の送付について（通知）」（2初初企第14号）

中教審『令和の日本型学校教育』を担う質の高い教師の確保のための環境整備に関する総合的な方策について（答申）」では、教員の業務範囲の見直しにかかわって、以下のような提言を行っている。

このような業務の適正化を進めるに当たっては、**従来はともすると一人一人の教師が強い使命感や責任感の下で、多様で幅広い業務を自己完結的に抱える傾向があったが、このような「個業」型の業務遂行から、業務の一部分を思い切って他の教師や事務職員、支援スタッフ等と分担し「協働」していくことへのシフトチェンジの徹底**により、「チーム学校」を実現していくことが必要不可欠であり、このことが働き方改革と教育の質の向上の両立につながるとの共通認識を持ち、学校の組織体制の在り方も見直すことが必要である。（中央教育審議会、2024年、19頁。太字・傍線は引用者）

「個業」型の業務遂行から「協働」へのシフトチェンジを進めるためには、業務の外部委託（外部化）や多職種・スタッフとの分業・協働（分業化・協業化）が不可欠となるが、これまで学校組織における協働は教員間の同僚性を前提とした「均質性協働」（鈴木2019）が中心であった。したがって、外部専門家やサポートスタッフ、ボランティア等との連携については発展途上にあり、一部には保護者・地域、ボランティアとの連携協働を忌避する姿も指摘される（岩永2000、武井2010）。徐々にその傾向は改善されているものの、保護者や地域との連携への抵抗感が完全に払拭されたわけではない（橋本・岩永2018）。組織体制の見直しに先立って（あるいは並行して）、構成員の認識そのものを改めていくことも求められよう。

表1　中教審答申の3分類への市区町村の取組状況

カテゴリ	調査項目	2021	2022	2023	伸び率
外部化	①登下校時の対応は、学校以外の主体（地方公共団体、教育委員会、保護者、スクールガード・リーダー、地域人材等）が中心に対応している	61.1	61.7	66.8	5.7
	②放課後から夜間等における見回り、児童生徒が補導された時の対応は、学校以外の主体（地方公共団体、教育委員会、保護者、地域人材等）が中心に対応している	24.3	26.0	29.7	5.4
	③学校徴収金（給食費を含む）の徴収・管理は、公会計化または教師が関与しない方法で徴収・管理又は地方公共団体や教育委員会で徴収・管理等を行っている	32.9	36.0	44.7	11.8
	④地域人材等との連絡調整は、窓口となる学校職員が直接行うのではなく、地域学校協働活動推進員（社会教育法第9条の7）等の学校以外の主体が中心的に行うよう、地方公共団体や教育委員会等において必要な取組を実施している	39.2	44.9	48.0	8.8
分業化	⑤学校における調査・統計への回答等は、教育課程の編成・実施や生徒指導など教師の専門性に関わるもの以外の調査については、事務職員等が中心となって回答するよう各学校に促している	31.3	36.5	39.8	8.5
	⑥児童生徒の休み時間における対応は、地域人材等の協力を得ている	4.2	5.4	5.5	1.3
	⑦校内清掃は、地域人材の協力を得ることや民間委託等をしている	14.8	15.9	17.4	2.6
	⑧部活動について、部活動指導員をはじめとした外部の人材の参画を図っている	68.9	71.0	72.2	3.3
協業化	⑨給食時は、栄養教諭等と連携するほか、地域人材の協力を得ている	18.7	20.7	21.3	2.6
	⑩授業準備について、教師をサポートする支援スタッフの参画を図っている	64.1	68.0	74.5	10.4
	⑪学習評価や成績処理の補助的業務について、教師をサポートする支援スタッフの参画を図っている	35.7	38.5	41.8	6.1
	⑫学校行事等の準備・運営について、地域人材の協力を得たり、外部委託を図ったりするなど、負担軽減を図るよう学校に促している	44.1	48.3	52.4	8.3
	⑬進路指導のうち、就職先の情報収集等について、事務職員や支援スタッフ等の参画・協力を進めている	8.5	9.0	10.1	1.6
	⑭支援が必要な児童生徒等・家庭への対応について、スクールカウンセラー、スクールソーシャルワーカー、特別支援教育等の専門人材、日本語指導ができる支援員等の専門的な人材等の参画を図っている	95.4	97.0	97.5	2.1

出典：文部科学省「教育委員会における学校の働き方改革のための取組状況調査【結果概要】」各年度版より筆者作成

表1は、文科省による「3分類」に係る取組状況の調査結果をまとめたものである。市区町村単位（政令市を除く）による集計結果だが、実施率が9割を超える項目がある一方で、一桁台の項目もあり取り組み状況は一様ではない。取り組みの浸透を阻害／困難にする要因には人的・物的リソースの不足をはじめさまざまなものが想定されるが、教員（集団）の意識あるいはそこから生じる学校の文化的背景が促進／阻害の両面において重要な要因となろう。

白旗・石井・荒井（2021）は小学校教員に対して業務の一部を外部に委託することについての意識とその規定要因について分析を行い、教員の外部委託意識に基づいて四つの業務分類を明らかにした。また、4分類についてそれぞれの業務に対する一部委託意識を規定する要因が教員の背景属性や業務負担感であることを明らかにしている。当該研究は本調査研究のアンケート作成においても参考にした研究であり、本稿の分析に対して示唆に富む結果であることから、その概要を簡潔に紹介したい。

白旗らは、2県8市の小学校182校の常勤教員を対象として、小学校教員が担う業務について、負担感および一部委託に対する意識を調査した（調査期間：2018年7~9月）。調査項目は中教審答申「チームとしての学校の在り方と今後の改善方策について」や文科省「学校現場における業務改善のためのガイドライン」等を参照し、KJ法を用いて抽出した30項目である[*2]。探索的因子分析の結果、25項目から4因子が抽出され、教員の業務をそれぞれ《中核的業務》《周辺的業務》《課外活動》《給食・清掃指導》と分類している。それぞれの因子得点を従属変数とした重回帰分析の結果から、教員は《中核的業務》の拡充を志向する一方で、学級経営の負担感が強い教員は《中核的業務》であっても一部を委託しようとする傾向にあること、男性教員が《周辺的業務》を委託したくないと考える傾向にあること、《課外活動》の担当教員は《課外活動》を委託したくないと考える傾向にあること、《給食・清掃指導》に負担を感じる教員が委託を望む一方で、長時間勤務者や《中核的業務》に負担を感じる教員は《給食・清掃指導》への委託に消極的であることが明らかにされている。白旗らはこの結果をふまえ、業務の一部委託に対する教員の評価が多様であること、その要因として業務への負担感が業務委託を肯定する意識に寄与していること、子どもに関わる業務に対しては、長時間労働を厭わない「献身的教師像」があることを指摘している。白旗らは単純集計の結果もふまえつつ、このような個人単位での差異が生じたという結果は「各教師が自律的に業務範囲の問い直しを行っている可能性」（13頁）を示すものと論じている。

白旗らの研究は2019年の中教審答申以前のアンケートを利用したものであることから、この間の政策動向の影響が結果に反映されていない。また、小学校教員のみを対象としており、中学校においてどのような反応が見られるかは依然として明らかではない。そこで本稿では答申以降に行われた調査データを用いて、小学校および中学校を対象に、教員の意識に基づく業務分類やその業務分類と対する志向性の違いから教員を類型化しその特徴を明らかにすることで、今後の働き方改革において教育委員会や学校が留意すべき点を示すこととしたい。

1 使用データ

本節では、われわれ研究グループで実施したアンケート（2021年11月～12月実施）を用いた分析を行う。教員*3の意識に基づく業務分類の検討および教員の類型化に用いるのは、このうち以下の問い（太字傍線部）に対する教員の反応である。

*2　この30項目の中には中教審答申（2019）における3分類14項目に相当する内容が含まれている。
*3　以下の分析では、小学校・中学校いずれにおいても教員質問紙に回答した教員（副校長・教頭、主幹教諭、指導教諭、教諭、養護教諭、栄養教諭、講師、その他。以下、教員と表記する）の結果を用いている。それぞれの該当者数は111頁**付表1**のとおりである。

【問18】学校や教員の負担軽減のため業務の適正化、明確化の見直しが取組まれています。あなたは、下記の業務の負担をどのように感じていますか。また、それら業務を他の専門・支援スタッフに任せることをどうお考えですか。お考えに近いものを一つお選びください。

※「任せたい」「わからない」「任せたくない」の3件法で回答を得た

表2は使用したデータの記述統計量および各項目の回答の分布を示したものである。小学校・中学校に共通して、業務ごとに回答傾向が大きく異なっており、教員間で外部化・分業化・協業化への認識・評価が分かれる項目が複数存在することが見て取れる。

表2　問18基本統計量

項目	小学校（n=455）					中学校（n=378）				
	平均	標準偏差	任せたい	わからない	任せたくない	平均	標準偏差	任せたい	わからない	任せたくない
1 児童生徒の登下校時の見守り	1.35	0.52	67.3%	30.5%	2.2%	1.51	0.61	45.7%	32.3%	5.1%
2 放課後から夜間などの見守り、補導時の対応	1.30	0.51	71.9%	25.9%	2.2%	1.36	0.57	56.9%	22.2%	4.0%
3 学校徴収金の徴収、管理	1.27	0.52	76.0%	20.4%	3.5%	1.22	0.49	67.3%	13.2%	2.6%
4 地域や保護者ボランティアとの連絡・調整	1.62	0.64	46.4%	45.3%	8.4%	1.54	0.57	41.1%	38.9%	3.1%
5 調査などへの回答	1.37	0.56	67.3%	28.8%	4.0%	1.44	0.58	50.5%	28.8%	3.7%
6 児童生徒の休み時間の対応	2.43	0.65	9.0%	39.3%	51.6%	2.45	0.61	5.3%	35.4%	42.4%
7 校内掃除の指導や立ち合い	2.23	0.69	15.2%	46.8%	38.0%	2.26	0.67	10.8%	39.6%	32.7%
8 （中学校の場合）部活動	-	-	-	-	-	1.71	0.78	40.7%	25.9%	16.5%
9 給食時の対応、指導	2.24	0.70	15.4%	45.5%	39.1%	2.17	0.68	13.2%	42.4%	27.5%
10 授業や実験等の準備	2.22	0.74	18.7%	40.4%	40.9%	2.54	0.63	6.4%	25.5%	51.2%
11 学習評価や成績処理	2.49	0.64	7.7%	36.0%	56.3%	2.38	0.70	10.5%	30.3%	42.2%
12 学校行事の準備・運営	2.12	0.69	18.2%	51.4%	30.3%	2.22	0.66	11.0%	43.1%	29.0%
13 進路指導	2.22	0.59	8.6%	60.9%	30.5%	2.39	0.64	7.3%	36.5%	39.3%
14 問題行動のある児童生徒の生活指導	2.20	0.73	18.7%	42.2%	39.1%	2.26	0.69	11.6%	37.8%	33.6%
15 支援が必要な児童生徒の対応	2.03	0.75	26.6%	44.0%	29.5%	1.83	0.74	31.0%	35.2%	16.9%
16 授業の資料、教材等の印刷	1.50	0.65	58.5%	32.7%	8.8%	1.81	0.72	31.2%	36.7%	15.2%
17 テスト等のデータ入力、統計・評定	1.82	0.77	40.0%	37.6%	22.4%	1.86	0.78	31.6%	31.4%	20.0%
18 オンライン教育に必要なタブレット等端末保守や回線トラ ブル時のヘルプ	1.12	0.35	88.4%	11.0%	0.7%	1.14	0.37	72.1%	10.3%	0.7%
19 放課後の学習指導	1.73	0.71	41.8%	43.1%	15.2%	1.67	0.67	36.5%	37.4%	9.2%
20 PTA活動に関する業務	1.47	0.56	55.8%	40.9%	3.3%	1.37	0.53	54.1%	27.0%	2.0%
21 保護者からの要望・苦情等への対応	1.91	0.74	32.3%	44.8%	22.9%	1.78	0.71	32.3%	36.9%	13.8%
22 地域・保護者による学校や教育活動支援の取組みへの対応	1.73	0.58	33.8%	59.6%	6.6%	1.62	0.57	34.9%	44.6%	3.5%

出典：筆者作成

2 分析1：外部化・分業化・協業化意識に基づく教員の業務分類

ここでは、質問項目への反応を要約し、回答行動の背後にある回答者の認識や潜在的な構造を抽出する手法である因子分析を用いて、外部化・分業化・協業化に関する意識（以下、委託意識）からみた業務分類について検討する。

探索的因子分析に先立って、使用する標本の妥当性を検討するため、KMO測度（Kaiser-Meyer-Olkin の標本妥当性の測度）の確認とバートレットの球面性検定を行い、得られた標本が因子分析に使用可能であることを確認した*4。

問18の質問項目（小学校21項目、中学校22項目）について探索的カテゴリカル因子分析を行った*5。平行分析とMAP基準を考慮した結果、小学校では2因子構造から6因子構造が候補として示され、総合的に判断した結果、5因子構造が最適と判断した。分析の過程で、項目10、13、19*6は回転後の因

*4　KMO測度は1に近いほど因子分析に適した標本であることを示す指標であり0・6以上あれば因子分析に耐える標本であることを示している。また、バートレットの球面性検定は、有意であれば各項目が因子分析に使用して問題ないことを示す指標である。小学校21項目全体でKMO=0.75, X^2=4366.43, $p<0.001$、中学校22項目全体でKMO=0.67, X^2=4433.27, $p<0.001$であった。

*5　アンケートは3件法で行っており、かつ回答の分布に偏りが見られたため、カテゴリカルデータの相関関係を正しく把握可能なポリコリック相関係数を用いて、多次元段階反応モデル（graded response model）を仮定した探索的カテゴリカル因子分析を行った。分析にはRのmirtパッケージを使い、モデルの推定には、Metropolis-Hastings Robbins-Monro（MHRM）アルゴリズムを指定した。なお、ポリコリック相関行列の計算にはpsychパッケージを使用した。

子負荷量が0・4未満であったことから除外することとした*7。同様に中学校は3因子構造から5因子構造が示唆され、5因子構造が最適と判断した。なお、中学校においては全22項目を使用して分析を行った（完全情報最尤法、オブリミン回転）。

小学校18項目、中学校22項目の最終的な分析結果が**表3**および**表4**である。

表3　小学校教員の外部委託意識の因子分析結果（n=455）

因子／項目内容	因子負荷量 1	2	3	4	5
第1因子　問題行動・特別な支援・保護者対応（α = 0.84）					
問題行動のある児童生徒の生活指導	**0.96**	-0.03	-0.05	0.05	-0.03
協）支援が必要な児童生徒の対応	**0.80**	0.01	0.09	-0.07	-0.01
保護者からの要望・苦情等への対応	**0.41**	0.29	-0.04	0.10	0.30
第2因子　登下校・放課後の見守り・授業時間外の事務作業（α = 0.75）					
外）児童生徒の登下校時の見守り	-0.01	**0.74**	-0.14	0.09	-0.04
外）放課後から夜間などの見守り、補導時の対応	-0.06	**0.69**	-0.05	0.18	-0.17
PTA活動に関する業務	0.14	**0.57**	0.14	-0.05	0.16
外）学校徴収金の徴収、管理	-0.02	**0.53**	0.20	-0.05	-0.27
外）地域や保護者ボランティアとの連絡・調整	0.00	**0.52**	0.03	0.00	0.22
地域・保護者による学校や教育活動支援の取組みへの対応	0.29	**0.47**	0.01	0.05	0.22
分）調査などへの回答	-0.03	**0.43**	0.14	-0.11	0.15
オンライン教育に必要なタブレット等端末保守や回線トラブル時のヘルプ	0.01	**0.42**	0.39	-0.36	-0.03
第3因子　授業準備・データ入力（α = 0.88）					
協）授業の資料、教材等の印刷	0.03	-0.03	**0.95**	0.08	-0.05
テスト等のデータ入力、統計・評定	-0.05	0.04	**0.63**	0.03	0.37
第4因子　清掃／給食指導・休み時間対応（α = 0.95）					
分）校内掃除の指導や立ち合い	0.02	-0.01	0.10	**0.88**	-0.02
協）給食時の対応、指導	0.01	0.09	0.04	**0.83**	-0.01
分）児童生徒の休み時間の対応	0.08	0.05	-0.10	**0.61**	0.24
第5因子　教育評価・学校行事（α = 0.87）					
協）学習評価や成績処理	0.14	-0.13	0.07	0.21	**0.55**
協）学校行事の準備・運営	0.12	-0.02	0.13	0.18	**0.52**
因子間相関　1	1.00				
2	0.20	1.00			
3	0.14	0.25	1.00		
4	0.43	0.11	0.05	1.00	
5	0.44	0.03	0.24	0.34	1.00

【凡例】各項目に付した外）、分）、協）は「3分類」に対応した項目を示している

表4　中学校教員の外部委託意識の因子分析結果（n=378）

因子／項目内容	因子負荷量 1	2	3	4	5
第1因子　生徒と関わらない連絡・調整業務・事務対応（α = 0.86）					
外）地域や保護者ボランティアとの連絡・調整	**0.73**	0.12	0.14	-0.13	-0.01
外）学校徴収金の徴収、管理	**0.73**	-0.12	0.00	-0.11	-0.09
PTA活動に関する業務	**0.65**	-0.06	0.04	0.08	0.15
地域・保護者による学校や教育活動支援の取組みへの対応	**0.62**	0.08	0.08	0.02	0.20
分）調査などへの回答	**0.57**	-0.03	-0.09	0.14	-0.15
保護者からの要望・苦情等への対応	**0.50**	0.22	-0.04	0.04	0.23
オンライン教育に必要なタブレット等端末保守や回線トラブル時のヘルプ	**0.44**	-0.28	0.17	0.34	-0.09
第2因子　生活指導・進路指導・授業準備・成績処理（α = 0.95）					
分）児童生徒の休み時間の対応	0.00	**0.89**	0.09	-0.12	0.06
協）給食時の対応、指導	-0.01	**0.76**	0.13	0.06	-0.01
分）校内掃除の指導や立ち合い	-0.04	**0.73**	0.23	0.06	0.08
協）進路指導	0.12	**0.63**	-0.27	0.01	0.20
協）学校行事の準備・運営	0.19	**0.56**	-0.29	0.17	0.13
協）授業や実験等の準備	-0.09	**0.51**	0.27	**0.41**	0.05
協）学習評価や成績処理	0.13	**0.50**	-0.39	0.32	0.03
第3因子　始業前・放課後の生徒対応業務（α = 0.75）					
外）放課後から夜間などの見守り、補導時の対応	0.25	0.07	**0.66**	0.03	0.06
外）児童生徒の登下校時の見守り	0.19	0.22	**0.64**	0.11	0.04
分）（中学校の場合）部活動	0.02	0.36	**0.40**	-0.11	0.01
第4因子　資料作成・印刷、テスト処理、学習指導（α = 0.65）					
授業の資料、教材等の印刷	0.11	0.06	0.12	**0.77**	0.02
テスト等のデータ入力、統計・評定	0.13	0.07	-0.11	**0.61**	0.06
放課後の学習指導	0.10	0.17	0.37	**0.43**	0.05
第5因子　問題行動・特別支援（α = 0.80）					
問題行動のある児童生徒の生活指導	-0.05	0.07	0.01	-0.09	**0.92**
協）支援が必要な児童生徒の対応	0.10	-0.17	0.03	0.19	**0.71**
因子間相関　1	1.00				
2	0.18	1.00			
3	0.24	-0.01	1.00		
4	0.24	0.25	-0.12	1.00	
5	0.31	0.50	0.00	0.20	1.00

【凡例】各項目に付した外）、分）、協）は「3分類」に対応した項目を示している

まず小学校の結果を概観する。第1因子は、問題行動のある児童の生活指導、支援が必要な児童の対応、保護者からの要望・苦情等への対応からなる《問題行動・特別な支援・保護者対応》、第2因子は登下校時の見守りや放課後・夜間の見守り、ＰＴＡ活動等、始業前や放課後、休日など児童が不在の時間帯が想定される業務を中心とした《登下校・放課後の見守り・授業時間外の事務作業》、第3因子は授業の資料や教材等の印刷、テスト等のデータ入力などの《授業準備・データ入力》、第4因子は清掃指導、給食指導、休み時間対応からなる《清掃／給食指導・休み時間対応》、第5因子は学習評価と成績処理、学校行事の準備・運営など教育活動に関連のある《教育評価・学校行事》であった[*8]。

次に中学校の結果を見てみよう。第1因子は生徒と関わらない業務が中心に並んでおり、地域や保護者との調整業務や、学校徴収金の管理などからなる《生徒と関わらない連絡・調整業務・事務対応》、第2因子は生徒と直接関わる項目に高い負荷を示しており、休み時間対応や給食指導、清掃指導のほか、進路指導や行事準備などの教育活動が含まれる《生活指導・進路指導・授業準備・成績処理》であった。

＊6　項目10「授業や実験等の準備」、項目13「進路指導」、項目19「放課後の学習指導」の3項目である。いずれも児童の学習や進路に関わる項目である。これらが除外された要因として、一つは本調査においては先行研究に見られる教員の本来業務に関する項目を設けていないことが考えられる。たとえばたびたび紹介している白旗らは学級活動や学級通信等、担任の業務に密接に関連する項目を設けているが本調査ではそうした項目は除外している。

＊7　項目の除外に際しては、項目分析も行い、天井効果・床効果についても確認した。本調査データでは、多くの項目で床効果が見られたが、平均値が極端な項目であってもポリコリック相関係数を用いることで補正が可能であるため（豊田２００２）、単純な項目分析の結果のみで項目の除外を行わず、因子負荷量や解釈可能性をふまえて総合的に判断した。

＊8　内的一貫性を示すクロンバックのα係数は全体で０・８４であり十分な一貫性を示しているといえる。

第3因子は登下校時や放課後の見守り、部活動などの《始業前・放課後の生徒対応業務》である。第4因子は学習指導に関わる事務が含まれており、《資料作成・印刷、テスト処理、学習指導》となっている[*9]。第5因子は問題行動のある生徒の生活指導や支援が必要な生徒の対応からなる《問題行動・特別支援》であった[*10]。

3 分析1の考察

小・中学校教員の委託意識の分析から小学校五つ、中学校五つの業務分類が明らかとなった。中教審答申に示された「3分類」という点から検討すると、今回抽出された構造においては、外部化が推奨される項目と分業化が推奨される項目が混ざり合っており、同様に分業化と協業化との間の境界も曖昧であった。白旗らが指摘したように分業化が推奨される清掃指導および休み時間の対応と、協業化が推奨される給食指導が一つのカテゴリにまとめられている点は小・中学校に共通してみられた結果であり、給食や清掃に教育的意義を見出す教員の意識が本調査データにおいても確認された。

この結果は二つの可能性を示していると考えられる。第一に、2019年の答申によって示された業務分類が、事後的に教員の業務に対する意識を枠づけ、3分類に近い認識を構築した可能性である。この場合、項目の不一致は、認知構造が変容する過渡期的状況を反映しているとみることができる。そのように評価することができるとすれば、中教審答申やその後の諸政策、それを受けた学校レベルのマネジメントが一定の成果をあげているとみることもできよう。

第二に、3分類は教員の業務に対する意識構造を捉えきれておらず、政策的介入と教員の意識構造との間に齟齬が生じていることであり、それが阻害要因となって冒頭示した文科省調査の結果のような進捗のばらつきが生じているという可能性である。本稿の分析では、中学校において分業化が期待される校内清掃や休み時間の対応が、協業化を期待される項目と同一のカテゴリに分類されていた*11。

上記二点の仮説に対してここで明確な答えを出すことはできないが、いずれの場合であっても「各教師が自律的に業務範囲の問い直しを行っている可能性」（白旗・石井・荒井、前掲13頁）に鑑みれば、教員個人レベルの自律的行動やその背後にある業務に対する志向性の違いに目を向ける必要があろう。そこで次にこの小学校五つ、中学校五つの業務分類に基づき、教員集団を委託意識の違い（業務に対する志向性の違い）によって類型化し、その特徴を明らかにしたい。

＊9　第4因子は他の因子に属する項目で0・3以上の負荷を示す項目が並んでおり慎重に解釈する必要がある。特に「授業や実験等の準備」については、第2因子と第4因子の双方に寄与したが、第2、第4因子いずれも学習指導に関連した準備作業や事務作業という点で共通性がみられることから、項目を除外せずより高い負荷を示した第2因子に含めて解釈することとした。

＊10　内的一貫性を示すクロンバックのα係数は全体で0・86であった。第4因子のα係数が0・65とやや低い水準にあるが、全体として十分な一貫性を示している。

＊11　小学校においても、清掃／給食指導・休み時間対応は協業化が期待される項目が多く含まれる因子と相関しており、中学校ほどではないが類似の傾向を示している。

図1　クラスター分析の結果（デンドログラム）

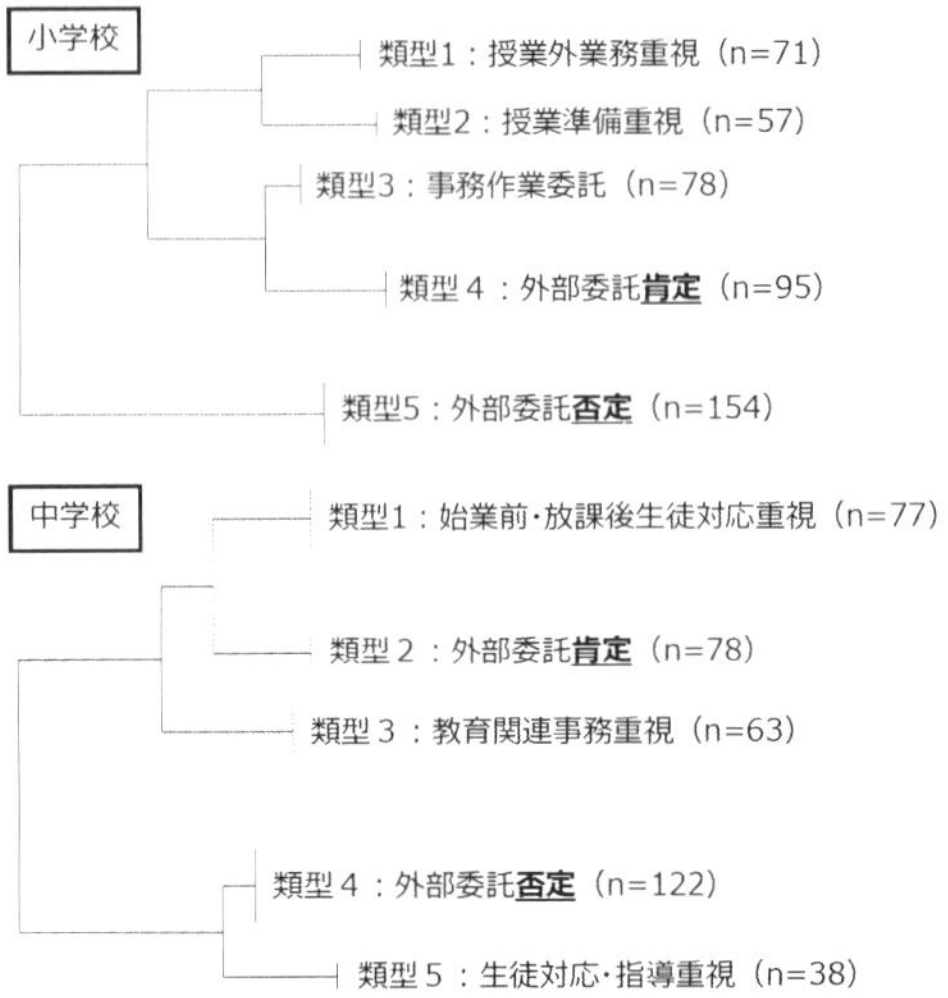

4 分析2：委託意識による教員集団の類型化

分析2では、分析1の結果を用いて業務分類に対する志向性の違いから教員集団の類型化を行ったうえで、類型ごとの特徴を検討する。分析に使用したデータは、分析1で推定した小学校・中学校それぞれ五つの業務分類に対する因子得点[12]である。因子得点は値が正で大きいほど業務分類1～5の委託（外部化・分業化・協業化）に否定的であることを示している。各回答者に与えられた五つの因子得点について、コサイン距離を用いてウォード法による階層的クラスター分析を行い、デンドログラムの形状とギャップ統計量の変動から総合的に検討した結果、小学校、中学校いずれにおいても5クラスターとすることが妥当であると判断した（**図1**）。**図2**および**図3**は各類型の業務分類1～5の平均因子得点をレーダーチャートに示したものである。図では五角形の面積が大きいほど委託に否定的であることを意味している。

はじめに小学校についてみてみると、以下のような特徴が看取された。一つ目は、登下校・放課後の見守りや授業時間外の事務作業の委託を強く否定する群で、授業準備や成績・評価データ入力に関する業務の外部委託についても消極的である【類型①：授業外業務重視】群である。二つ目は、授業準備や成績・評価データ入力に関する業務の外部委託を強く否定する【類型②：授業準備重視】群である。この群は清掃／給食指導・休み時間対応の外部委託については肯定的な評価をしている。三つ目は登下校や放課後の見守り、授業時間外の事務作業、授業準備やデータ入力等の事務作業の委託について肯定的な【類型③：事務作業委託】群である。四つ目はすべての業務分類の外部委託について肯定的な【類型④：外部委託肯定】群である。この群では問題行動や特別な支援を要する児童への対応、清掃／給食指導・休み時間対応、教育評価・学校行事といった児童に直接関わる業務について、委託に肯定的な傾向が見られた。最後に業務の外部委託について否定的な【類型⑤：外部委託否定】群である。【類型④：外部委託肯定】群とは逆に、児童に直

図２　小学校の教員類型と業務分類別因子得点

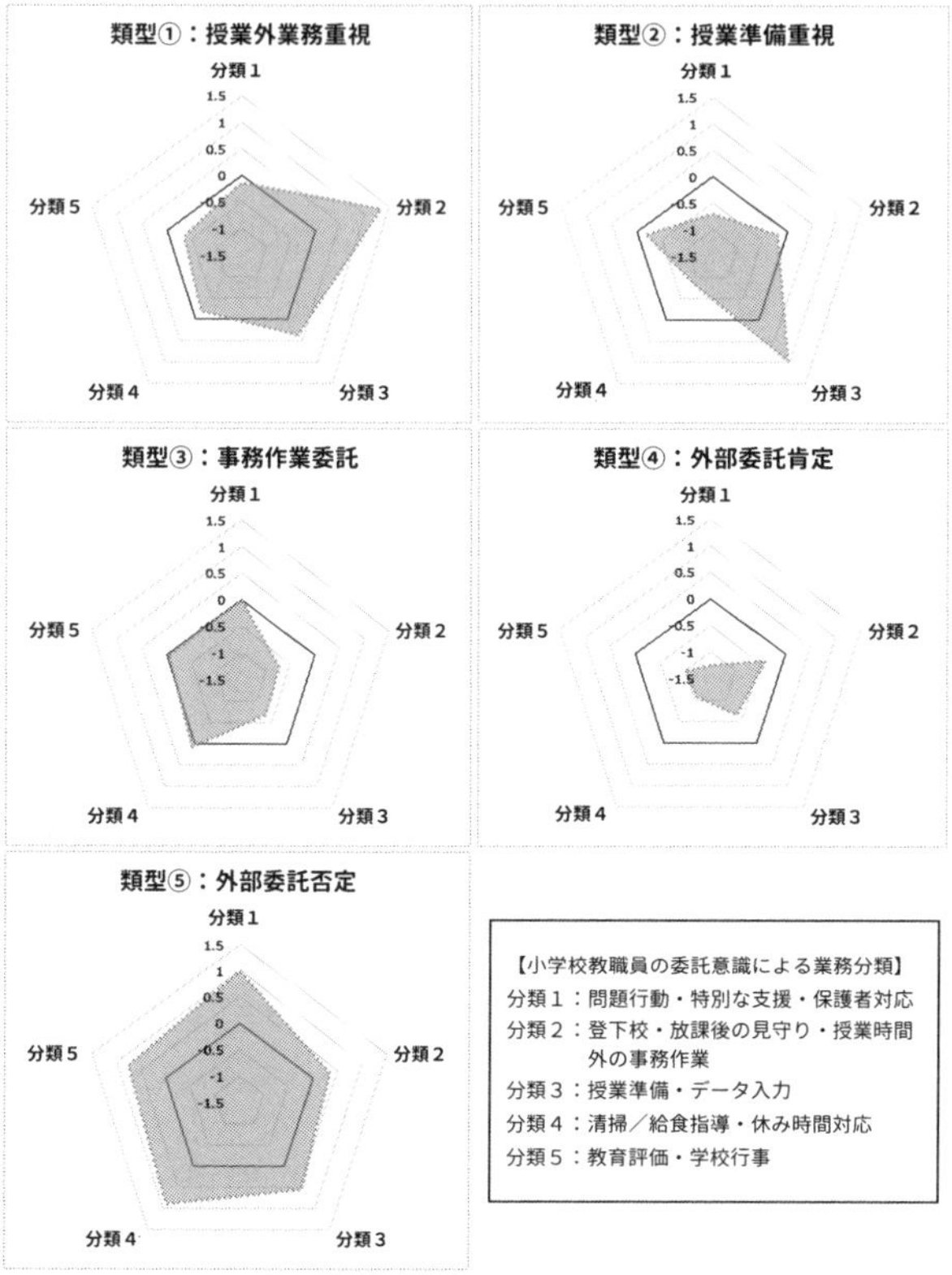

図３　中学校の教員類型と業務分類別因子得点

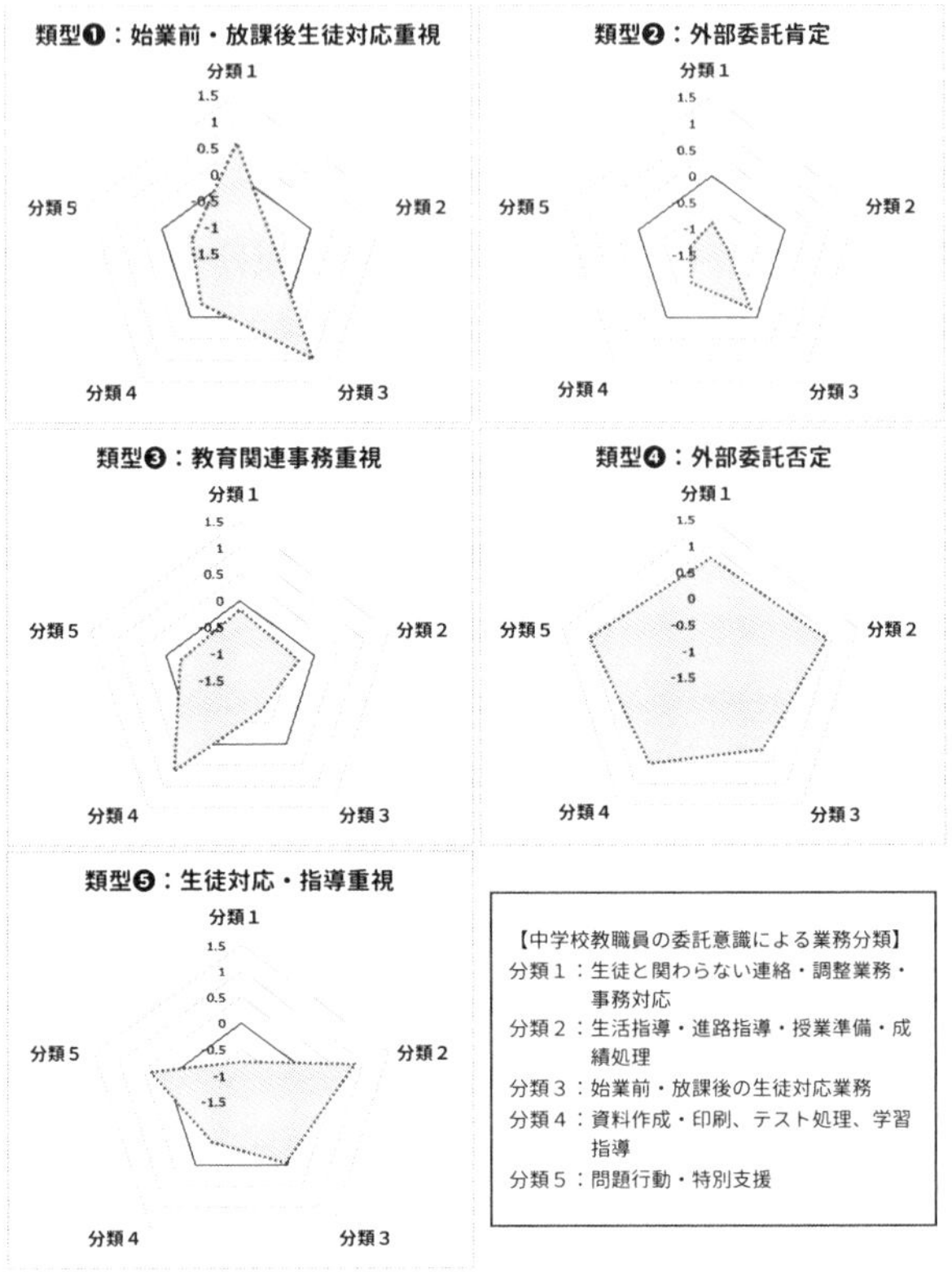

接関わる業務について強い否定が見られた。

分布を見ると全体の６割強の小学校教員がなんらかの形で外部専門家やサポートスタッフの支援に肯定的であるのに対して、３割強の教員（小学校：１５４名〈33・９％〉）は、教員の仕事を外部に委託することに対して否定的な態度を示していた。【類型⑤：外部委託否定】群を除いた４類型についてみると、《教育評価・学校行事》について、「任せたい」という傾向で一致しているが、それ以外の業務分類については、類型間で異なる志向性が確認された。

次に中学校を見てみよう。まず、登下校時の見守り、部活動などを重視する【類型❶：始業前・放課後生徒対応重視】群である。この群は地域や保護者ボランティア、ＰＴＡとの連絡調整といった生徒に直接関わらない業務についても委託に消極的な傾向を示している。次に、すべての分類において外部委託に肯定的な【類型❷：外部委託肯定】群である。第三に、学習指導に関連する業務を重視する【類型❸：教育関連事務重視】群である。この群は、一方で始業前・放課後の生徒対応業務を委託したいと考えている。第四はすべての分類において外部委託に否定的な【類型❹：外部委託否定】群である。最後に生活指導や進路指導、授業準備を重視する【類型❺：生徒対応・指導重視】群である。この群は生徒と関わらない他の業務については委託に肯定的であった。中学校においても6割強の教員が外部専門家やサポートスタッフの支援に肯定的であるのに対して、3割強の教員（中学校：122名〈34・1％〉）は、教員の仕事を外部に委託することに対して否定的な態度を示している。

教員類型の特徴を詳細に検討するために、教員の属性や他のアンケート項目への回答傾向の分析[*13]を行ったところ、性別や年齢、勤務校への在校年数、1日あたりの総労働時間といった外形的に捕捉できる項目に統計的に有意な差は見られなかった。他方で、教員の心理面に関わる項目と類型との間にいくつかの関連が示唆されたので主要な結果について報告する（分析に使用した項目の記述統計および多重比較表は112〜114頁**付表3〜5**に掲載する）。

小学校では初期の分析において仕事満足度、生活満足度に教員類型間の統計的な有意差があることが

＊12　因子得点は回転後の因子負荷量をもとに期待事後確率法により推定した。各因子の因子得点の基本統計量は111頁**付表2**のとおりである。小学校、中学校それぞれの5つの因子について類型ごとに分散分析を行ったところ、すべての因子において類型間に統計的に有意な差があることが確認できた（p<0.001）。

＊13　クラスカル・ウォリス検定による中央値の差の検定を行い（有意水準5％）、統計的に有意な差が示唆された項目については、ダン検定（ボンフェローニ補正）により多重比較を行った。

示唆されたが（$p<0.05$）、多重比較において特定の類型間に有意差は見られなかった。対して、中学校では仕事満足度において有意差があり、【類型❹：外部委託否定】に分類された教員は、【類型❸：教育関連事務重視】の教員よりも満足度が高いという結果となった。

また小学校において【類型⑤：外部委託否定】に分類された教員は、周辺的・境界的業務を他の専門的・支援的スタッフに任せることが教員の裁量の低下や児童生徒への指導機会を奪うことへの懸念が【類型②：授業準備重視】【類型③：事務作業委託】【類型④：外部委託肯定】に分類された教員より強く、児童と関わる時間、機会が失われるという懸念も同様に強かった。同様の傾向は中学校教員においても見られ、【類型❹：外部委託否定】に分類された教員は【類型❷：外部委託肯定】および【類型❸：教育関連事務重視】の教員に比して、活動範囲・意欲低下への懸念、生徒に関わる機会・時間減少への懸念が強かった。

ここまで教員類型全体を見てきたが、この教員類型の分布に地域差（任命権者間の差）や学校間の差はあるのだろうか。この点について分布を確認した

表5　調査対象県と教員類型のクロス表

	類型1	類型2	類型3	類型4	類型5
東北地方A県	0.33	-0.75	1.23	0.10	-1.11
関東地方B県	↑2.06	-1.25	-1.41	-0.35	1.20
北陸地方C県	-1.66	↑2.07	1.13	-1.66	0.61
東海地方D県	-0.66	↑2.09	-1.07	-1.22	1.29
近畿地方E県	0.09	-1.11	↓-2.07	↑2.48	0.09
近畿地方F県	-0.15	-1.48	↑2.82	0.52	↓-2.11
九州地方G県	-0.48	0.31	0.15	0.39	-0.57

注）数値は調整ずみ残差

図4　教員類型の学校別分布

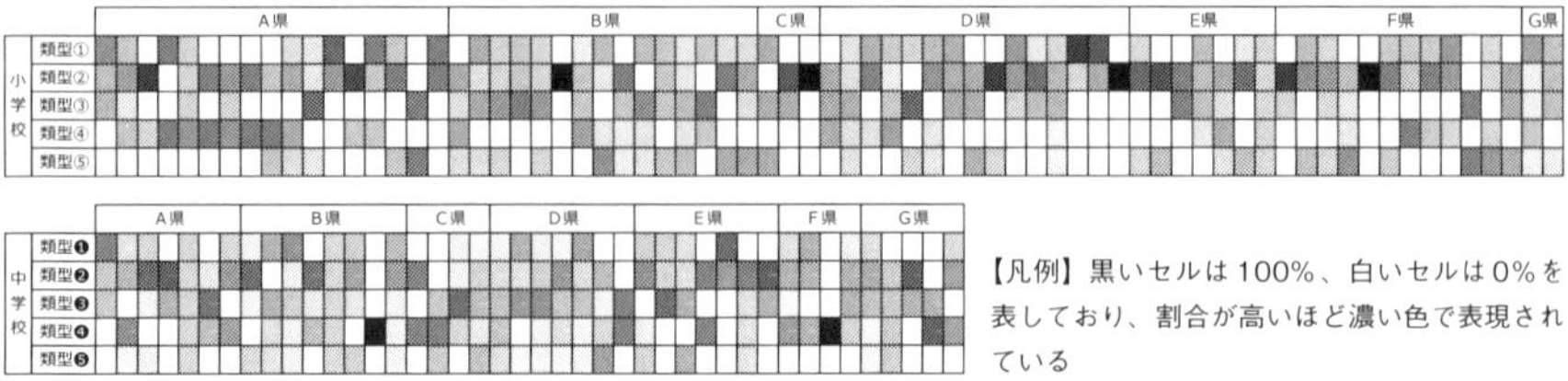

【凡例】黒いセルは100％、白いセルは0％を表しており、割合が高いほど濃い色で表現されている

ところ、中学校において県ごとに一定の特徴が見られた（フィッシャーの正確確率検定（両側検定）、$p<0.05$）。**表5**は中学校の教員類型と所属県とのクロス表、**図4**は各県各学校ごとの分布を示すヒートマップである[*14]。**図4**では割合の高い類型ほど濃い色で表示しており、**表5**では統計的に有意な違いが見られた類型について上矢印または下矢印を付している。**表5**から読み取れる各県の特徴は以下のとおりである。第一にB県（関東）では登校前や放課後の指導を重視する教員【類型❶】が他県に比して多い。また、C県（北陸）、D県（東海）では委託に肯定的な教員【類型❷】が多く、対してE県（近畿）は委託に否定的な教員【類型❹】が多く、始業前・放課後の業務の委託を希望する教員【類型❸】が少ない。F県（近畿）は始業前・放課後の業務委託かつ教育関連事務の委託に否定的な教員【類型❸】が多く、指導重視・事務委託希望の教員【類型❺】は少なかった。また統計的な有意差はなかったが、**図4**の学校別分布を見る限り、学校単位において特定の傾向は見出せず、学校（教員集団）の不均質性を示唆しているものと思われる。

*14　教員類型の学校単位における分布を確認するために、教員類型と学校別とのクロス集計の結果をヒートマップに示した。対象は教員（ここでは主幹教諭、指導教諭、教諭の合計）に限定しており、色が濃いほど当該類型に分類された教員の割合が高いことを示している（白は0）。なお、回答者が1校1名だった学校は除外しているため、標本数は小学校71校361名、中学校51校299名となっている。

5 分析2の考察

委託意識の違いによって教員集団を類型化すると、各業務分類に対する反応の傾向に対応した教員類型を得ることができた。この類型では小学校・中学校いずれも外部委託に対して否定的な群が最も多くなっており、全体の3割強を占めていた。また、小・中学校に共通して3分類において外部化が求められている項目を含む業務分類に対してさえも、教員の志向性は一貫しておらず、いずれかの業務分類に対して強く「任せたくない」と考える層が一定数存在していることが示された。

小学校においては、《教育評価・学校行事》について【類型⑤：外部委託否定】群以外の類型に一貫して外部に「任せたい」という回答傾向が確認できたが、先行研究をふまえれば、これは当該業務に強い負担感を感じている教員が多いということを意味していると考えられる。

このような委託意識の背景にある教員の特性について検討してみると、性別や年齢、労働時間、学級担任の有無、部活動顧問の有無といった、任命権者や服務監督権者が文書資料上で確認できるような項目との関連は見られなかった。一方で、外形的に把握することが困難な教員の心理面との関連が示唆され、仕事満足度や生活満足度との関連や、外部委託による教員の活動範囲や意欲低下、児童生徒と関わる機会の減少に対する懸念が、外部委託に否定的な群において肯定群よりも顕著であることがわかった。

以上を踏まえると総じて、各業務分類に対する教員の志向性は不均一であり、現在進められている働き方改革の中で、「各教師が自律的に業務範囲の問い直しを行っている可能性」（白旗・石井・荒井、前掲13頁）が示唆された。政策的介入の方向性として、学校・教員業務の負担軽減を図ることが求められるが、本稿の分析において教員の心理面の影響が確認されたことは、教員の「働きがい」やウェルビーイングに配慮した労働環境を準備するとともに、教員の意識に訴求する施策が重要であることを示している。

また今回明らかとなった教員類型の分布には、中学校において県ごとの違いが見られたことから、国の施策をそのまま受け入れるのではなく、任命権者単位で異なる対応が必要であることも示された。県間の差異は、県ごとに異なる速度で、教員の業務に対する認識が変容する過程を反映している可能性もあるが、いずれにしても任命権者単位である時点の教員集団の特性を捉え、訴求力のある施策を展開することが求められる。そのため、政策レベルでは教員集団の解像度を高めつつ、教員類型ごとの特性に配慮した介入（指導助言）をしていくことが肝要である。「働きがい」を担保するという点も含めて、各教員に対して自律的な業務範囲の問い直しを許容するのであれば、学校レベルにおけるマネジメントの重要性を改めて指摘したい。これは管理職が構成員の不均質性を前提として、特に構成員の心理面を捉えながら適切にマネジメントしていくことを意味するが、校長一人ですべての構成員の内面を含めた把握をすることは極めて困難である。このようなマネジメントを進めるためには、副校長や教頭、主任層などのミドルリーダーを活用した組織的な関わりが重要になろう。

なお、今回の調査では委託意識を問うているが、委託の度合いについて詳細な定義を行わなかったため、一部委託と全部委託を区別できていない。当該業務の全部を委託すると捉えた回答者はより否定的に回答した可能性もあり、一部委託とした場合よりも「わからない」「任せたくない」に寄った回答がなされている可能性がある点に留意する必要があろう。

【引用・参考文献】
・岩永定（２０００）「父母・住民の経営参加と学校の自律性」（日本教育経営学会編『自律的学校経営と教育経営』、シリーズ教育の経営2、玉川大学出版部、２４０～２６０頁）
・小川正人・川上泰彦・荒井英治郎・神林寿幸・櫻井直輝・雪丸武彦（２０２２）「学校の働き方改革に対する教職員の意識分析―全国7県校長・教員アンケート調査結果から―」（日本教育行政学会第57回大会自由研究発表）
・佐藤学（１９９４）「教師文化の構造」（稲垣忠彦・久冨善之編『日本の教師文化』東京大学出版会、21～41頁）
・白旗希実子・石井美和・荒井英治郎（２０２１）「学校教師の業務に対する負担感と委託に関する意識―アンケート調査の分析から―」（『教職研究』12号、信州大学教職支援センター、1～15頁）
・鈴木ちひろ（２０１９）「学校分野の協働観のパラダイムシフト」（『学校ソーシャルワーク研究』第14号、15～29頁）
・武井哲郎（２０１０）「親や住民のボランティアが学びの場に及ぼす影響」（『教育制度学研究』２０１０巻17号、１４６～１６０頁）
・豊田秀樹編（２００２）『項目反応理論［事例編］』朝倉書店
・橋本洋治・岩永定（２０１８）「保護者・住民の学校経営参加に対する校長及び教員の意識に関する研究」（『現代と文化：日本福祉大学研究紀要』１３７号、1～13頁）

付表1

	副校長・教頭	主幹教諭	指導教諭	教諭	養護教諭	栄養教諭	講師	その他	合計
小学校	31	11	2	357	20	0	32	2	455
中学校	24	13	4	287	18	1	27	4	378

付表2

小学校（n=455）	平均	標準偏差	最小値	最大値	範囲	歪度	尖度	標準誤差
問題行動・特別な支援・保護者対応	-0.03	1.09	-2.44	1.97	4.41	-0.23	-0.77	0.05
登下校・放課後の見守り・授業時間外の事務作業	0.09	0.90	-1.57	2.86	4.43	0.51	-0.25	0.04
授業準備・データ入力	0.11	0.94	-1.36	2.42	3.78	0.46	-0.80	0.04
清掃/給食指導・休み時間対応	-0.05	1.04	-2.53	1.69	4.22	-0.28	-0.70	0.05
教育評価・学校行事	-0.04	0.86	-2.19	1.81	4.00	-0.06	-0.45	0.04

中学校（n=378）	平均	標準偏差	最小値	最大値	範囲	歪度	尖度	標準誤差
生徒と関わらない連絡・調整業務・事務対応	0.08	0.98	-2.15	2.77	4.92	0.18	-0.76	0.05
生活指導・進路指導・授業準備・成績処理	-0.09	1.12	-3.01	2.12	5.12	-0.20	-0.43	0.06
始業前・放課後の生徒対応業務	0.09	0.84	-1.84	2.12	3.96	0.05	-0.78	0.04
資料作成・印刷、テスト処理、学習指導	-0.01	0.89	-2.51	2.42	4.93	0.01	-0.52	0.05
問題行動・特別支援	-0.04	1.04	-2.58	2.17	4.76	-0.17	-0.57	0.05

付表３

小学校の記述統計量

		類型①	類型②	類型③	類型④	類型⑤
人数		71	57	78	95	154
男女比【男性：女性】		30 : 41	23 : 34	29 : 49	49 : 46	64 : 90
属性【平均（標準偏差）】						
年齢		39.1 (12.91)	43.7 (11.89)	42.74 (11.69)	40.71 (11.96)	42.11 (11.70)
１日あたり総労働時間【時間】		10.99 (2.09)	10.81 (2.04)	11.36 (1.84)	10.89 (1.81)	10.92 (1.85)
現在の学校の勤務年数【年】		2.63 (2.20)	3.37 (2.37)	3.59 (3.27)	2.93 (1.59)	2.95 (1.88)
教員としての通算勤務年数【年】		15.51 (12.29)	20.75 (11.40)	18.88 (11.66)	17.16 (11.40)	18.97 (11.41)
持ち授業数【コマ】		19.57 (9.74)	21.65 (8.55)	23.08 (6.98)	20.67 (8.89)	22.31 (7.49)
気軽に話せる（注１）	①管理職	2.70 (0.72)	2.53 (0.66)	2.64 (0.87)	2.59 (0.79)	2.78 (0.82)
	②職場の同僚	2.99 (0.64)	2.91 (0.63)	3.09 (0.74)	2.98 (0.68)	3.11 (0.70)
	③配偶者、家族、友人	3.55 (0.60)	3.53 (0.68)	3.59 (0.61)	3.47 (0.68)	3.54 (0.63)
頼りになる	①管理職	3.03 (0.76)	2.88 (0.66)	2.88 (0.90)	3.01 (0.83)	3.07 (0.78)
	②職場の同僚	3.14 (0.62)	2.88 (0.66)	3.14 (0.72)	3.05 (0.73)	3.11 (0.75)
	③配偶者、家族、友人	3.41 (0.71)	3.42 (0.71)	3.48 (0.68)	3.34 (0.79)	3.42 (0.77)
満足度	仕事	3.79 (0.88)	3.43 (0.99)	3.86 (0.86)	3.51 (1.11)	3.80 (0.91)
	仕事以外の生活	4.03 (0.76)	3.75 (0.93)	4.13 (0.71)	3.81 (0.91)	4.05 (0.87)
この１年の働き方の変化（注２）	学校の在校等時間	2.70 (1.01)	2.68 (0.93)	2.91 (1.08)	2.73 (0.97)	2.60 (0.91)
	家庭への持ち帰り仕事	2.80 (0.94)	2.68 (0.89)	2.83 (1.00)	2.82 (0.98)	2.62 (0.95)
	授業準備や自己研鑽の時間	3.10 (0.72)	2.89 (0.67)	2.95 (0.79)	3.01 (0.84)	3.00 (0.83)
	児童生徒と向き合う時間	3.21 (0.74)	3.09 (0.61)	3.17 (0.75)	2.98 (0.70)	3.06 (0.64)
	睡眠時間	2.93 (0.59)	2.84 (0.59)	2.72 (0.80)	2.69 (0.73)	2.89 (0.54)
	自分の自由時間	2.89 (0.78)	2.89 (0.67)	2.67 (0.99)	2.81 (0.88)	2.88 (0.82)
	有給休暇の取得日数	3.07 (0.54)	2.96 (0.60)	3.12 (0.74)	3.09 (0.74)	3.11 (0.67)
本来業務の効率化（注３）	優れた授業の教材等を共有化し利用するのは効率的であるが、教員個々の授業力の向上や専門性を損なうので望ましいとは言えない	3.52 (0.98)	3.63 (0.95)	3.73 (1.03)	3.69 (1.08)	3.62 (1.06)
	良質のテスト問題を共有化して利用するのは効率的であるが、教員個々の専門性を損なうので望ましいとは言えない	3.77 (0.76)	4.05 (0.82)	4.05 (0.99)	4.02 (0.91)	4.06 (0.84)
	部活動、掃除指導、給食指導、休み時間の見守りなどの周辺的・境界的業務を、極力、他の専門・支援スタッフに任せることは、教員の教育活動を狭めたり意欲を損なうので望ましいとは言えない	3.39 (0.92)	3.89 (1.04)	3.76 (1.07)	3.95 (0.98)	3.34 (1.12)
	部活動、掃除指導、給食指導、休み時間の見守りなどの周辺的・境界的業務を、極力、他の専門・支援スタッフに任せることは、その分、児童生徒と接する機会を狭めたり、また、児童生徒のための教育指導を減らすため望ましいとは言えない	3.03 (0.94)	3.68 (1.08)	3.32 (1.17)	3.65 (1.08)	2.88 (1.06)
教員個々の在校等時間を正確に客観的に把握できているか		3.81 (0.92)	3.93 (0.95)	3.78 (1.11)	3.72 (1.13)	3.92 (1.01)
出勤時間と退勤時間を意識するようになり時間管理の意識が高まった		2.86 (0.73)	2.84 (0.75)	2.86 (0.80)	2.76 (0.86)	2.79 (0.81)
仕事の優先順位、時間配分や効率化を心掛けるようになった		2.94 (0.68)	2.93 (0.80)	3.01 (0.69)	2.82 (0.85)	2.93 (0.75)
授業準備や教材研究等の本来業務を優先するようになった		2.69 (0.75)	2.61 (0.84)	2.59 (0.84)	2.48 (0.94)	2.56 (0.82)
学校での仕事の見直しや効率化が図れて家庭への持ち帰り仕事が減った		2.63 (0.80)	2.54 (0.98)	2.24 (0.90)	2.17 (0.96)	2.28 (0.92)
学校の仕事と個人の私的時間のメリハリをつけた生活ができるようになった		2.60 (0.77)	2.46 (0.78)	2.53 (0.89)	2.31 (0.93)	2.42 (0.85)
時間に追われて仕事がやりづらくなった		2.70 (0.77)	2.70 (0.76)	2.65 (0.82)	2.69 (0.79)	2.70 (0.75)

（注１）以下の項目について、値は原則として大きいほど肯定的な回答（「そう思う」など）を意味している
（注２）随分減った（１）～随分増えた（５）で評価
（注３）強く思う（１）～全く思わない（５）で評価

付表4

中学校の記述統計量

		類型❶	類型❷	類型❸	類型❹	類型❺
人数		77	78	63	122	38
男女比【男性：女性】		50 : 27	43 : 35	38 : 25	72 : 50	27 : 11
部活動顧問の有無【有：無】		57 : 18	65 : 12	57 : 6	98 : 23	33 : 4
属性【平均（標準偏差）】						
年齢		37.92（11.98）	36.92（10.61）	41.43（11.08）	40.86（11.81）	38.63（10.00）
1日あたり総労働時間【時間】		11.05（2.00）	11.58（1.53）	11.14（1.35）	11.64（1.67）	11.60（1.47）
現在の学校の勤務年数【年】		2.58（2.03）	3.08（3.44）	2.83（1.85）	3.03（2.15）	3.45（1.95）
教員としての通算勤務年数【年】		13.43（11.90）	13.87（10.38）	18.16（11.25）	17.59（11.80）	15.82（10.09）
持ち授業数【コマ】		14.68（7.19）	16.45（6.49）	16.50（5.23）	16.44（5.50）	17.19（5.56）
気軽に話せる（注1）	①管理職	2.65（0.68）	2.69（0.83）	2.85（0.81）	2.84（0.80）	3.08（0.82）
	②職場の同僚	2.87（0.69）	2.95（0.70）	3.00（0.72）	3.10（0.70）	3.34（0.58）
	③配偶者、家族、友人	3.42（0.64）	3.35（0.79）	3.45（0.72）	3.42（0.76）	3.66（0.53）
頼りになる	①管理職	3.03（0.67）	2.91（0.86）	3.12（0.80）	3.03（0.87）	3.16（0.86）
	②職場の同僚	3.08（0.67）	2.92（0.80）	2.98（0.83）	3.09（0.74）	3.16（0.79）
	③配偶者、家族、友人	3.22（0.67）	3.28（0.90）	3.38（0.78）	3.18（0.88）	3.37（0.85）
満足度	仕事	3.66（0.79）	3.44（1.15）	3.25（1.04）	3.80（0.94）	3.71（0.90）
	仕事以外の生活	3.74（0.94）	3.69（1.19）	3.68（1.03）	3.79（0.95）	3.82（1.16）
この1年の働き方の変化（注2）	学校の在校等時間	2.64（1.02）	2.96（1.01）	2.86（1.11）	2.89（1.16）	2.53（0.95）
	家庭への持ち帰り仕事	2.75（1.00）	3.10（0.96）	2.79（1.05）	2.97（0.96）	2.68（0.87）
	授業準備や自己研鑽の時間	2.92（0.87）	3.01（0.92）	2.92（0.97）	3.11（0.97）	2.76（0.75）
	児童生徒と向き合う時間	2.90（0.80）	2.86（0.83）	2.89（0.79）	2.90（0.98）	2.76（0.85）
	睡眠時間	2.77（0.67）	2.62（0.67）	2.75（0.54）	2.69（0.66）	2.76（0.63）
	自分の自由時間	2.61（0.83）	2.47（0.99）	2.86（0.86）	2.58（0.93）	2.84（1.00）
	有給休暇の取得日数	2.95（0.69）	2.97（0.87）	3.10（0.59）	2.85（0.89）	3.13（0.81）
本来業務の効率化（注3）	優れた授業の教材等を共有化し利用するのは効率的であるが、教員個々の授業力の向上や専門性を損なうので望ましいとは言えない	3.44（0.97）	3.51（1.13）	3.48（1.13）	3.48（1.01）	3.74（1.22）
	良質のテスト問題を共有化して利用するのは効率的であるが、教員個々の専門性を損なうので望ましいとは言えない	3.62（0.87）	3.65（1.13）	3.81（0.96）	3.54（1.02）	3.95（1.18）
	部活動、掃除指導、給食指導、休み時間の見守りなどの周辺的・境界的業務を、極力、他の専門・支援スタッフに任せることは、教員の教育活動を狭めたり意欲を損なうので望ましいとは言えない	3.39（1.02）	3.97（1.01）	3.87（1.07）	3.02（1.24）	3.39（1.22）
	部活動、掃除指導、給食指導、休み時間の見守りなどの周辺的・境界的業務を、極力、他の専門・支援スタッフに任せることは、その分、児童生徒と接する機会を狭めたり、また、児童生徒のための教育指導を減らすため望ましいとは言えない	3.01（1.19）	3.47（1.21）	3.68（1.15）	2.56（1.15）	2.97（1.33）
教員個々の在校等時間を正確に客観的に把握できているか		3.88（0.97）	3.49（1.20）	3.62（1.19）	3.71（1.06）	3.38（1.21）
出勤時間と退勤時間を意識するようになり時間管理の意識が高まった		2.69（0.83）	2.56（0.83）	2.46（0.91）	2.62（0.91）	2.55（0.83）
仕事の優先順位、時間配分や効率化を心掛けるようになった		2.73（0.81）	2.79（0.84）	2.78（0.89）	2.76（0.88）	2.84（0.72）
授業準備や教材研究等の本来業務を優先するようになった		2.40（0.80）	2.23（0.90）	2.49（0.93）	2.40（0.88）	2.26（0.76）
学校での仕事の見直しや効率化が図れて家庭への持ち帰り仕事が減った		2.39（0.85）	2.08（0.91）	2.30（0.89）	2.17（0.95）	2.05（0.98）
学校の仕事と個人の私的時間のメリハリをつけた生活ができるようになった		2.43（0.94）	2.22（0.96）	2.37（0.89）	2.33（0.93）	2.32（0.96）
時間に追われて仕事がやりづらくなった		2.78（0.75）	2.54（0.89）	2.66（0.68）	2.59（0.79）	2.76（0.85）

（注1）以下の項目について、値は原則として大きいほど肯定的な回答（「そう思う」など）を意味している
（注2）随分減った（1）〜随分増えた（5）で評価
（注3）強く思う（1）〜全く思わない（5）で評価

付表５

			平均	クラスカル・ウォリス検定（X^2）	ダン検定（ボンフェローニ補正）
本来業務の効率化	部活動、掃除指導、給食指導、休み時間の見守りなどの周辺的・境界的業務を、極力、他の専門・支援スタッフに任せることは、教員の教育活動を狭めたり意欲を損なうので望ましいとは言えない	類型１	3.39	28.24（p＜0.001）	類型２＞類型１*
		類型２	3.89		類型２＞類型５**
		類型３	3.76		類型３＞類型５*
		類型４	3.95		類型４＞類型１**
		類型５	3.34		類型４＞類型５***
	部活動、掃除指導、給食指導、休み時間の見守りなどの周辺的・境界的業務を、極力、他の専門・支援スタッフに任せることは、その分、児童生徒と接する機会を狭めたり、また、児童生徒のための教育指導を減らすため望ましいとは言えない	類型１	3.03	41.83（p＜0.001）	類型２＞類型１**
		類型２	3.68		類型２＞類型５***
		類型３	3.32		類型３＞類型５*
		類型４	3.65		類型４＞類型１**
		類型５	2.88		類型４＞類型５***
勤務時間管理	学校での仕事の見直しや効率化が図れて家庭への持ち帰り仕事が減った	類型１	2.63	14.48（p＝0.006）	類型１＞類型３*
		類型２	2.54		類型１＞類型４**
		類型３	2.24		類型１＞類型５*
		類型４	2.17		
		類型５	2.28		

（注）***：p＜0.001、**：p＜0.01、*：p＜0.05

			平均	クラスカル・ウォリス検定（X^2）	ダン検定（ボンフェローニ補正）
教員としての通算勤務年数		類型１	13.4	12.13（p＝0.013）	類型３＞類型１*
		類型２	13.9		類型４＞類型１*
		類型３	18.2		
		類型４	17.6		
		類型５	15.8		
気軽に話せる	職場の同僚	類型１	2.87	13.91（p＝0.008）	類型５＞類型１**
		類型２	2.95		類型５＞類型２*
		類型３	3.00		
		類型４	3.10		
		類型５	3.34		
満足度	仕事	類型１	3.66	16.09（p＝0.003）	類型４＞類型３***
		類型２	3.44		
		類型３	3.25		
		類型４	3.80		
		類型５	3.71		
本来業務の効率化	部活動、掃除指導、給食指導、休み時間の見守りなどの周辺的・境界的業務を、極力、他の専門・支援スタッフに任せることは、教員の教育活動を狭めたり意欲を損なうので望ましいとは言えない	類型１	3.39	38.91（p＜0.001）	類型２＞類型１***
		類型２	3.97		類型２＞類型４***
		類型３	3.87		類型３＞類型１*
		類型４	3.02		類型３＞類型４***
		類型５	3.39		
	部活動、掃除指導、給食指導、休み時間の見守りなどの周辺的・境界的業務を、極力、他の専門・支援スタッフに任せることは、その分、児童生徒と接する機会を狭めたり、また、児童生徒のための教育指導を減らすため望ましいとは言えない	類型１	3.01	43.04（p＜0.001）	類型２＞類型４***
		類型２	3.47		類型３＞類型１**
		類型３	3.68		類型３＞類型４***
		類型４	2.56		類型３＞類型５*
		類型５	2.97		

（注）***：p＜0.001、**：p＜0.01、*：p＜0.05

Ⅲ部　各論

1章 「学校における働き方改革」これまでの取り組みの総括と新しい法制での取り組みポイント

川上泰彦

1 これまでの取り組み──調査を起点とする「量」の把握と改善提案

「学校における働き方改革」に関する近年の動きは、全国的な勤務実態調査を受けた「多忙」の実態把握と、それを根拠とした政策（対策）の企画・提言という動きで整理できる。またこの途中では、二度の国際調査が行われており、日本の学校・教員の働き方の課題が示されてきた。

１９６６年以来の全国調査として、２００６年に文部科学省は「教員勤務実態調査」を実施した。１９６６年の調査は、教員の時間外業務手当・休日勤務手当に代わる「教職調整額」を導入するうえで、その支給率の根拠となったものであり、２００６年の調査は、この教職調整額を含む教員給与の見直し（引き下げ）圧力が高まる中で、改めて教員の残業時間量を測定しようとするものであった。その後の政権交代（民主党政権誕生）の中で教職調整額の見直し論議自体は下火となったが、40年ぶりの大規模調査によって教員の長時間勤務の実態が広く知られることとなった。

いくつかの自治体等では、同等の調査を独自に実施するなどして教員の「多忙」の調査が行われたほか、「子どもと向き合う時間の確保」をキーワードとするような負担軽減策が取られたものの、多くは事務処理などの「教育活動ではない業務」の負担軽減を意識したものであった（神林２０１７）。国レベルでの「多忙対策」の施策はしばらく企画・推進されず、都道府県や市町村といった地方単位、もしくは個々の学校単位での取り組みに委ねられ、好事例の紹介・共有が図られた（たとえば兵庫県教委「教職員の勤務時間適正化対策プラン（２００９年）」「教職員の勤務時間適正化新対策プラン（２０１３年）」など）。言い方を換えれば、各地域・学校ごとの自律的な判断が尊重される形となったため、勤務時間の縮減等が広く促進されるという結果にはつながらなかった。

その後、２０１３年の第2回ＴＡＬＩＳ（ＯＥＣＤ国際教員指導環境調査）に日本も参加し、他の参加国よりも勤務時間が長い状況が明らかになったものの、その結果の中で主に注目されていたのは、研修等を通じた職能開発の課題であった。調査結果を受けた文部科学省による取り組みをみても「勤務負担軽減」は最重点とは言いがたい扱いとなっており、教員の多忙についてそれほど重点的な引き取りが行われなかったことが指摘できる。２０１６年になって文部科学省には「次世代の学校指導体制にふさわしい教職員の在り方と業務改善のためのタスクフォース」が設置され、業務改善と学校指導体制の整備、部活動の負担軽減を主旨とする報告が出されたものの、その実現方法は学校業務改善アドバイザーの派遣など、国・教育委員会による学校の支援という方向性を維持したものであった。

こうした地方・学校の自律性・自発性（と、国による支援）という進め方を転換する契機となったのが、２０１６年に改めて実施された教員勤務実態調査である。その結果は、若年教員の増加や学習指導要領の改訂を背景に、２００６年に比べてさらに教員の勤務時間が長くなっている（授業とその準備、部活動時間が増加している）というものであった。中央教育審議会には「新しい時代の教育に向けた持続可能な学校指導・運営体制の構築のための学校における働き方改革に関する総合的な方策について」が諮問され（２０１７年６月）、「学校における働き方改革特別部会」による緊急提言（２０１７年８月）、審議の「中間まとめ」とそれを受けた文部科学省による「緊急対策」（２０１７年12月）を経て２０１９年1月に答申が出され、その際には「公立学校の教師の勤務時間の上限に関するガイドライン」が示された。

答申後は文部科学省内に「学校における働き方改革推進本部」が置かれ、「学校における働き方改革に関する取組の徹底について（通知）」（２０１９年３月）、「学校における働き方改革の推進に向けた夏季等の長期休業期間における業務の適正化等について（通知）」（２０１９年６月）が発出された。法制度の面においても、公立の義務教育諸学校等の教育職員の給与等に関する特別措置法（以下、「給特法」）の一部改正（２０１９年12月）があり、それを受けて２０１９年1月に示された「公立学校の教師の勤務時間の上限に関するガイドライン」は「公立学校の教育職員の業務量の適切な管理その他教育職員の服務を監督する教育委員会が教育職員の健康及び福祉の確保を図るために講ずべき措置に関する指針」（以下、「指針」）として改めて告示された（２０２０年1月）。

この動きのなかで、２０１８年には第3回ＴＡＬＩＳが実施され、国際的に見ても日本の教員が長時間労働であるということが改めて示された。先にあげた一連の諸施策は1～2年程度で即効性を持つとは言いがたく、TALISで得られたデータ自体は施策の成否を判断するものとはなりえなかったが、2013年の第2回TALISの調査結果の引き取りとは異なり、学校における働き方改革の推進と、それを支える学校の指導・運営体制の強化が「課題を踏まえた文部科学省の当面の取組」の筆頭にあげられ、政策化を視野に入れた強い課題意識が示された。

2016年の勤務実態調査を契機とする一連の動きのなかでは、主に教員勤務の「量（時間）」の抑制が進められた。それまでのような各地域・学校の自律性・独立性を重視する（逆にいえば強い介入を行わない）方針から、先にあげた「ガイドライン」や「指針」のように具体的な指標（たとえば勤務時間管理の徹底のもとでの「時間外在校等時間」の上限）を設定したほか、学校・教師が「担うべき」業務の種類についても一定の分類を示す（いわゆる「基本的には学校以外が担うべき業務」「学校の業務だが、必ずしも教師が担う必要のない業務」「教師の業務だが、負担軽減が可能な業務」という3分類）など、実効性を重視した介入策が示された。「全国の学校における働き方改革事例集」にみられるような、自律志向（好事例の収集・提示により「現場」の取捨選択を促す改善方策）の施策も維持されたが、こうした強い介入による改善策が登場したことは特徴的であった。

こうした動きのなかで2020年度からしばらくの間、全国の学校・教育委員会はコロナ禍の影響を受け、「学校における働き方改革」とは別の状況のもとではあるが、業務の精選が徹底された。この経験は各学校に「業務削減後の世界」を具体的に突きつけ、その功罪と「コロナ後」の学校業務のあり方を考える契機となった。あわせてこの期間では、「学校の働き方改革を踏まえた部活動改革」のスケジュールと具体的な方策が示されたほか（2020年）、小学校における学級規模の縮小（40人学級から

35人学級へ）も実現する（2021年4月施行）など、勤務環境についても大きな変動があった。一方で、従来よりも実効性を重視した業務「量（時間）」の削減策の実施は、その過程で「時短ハラスメント」（業務の削減・再整理に関する具体策が伴わないなかで定時退社や残業削減を強要する）に類するような葛藤も顕在化させた。

そして一連の「学校における働き方改革」の成否や「コロナ後」の学校における業務の状況を確認すべく、2022年には改めて教員勤務実態調査が実施された。2016年調査と比べて、全ての職種においで在校等時間の減少が確認できたものの、依然として長時間勤務の教員が多い状況が報告された。折からの「教師不足」への対応も含めた一体的・総合的な政策の検討を行うため、2023年には中央教育審議会に「『令和の日本型学校教育』を担う質の高い教師の確保のための環境整備に関する総合的な方策について」が諮問された。この中で「質の高い教師の確保特別部会」からは、2023年に「教師を取り巻く環境整備について緊急的に取り組むべき施策（提言）」が示され、続けて2024年には「答申」がとりまとめられた。

今後は、答申がどのような形で政策化されるのかに関心が集まるが、先の提言以降、政策化へのスタンスについては新たな傾向を見出すことができる。すなわち、2016年の勤務実態調査を契機とする諸施策のように一律の効果を見込んだ具体策を提示し実施を求めるという手法に加え、取り組み状況の遅れをなくすような働きかけとして、教育委員会には「解像度を上げて、具体的な取組に向けた支援と助言を行っていく段階」への移行が期待されている。また各学校に対しても、管理職のマネジメント能力を活用した取り組みの進展が期待されており、各地方・学校レベルでの状況に応じた自律的・自発的な取り組みに（再び）期待する傾向が目立つようになった。

さらに今次の答申においては、各学校における授業時数の抑制（授業時数の適正化）にも言及があった。児童生徒の学力保障という側面から、これまでともすると「善いもの」として捉えられてきた授業時間の積み増しが再考の対象とされ、各地方・学校レベルでの自律性・自発性の発揮を真逆の方向で求める局面が生じている。「学校における働き方改革」は以前よりも難しい状況のもとで、現場（教育委員会レベル・学校レベル）に応じた実践を、納得・合意のもとで進めることが求められていると概観できるだろう。

2 並行して進んできたこと：教員採用構造の変化

さて、このように「学校における働き方改革」に向けた課題意識が醸成され、取り組みが進捗する一方で、教員供給の面ではいわゆる「教師不足」「採用試験の低倍率化」「新採教員の若年化」が構造的に進行してきた。ともすると、先に述べた教員の勤務実態に関する諸調査の結果と関連づけて、学校を「ブラック職場」とする指摘が取り上げられるなかで、そうした教員の職場環境の悪さが教職の人気を低下させ、教員供給の悪化を招いたという認識が持たれがちだが、これは必ずしも正確とは言えない。教育公務員としての定員管理により教員採用が柔軟性を欠くなかで、長期的な採用構造の変動を受けた（あえていえば、採用構造の変動を前に特段の対応をとってこなかった）ことの影響も無視できないのである（川上２０２２）。

図　戦後の公立学校教員の新規採用者数の推移：小中高校別

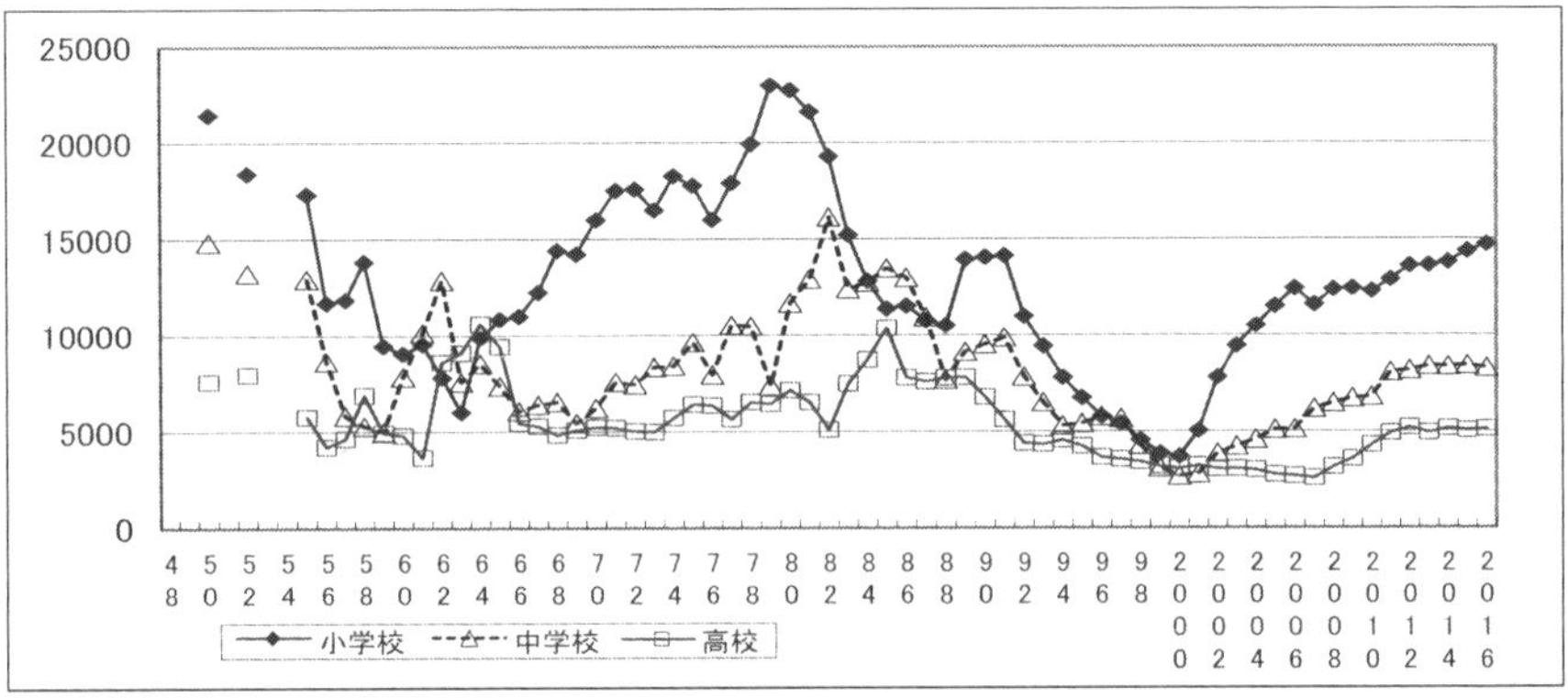

（資料：文部（科学）省「年度末教員の異動の概況」（1964-96 年度まで）、「公立学校教員採用選考試験の実施状況について」（1997 年度以降）いずれも『教育委員会月報』各年12、1 月号。それ以前は文部省『教員需給報告書』各年度）
出典：山崎博敏「戦後における教員需要の変化と国立教員養成学部の対応」広島大学学術情報リポジトリ、2018 年、図 1-1 を引用

まず小・中学校における教員の定数は、法で定められた学級規模をもとに各学校での学級数が算出され、この積み上げを根拠に規定される。さらに公立学校の教職員は教育公務員として公費から人件費が充てられるため、定数を根拠とする予算枠を超える雇用については、各県レベルの調整において厳しく制限される（佐久間・島﨑２０２１）。こうした柔軟性のない採用構造をとるなかで、１９７０年代後半から80年代をピークとする採用拡大の結果、１９９０年代を通じて教員採用数は絞り込まれ、採用者数に占める新規学卒者の比率は低下した。すなわち常勤・非常勤の講師を経験せずに正規採用されることが難しくなり、大学卒業後にそうした非正規雇用の身分で正規採用を待つ層（既卒者プール）が構成され、それが拡大したのである。

その後、２０００年頃を「底」に教員需要は回復し、大量退職による需要増が続くことになるが、その需要に応えたのはこの既卒者プールであった。少子化が進む一方で、特別支援教育については拡大傾向が続いたため、教員需要は予想よりも高止まりが続き、既卒者プールは徐々に縮小し枯渇していった。近年の「教師不足」「採用試験の低倍率化」「新採用教員の若年化」は、そうした動向が顕在化したものと捉えることができる。

この動向は、従来のような「1年間～数年間にわたって講師（非正規雇用）を経験しながら採用試験を複数回受験して、正規採用に至る」という教員の初期キャリアパターンを変えることになった。すなわち、これまでの若年教員は、多くが非正規雇用で教職を経験するなかで「教員の仕事」や「学校の働き方」をなんとなく知るというステップ（予備的な職業社会化）を経て正規採用に至っていたため、よく言えば事前準備のある状態で、悪く言えば非合理・非効率な働き方についても「そういうもの」と納得した状態で初任期を過ごしてきた。しかし近年の大量採用傾向のなかで、多くの若年教員は本来の意味での「新採」として（非正規雇用や社会人経験がないなかで）初任期を過ごすことになった。また、従来型の初期キャリアパターンのなかでは、非正規雇用のうちに教職に対して「合わない」と感じたものは正規採用前に離脱していた（採用試験を受験せず教職から離れていた）のに対し、既卒者プールの枯渇に伴う採用試験の低倍率化の中で、こうしたミスマッチを感じるタイミングは正規採用後となり、離職として顕在化するようになった。

さまざまな地域で、年度当初や年度途中の講師採用が困難を極めていることは、既卒者プールが枯渇した状況にあることを示している。また今後は少子化の進展により、新規大卒者の労働市場自体が縮小を続けることも明確である。そうしたなかで教職が人材確保を進めるうえで、職場環境の改善は不可欠である。「選ばれる」職場をどうつくるか、従来型の働き方で実績を出してきた者にとっては一種の葛藤が見込まれるが、新たな考え方・実践が求められているといえよう。

さらに新採用教員の若年化が進んだことで、結婚・出産・育児といったライフイベントを正規採用後に経験することが一般的になった。従来より、女性教員に対しては結婚・出産後の継続的なキャリア継続を視野に入れた制度整備が行われてきたが（跡部２０２０）、新採用教員の若年化は産前・産後休暇や育児休業の適用拡大を導くため、改めてその真価が問われる場面に直面している。このことは、やや以前から意識されてきた（はずの）介護に伴う勤務スタイルの柔軟化と合わせて、多様な家庭事情を踏まえた働き方を想定する必要性の高まりを意味している。

今後の「学校における働き方改革」の充実は、従来型の「仕事一本」の働き方・生き方を想定しない（もしくは想定できない状況にある）者の職場参入を保証することにつながるほか、これらの事情でキャリアが中断した者の復帰・再活躍を促すことも期待される。上記の「選ばれる」職場環境づくりに向けた実践に加えて、多様な背景のもとでも「続けられる」「戻ってこられる」職場環境づくりが求められているという点も、教員供給構造の変化からは指摘できるのである。

ただし、こうした実践が「美しい成果」をまっすぐには導きえないことも指摘でき、この点は職場改善を考えるうえでの苦しい点である。すなわち、ワークルールの整備をはじめとする職場改善を進めることは望ましいものの、新卒労働市場が全体的に縮小し続けるなかで（他の職種との人材獲得競争に勝って）教員採用試験倍率が劇的に向上するということは予測しがたく、かつての既卒者プールのような教職志望の強い「採用予備群」を再拡張することは難しいと考えられる（教職希望者を不安定雇用に追いやるという面に着目すれば、既卒者プールの拡大自体も望ましい事態とはいえない）。当然、新卒後すぐに初職として正規採用される教員の中には、職業選択のミスマッチが一定程度生じるであろうことも想定しなくてはならない。もちろんマッチングの向上を進めることは重要だが、既卒者プールの中から強い教職志望者を選べたかつての状況と比べると、その成果には限界があると想定される。採用倍率や離職率といった数値は重要な指標ではあるが、それのみを成果とせず、目の前のミクロな動きや「肌感」を大切にしながら、職場改善を進めることが求められるだろう。

3 学校における働き方改革の捉え方：はまりの悪いパズル

これまで「学校における働き方改革」の推進が人材確保のうえでも重要であるものの、「美しい成果」が保証される状況ではないということを示したが、実はその方策についても難しさを抱えている。これまで日本の学校は、学習・学力の保障のみならず、さまざまな役割を「指導」として包摂しながら、言い換えれば学校における「本業」や「あるべき働き方」を絞り込んだり選択したりすることを行わずに、活動の範囲を曖昧に広げ、それが社会的に合意されてきた。

先にあげた「学校・教師が担う業務に係る3分類」などは、こうした状況のなかで業務の範囲を線引きしようとするものであり、改革の実効性を高めるうえでこれを拠り所にしようとする関係者がいる一方で、「自分たちの働き方が勝手に変えられていくこと」「これまでの『いい教師』像とのズレを感じること」といったモヤモヤ（辻・町支・中原2019）も産んでいる。学校における「多忙」の具体的対応策を想定するなかでは、同様の葛藤は常に想定され、実効性と納得感が両立しない「はまりの悪いパズル」のような状況を生んでいる。自治体レベル・学校レベルでのマネジメントに期待がかかる状況だからこそ、こうした「はまりの悪さ」についての理解は重要であるので、次に整理しておきたい。

学校・教員の「多忙」を解決する方法についてはさまざまな提案があるが、依って立つ基本的な考え方としては、大きく3つが想定される。

一つめは、これまでの学校のやり方をそのまま維持することを前提に、それを問題なく実現するだけの資源配分を充実させるべきだ、という考え方である。ここでいう資源配分とは、具体的には超過勤務に見合う賃金の確保であったり、幅広い業務に対応した人員の確保となろう。Ⅱ部3章103頁の分析でいえば、「外部委託否定」群の想定する学校の多忙解消がこれに該当すると考えられ、一定の支持があることがわかる。

この考え方では、従来の仕事の「捉え方」や「やり方」には手を入れず、個々の仕事が必要かどうか、やり方が適切かどうか（効果的か、効率的か）といった判断は曖昧なまま温存されるため、当面の葛藤は生じにくい。ただしこれらの曖昧さを温存することは、従来のやり方を「そういうもの」と捉える者にとっては都合がよい一方で、今後の教員供給を考えると、このあと教職に参入する者に、そうした捉えを求めるのは適切でないとも考えられる。新卒労働市場が縮小することを前提に、より幅広い教職観を許容しながらリクルーティングを進めるのであれば、これまでのような学校の仕事の範囲・方法を「そういうもの」と捉えてはいない者からも人材を得る必要が出てくる。従来の曖昧さを放置することは、指導の効果性や適切性といった点への葛藤についても、対応を先送りすることを意味している。

また資源配分の強化によって問題の解決を図る場合、その資源をどうやって獲得するか、どの程度まで資源獲得を行えば十分なのか、という点が問題になる。教育に関する資源配分の場面として一般的なのは、国レベル・地方レベルそれぞれにおける予算・人材の獲得にかかる議論だが、これまでも財政担当部門との間では常に厳しいやりとりが行われてきた歴史があり、資源配分の維持・拡大は容易でない。こうした状況を前提とすると、よほどの状況変化がない限りは「資源配分の充実」というのが現実的でない、と考える実務者が多いのも事実だろう。また、資源配分の強化を際限なく進めることができない以上、どの程度まで資源獲得をすれば十分かという点を考える必要があるが、このことは結局、諸々の業務について「ここまでは必要（資源獲得すべき）」「ここからは不必要（資源獲得しなくてよい）」という線引きを求めることになる。冒頭に説明したような、仕事の「捉え方」「やり方」に手を入れない、という点とは矛盾が生じてしまうのである。

二つめは、資源に応じた適切な働き方を追求する、言い換えれば賃金水準や人材配置の「適正」水準と仕事の量・質の「適正」水準を一致させようという考え方である。たとえば髙橋（2020・2022）は、教員の勤務に関する法の構成とその成り立ちを精緻に分析し、そのうえで法制度整備（と教員の参画）と司法を通じた教育政策の是正を目指すことを主張するが、これは適正なルールを梃子《てこ》に実効的な変革を目指そうとするものと捉えられる。

この考え方における主たる改革手法としては、勤務時間や賃金の支払い等についての適切なルールの整備と、その厳格な運用が想定される。ルールの整備にあたっては「必要分」とされる業務をまず定義して、それに対応する資源の総量を算出する方法と、資源の総量に基づいて実施可能な業務の総量を算出・定義するという方法が考えられる。そしてルール設定後は、適切な運用を保証する仕組み（ルールを守らせる仕組み）が求められる。ルールを設定したからといって、ただちにそれが守られるわけではないという点は、これまで給特法において「正規の勤務時間を超える勤務」のルールが十分守られてこなかったこと、在校等時間の上限等に関する方針や部活動に関するガイドラインを「どう守らせるか」「どう達成するか」が課題となっていることを見ても明白であろう。

とはいえ、こういったルールの設定と運用を基本に「学校における働き方改革」を進めることは、ある程度の強制力を伴うため、改革「実現」への期待は高まる。この場合の「実現」とは、ルールに対応できるような資源確保が行われる（ルールの設定と運用の厳格化が資源確保に向けた「縛り」として機能する）場合と、資源に合わせて設定された働き方のルールがそのとおりに実行される（たとえば超過勤務の対価たる資金や人材が確保できなければ「支払える分」「準備できる人」に合わせて業務を縮小させる）場合が考えられる。いずれにせよ賃金水準や人材配置の「適正」水準と仕事の量・質の「適正」水準のすり合わせを、強力に進めることが意図される。

このように働き方のルールが厳格に運用できた場合、「やり方」を変える圧力は強く作用するため、これまで「習い性」として定着してきたような（ともすると合理的でない）働き方も含めた旧弊を強制的に打破する、高い実効性が期待される。しかし一方では、こうした圧力が好意的に受け止められない場面も出てくると想定できる。特に資金や人材の確保が不十分に終わった場合は、資源制約に応じた労働・サービスの切り下げを（ルールとして）行うことが求められるが、「やるべき」仕事や「やりたい」仕事を強くイメージしている者は、そこに葛藤を感じると想定される。また「習い性」の打破に際しても、論理的もしくは感情的な納得感を経由せずにルールとして改革圧力がかかるため、同様に葛藤が残る可能性もある。先に述べたような、時短がハラスメント化する事例は、そうした葛藤の具体例の一つであろう。

三つめは、学校における仕事の内容や捉え方、実際の働き方を分析し、指導上・学校運営上の必要性や効果に関する認識という観点から働き方の「適正」を追求するという考え方である。先にあげた辻・町支・中原（2019）は個人の「働き方」に関するデータ等を駆使して関係者が納得して進められる改革手法（働き方を見直すアイデア）のメニューを提示しているほか、片山・寺町・粕谷（2022）は「労働者としての教員」と「専門家としての教員」のバランスをどう保ちながら働き方改善を導くか、研究者と「現場」の共同作業を試みている。また露口（2024）は大規模データを駆使した研究の中で在校等時間や労働負荷の縮減をあくまで「手段」と捉え、教員のウェルビーイング向上に向けた「働きやすさ」「働きがい」に向けた分析・提言を行っている。これらは変革の実効性だけでなく納得感も重視する考え方といえよう。

この考え方のもとでは、児童生徒にとって「必要なこと」や「大切なこと」がどれか、また教員にとって「持続可能性」や「ウェルビーイング」を実現するのはどれか、という観点から業務を選択したり、その実施方法を適正化するといった手法が取られる。先にあげた一つめの考え方（従来の業務を前提に資源を充実させる考え方）に対しては、現実的な資源制約を前に、持続可能性・実現可能性を重視した工夫をするということになるし、二つめの考え方（特に資源制約に合わせて業務を規定するという考え方）に対しては、ルールによる圧力ではなく関係者の合意・納得のもとで「働き方」を変えようとするものともいえる。

追加的な資源確保が容易ではないという環境条件を考えるなかでは、ある種の現実路線ともいえるが、この合意において鍵となるはずの、学校にとって「必要なこと」「大切なこと」の合意が取りにくいことは、本書でもⅡ部3章103頁において示された。大規模調査の分析結果からは、小学校・中学校のいずれにおいても、幅広い業務を「外部委託すべき」と考える層がある一方で、逆にさまざまな業務を「外部委託すべきでない」と考える層もあることが判明した。さらにこれらの中間には、教員が何を「本業」（外部委託すべきではない業務）と捉え、何を「本業ではない」（外部委託すべき業務）と捉えているのかについて明確な線引きがなく、さまざまな業務について「外部委託すべき」と考える教員群と「外部委託すべきでない」と考える教員群が同居している様子が明らかになった。さらにⅠ部35頁の調査結果からは、教員にとって負担感が強くとも「任せたくない」と考える業務が存在すること、また「3分類14業務」として示される業務であっても〈学校の業務だが、必ずしも教師が担う必要のない業務〉〈教師の業務だが、負担軽減が可能な業務〉については「任せたくない」とする意識が一定程度確認された。これらは教員間でも「働き方」に合意を見出すことが難しい状況を示している。

この背景には、学校がさまざまな業務を「指導」として包含し、学校レベル・個々人レベルのそれぞれで幅広い業務の全体像を作り上げてきた（酒井1998）という経緯がある。そうした仕事の「無境界性」（佐藤1997）や、責任範囲が無限定な「献身的教師像」（久冨2012、久冨・長谷川・福島2018）と引き換えに、種々雑多な局面での「指導」を通じて全人格的に児童生徒を捉える活動は、むしろポジティブな評価を受けてきた。「学校における働き方改革」が政策課題となる目下の状況においても、もう一方では「学校が学習指導のみならず、生徒指導の面でも主要な役割を担い、様々な場面を通じて、子供たちの状況を総合的に把握して教師が指導を行うことで、子供たちの知・徳・体を一体で育む」という「日本型学校教育」は、旧弊としてではなく強みとして強調されている。

したがって、こうした学校の「業務」意識の成り立ち（個々判断による取り込みと肥大化）を経て、資源が十分には充足されていない状況に直面すると、学校における「必要な仕事」の総量をめぐっても、また個別業務が「必要かどうか」の判断においても、学校間・個人間での不一致と葛藤が顕在化すると考えられる。教員の雇用環境も変動するなかで、各学校間・教員間での「必要性」の差異をどの程度容認しながら実効性を高めるか、バランスが大切という指摘は「美しい」ものの、具体的な提案・実現局面においてはさまざまな困難がついて回ることが予測されよう。

4 調査結果からいえること

多くの「学校における働き方改革」に関する政策提言や実践は、先にあげた三つの考え方のどれかに寄せながら（もしくは二つ程度のバランスをとりながら）語られている。三つの考え方をいずれも満たすような提言・実践を想定することは難しく、一つもしくは二つに寄せた提言・実践は、残りの面との「はまりの悪さ」をどこかに感じることになる。

現実の「学校における働き方改革」は、そうした「はまりの悪い」構造の中で一応の答えを追求することが求められている。Ⅰ部32頁で取り上げた校長調査の結果は、そうした状況下での難しさをよく示すものであった。すなわち「働き方改革」の手法においては「取り組みやすさ」と「効果感」のジレンマがあり、多くの校長が取り組んでいるとした（関係者間での葛藤が少なく導入が容易である）業務見直しは必ずしも高い効果感を伴っておらず、比較的少数の校長しか取り組めていない（関係者間での葛藤が大きく導入に困難が伴う）業務見直しの方に効果を感じがちであった。

この調査では、少数の校長しか取り組めていない（関係者間での葛藤の大きい）業務見直しが、どのようなプロセスを経て実施されるに至ったかは明らかにしていない。しかし先に紹介したⅡ部３章などの知見は、「あるべき」業務の捉えが幅広い中での業務見直しは、ともすると学校内に葛藤を生み出しやすいことを示している。業務の捉えの多様性に丁寧に向き合いながら、対話やトライ&エラーを繰り返すなどして（手間をかけて）納得感を追求しつつ、葛藤の大きそうな手法を採用するという流れが、効果をあげることにつながると考えられよう。

逆に、こうした納得を図る手法をとらずに実効性ある「学校における働き方改革」に着手する場合は、トップダウンで「あるべき」業務を捉え、それに基づく改善の方向性を示すことになる。管理者（校長）からみた実効性は高いと思われる一方で、そうした定義に合致しない職業観の教員についてはモチベーションの低下が見込まれる。「本務」の認識に近い部分ほど、このギャップの影響力は強いだろう。特に今後の「学校における働き方改革」の重点になることが予測される教育課程（授業時数）の適正化などでは、よりよい（あるべき）指導や学力保障の達成との間に強い葛藤が発生すると考えられる。

今後、職員の多様性を前提に学校におけるカリキュラム・マネジメントやタイム・マネジメントを進める場合は、そうした「本務」の捉え方の多様性を受け止め、それらを包摂するような姿勢のもとでの学校経営が求められる。またその実施においては、個々の教職員への支援（多様性への対応）が成否を左右すると考えられる。こうした高度な学校経営をどう実現するか、今後の検討が求められよう。

　これに関連してわれわれのグループでは、どのような校長のマネジメント行動を受け、どのような業務見直しを受けた教員が、働き方改革の実感として「労働時間削減・生活時間確保」を感じているかについても分析した。その結果は**表**のとおりであり、小学校教員（４３０名）と中学校教員（３２０名）に共通するのは、「個々の教職員への支援」を受けたという教員が「労働時間削減・生活時間確保」の成果を感じるという傾向であった。小学校においては、さらに校長による「組織変革」と「教員業務の負担軽減・支援」にかかる業務の見直しが、成果の実感につながっていた。

　この分析は、個々の教員の実際の労働時間・生活時間に関する量的なデータではなく、それらに関する実感を取り扱っている。したがってこの結果は、実際の労働「時間」削減・生活「時間」確保に直結するマネジメント行動や業務見直しとも解釈できるし、教員の「実感」を引き出すためのマネジメント行動や業務見直しとも解釈できる。しかしいずれにせよ、これまであげたように多様な「本務」の捉え方をする職員集団

表　働き方改革の進展として、労働時間削減・生活時間確保を感じる教員

	小学校			中学校		
	Coef.		S.E.	Coef.		S.E.
校長のマネジメント行動						
組織変革	.118	*	.052	.015		.065
個々の教職員への支援	.095	*	.047	.227	**	.073
業務の見直しの実施状況						
勤務時間・日数の削減	-.070		.050	.007		.058
学校組織の運営体制の見直し	.025		.035	-.046		.042
部活動指導の見直し				.131		.144
教員業務の負担軽減・支援	.109	*	.051	.051		.050
授業外・学校外活動の見直し	-.051		.042	-.054		.049
定数項	.185		.152	.028		.303
R２乗	.049			.049		
N（教員）	430			320		
N（学校）	70			41		

注：***p<.001、**p<.01、*p<.05、＋p<.10。
S.E.には学校を単位としたクラスターロバスト標準誤差を使用。

によって学校が構成されているなかでは、学校種を問わず個別的な支援が働き方改革の実効性や実感に向けて重要な要素となることを示す結果となっている。

またこの結果が意味するもう一つのポイントは、そうしたマネジメント行動が個々の教員に「伝わる」ことの重要性である。この調査自体が教員を対象に実施されている（校長を対象に実施しているわけではない）ため、より厳密にはマネジメント行動が認識できた（伝わった）教員が労働時間削減・生活時間確保を実感している、という解釈になる。「黙っていても良いマネジメントは自然と伝わる」という姿勢ではなく「取り組んでいることやマネジメントの重点を積極的に伝える」ことも、教員の行動変容や改革・改善の実感に向けて重要であることを示唆しているのである。

もちろん現状における資源（資金や人材）の配分状況を当然とせず、さらなる充実を求めることも重要であるが、広く社会がそうした資源の追加配分を支持するには、その使い道が適切であると理解される必要がある。たとえば今般の答申では、学校におけるマネジメント層の教員（主幹教諭等）の配置を手厚くすることも提言されたが、そうした中間マネジメント層の教員をどう活用するか、有効な方法についての検討が求められよう。これまで主幹教諭等については、新たな職としての活用が十分できていたか（単なる員数の増加として受け止めてはこなかったか）、導入によって学校運営のフローが良くなったか（活性化したか／効率化したか／高度化したか）という観点を厳しく見直し、人材活用に向けたルールの設定と運用改善が求められるだろう。

誰もが「学校における働き方改革」を必要と感じながら、その内容、方法、効果の捉え方はさまざまであり、半ばマジックワード化している。したがって当面はその実践にあたって、程度の違いこそあれど、学校や教育委員会の単位で葛藤を感じる場面を避けることは難しい。先にあげた三つの基本的な捉え方を俯瞰しつつ、「きれいな答え」や「きれいな成果」が導けるわけではないという覚悟（一種の「割り切り」や「諦め」）のもと、日々の実践を通じた微調整の繰り返しが期待される。そして各学校がそうした不安定さのなかで学校経営を行わざるを得ない以上、この状況を支える構造も求められる。それは教育行政による（資源配分の強化も含めた）種々の学校支援かもしれないし、学校（管理職）によるネットワークや学び・情報収集かもしれない。教員供給構造が大きく変化する現在は、これらの成果を数値として捉えることが難しい状況でもある。そうしたなかでの「ぶれない」方向性と、具体的な手法における「試行錯誤」の両立が求められているといえよう。

5　Ⅲ部の事例を読み取るうえで

今次答申について指摘したとおり、「学校における働き方改革」の進め方は一律の政策をとにかく当てはめる、というモデルから（再び）各学校の自律的な改善を教育委員会等が支援するというモデルに変化しようとしている。このなかでは改めて各地域・学校におけるマネジメントが問われることになる。

この際に求められるのが、関係者が直面するであろう葛藤との向き合いである。ともすると従前は、学校や教職員の「自律性の重視」とか、その背景にある「学校ごとの特殊性」という語は、「働き方」に関する対応を放置する方向に機能してきた。さらに言えば、そもそも教職自体が、職場の労務管理が典型として想定する働き方、すなわち上司の指示のもとで定型的な労働や定量的な把握が可能な労働に従事する、というモデルに「はまらない」面を内包している。このことは組織的な管理とは独立した専門家としての立ち位置のもと、一定の裁量を持って働きたい（働くべき）という志向や規範とも親和的であり、互いの仕事の「やり方」については口を挟まないという職場文化を産んできた。この点は専門職としての自律的な働き方とポジティブに称することもできれば、個業化・分断化された働き方とネガティブに称することもできる。

ともあれ、こうした規範や慣習のもと、教員は標準職務表のような形で仕事内容が規定されることもないまま、個々の教員の職業観や「本務」意識と、その積み重ねで作られた学校・地域ごとの慣習に応じて「働き方」像を多様化させてきた（言い方を換えれば、ばらつきと不統一を生み出してきた）。このようにして、そもそも職場レベルでの労務管理が機能しにくいなかで、業務の総量自体が肥大化する傾向も抑制できないという状況が進んだといえる。

Ⅲ部で取り扱う2事例（国立大学附属学校と私立学校における取り組み）は、そうした状況に対応しながら「学校における働き方改革」を進めた事例であるが、これらは「解答」というよりも「ヒント集」としての読み方が適切であろう。両ケースに共通するのは、学校として「働き方」に課題意識を持ちつつも、関係者の持つ多様な職業観や「本務」意識ゆえに手をつけにくいなかで状況が悪化し、ある時点の事件（外圧）を契機にシビアな労務管理の改善が求められるようになったという経緯である。したがってそれぞれの組織の「働き方改革」を企画立案・実施するプロセスにおいては、各関係者の意識や行動との緊張関係があり、これと向き合いながらの進捗が求められていた。

両ケースでは、教員として、もしくは個々の労働として何を大事にしたいかという点と、「わが校」

では何を大事にしたいかという点の間で、どのようにして最適解を求めようとしてきたか（求めようとしているのか）という経過が描かれている。やむを得ない事情を背景に、強いルールの導入による改革を進めて効果を導き出している点でも、また、その過程においてさまざまな葛藤が生じているという点にも共通点が見られる。そして、いずれにおいても、強いルールを運用する際に生じる葛藤に対しては、個別的な支援が行われている。具体的には、どの業務が時間外勤務手当の対象となるかという判断を行う場面や、個々の教員に勤務時間の計画・管理を促す場面では丁寧な支援と調整が行われており、管理者には新たなマネジメント業務が発生していた。このように、新たな制度運用のためのコストを引き受けることは、関係者の納得感を高めるうえでも重要であり、実践上の重要なヒントを示している。

このあとの両ケースを読み取るうえで、採用されたさまざまな「解」の情報をそのまま引き取り、わが身（自分の考える「働き方」）との照合・比較を図ることはもちろん大切だが、どのようにしてその「解」を導き出そうとしているのか、というプロセスの理解にも大きな価値がある。万能な「解」を得にくい状況が前提となるからこそ、ヒントを探る読み方も提案しておきたい。

「学校における働き方改革」を進めるうえでは、必要最小限のスタッフが各自目いっぱい働くという仕事観からの脱却が求められる。両ケースでは、いわゆる「バックヤード」にあたる部分の運用改善を通じて、教員が安心して働ける仕組みをつくること、教員とその家族のプライベートを充実させること、生徒主体の教育環境を構築することといった方向性が目指されている。先にあげた「解」について、仕事の縮減・圧縮を目的とするのではなく、それを介して何を達成したいか（働き方改革を、何のための手段とするか）という点においても、ヒントを探る読み方を提案したい。

【参考文献】

・跡部千慧（２０２０）『戦後女性教員史』六花出版
・片山悠樹・寺町晋哉・粕谷圭佑編著（２０２３）『現場から変える！教師の働き方―できることから始めるローカルな学校改革』大月書店
・川上泰彦（２０２２）「教員供給構造の変化―『令和の日本型学校教育』を支えることはできるのか」（『教育制度学研究』第29号、37～53頁）
・神林寿幸（２０１７）『公立小・中学校教員の業務負担』大学教育出版
・久冨善之（２０１２）「学校・教師と親の〈教育と責任〉をめぐる関係構成」（『教育社会学研究』第90集、43～64頁）
・久冨善之・長谷川裕・福島裕敏（２０１８）『教師の責任と教職倫理』勁草書房
・酒井朗（１９９８）「多忙問題をめぐる教師文化の今日的様相」（志水宏吉編『教育のエスノグラフィー』嵯峨野書院、２２３～２４８頁）
・佐久間亜紀・島﨑直人（２０２１）「公立小中学校における教職員未配置の実態とその要因に関する実証的研究」（『教育学研究』第88巻４号、５５８～５７２頁）
・佐藤学（１９９７）『教師というアポリア』世織書房
・髙橋哲（２０２０）「教職員の『多忙化』をめぐる法的要因分析―給特法の法構造にみる諸問題」（雪丸武彦・石井拓児編著『教職員の多忙化と教育行政―問題の構造と働き方改革に向けた展望』福村出版、12～29頁）
・髙橋哲（２０２２）『聖職と労働のあいだ―「教員の働き方改革」への法理論』岩波書店
・辻和洋・町支大祐編著、中原淳監修（２０１９）『データから考える教師の働き方入門』毎日新聞出版
・露口健司（２０２４）『教員のウェルビーイングを高める学校の「働きやすさ・働きがい」改革』教育開発研究所
・山崎博敏（２０１８）「戦後における教員需要の変化と国立教員養成学部の対応」広島大学学術情報リポジトリ

2章 国立大学の附属学校での取り組み
――労働基準法下の勤務法制と取り組みの実際、課題

雪丸武彦

２００３年７月に国立大学法人法等関係６法が成立し、10月に施行され、２００４年４月より国立大学は国立大学法人によって設置されることとなった。このいわゆる国立大学改革により国立学校の教員への公務員関係法令の適用除外がなされ、公務員としての身分が失われることになった。そして、同時に国立学校の教員には一般労働者と使用者の間のルールを定める労働関係法令が全般的に適用されることとなった。この適用は、国立大学あるいはその教育学部に附属される学校（以下、附属学校）の教員も例外ではなかった。

従来、附属学校と公立学校の教員にはその勤務の特殊性が認められ、一般労働者とは異なる特別な扱いがなされていた。すなわち「国立及び公立の義務教育諸学校等の教育職員の給与等に関する特別措置法」（以下、旧給特法）により時間外勤務手当の不払いと教職調整額４％の支給が認められていたのである。しかし、国立大学改革はこの法律の改正をもたらし、附属学校の教員を除外させることとなった。

こうして日本では現給特法である「公立の義務教育諸学校等の教育職員の給与等に関する特別措置法」（以下、現給特法）が適用される公立学校教員と、一般労働者と同じく労働関係法令の適用を受ける附属学校、私立学校教員の二者が存在することとなった。

本章が扱うのは一般労働者と同一の扱いを受けるようになった附属学校の教員の労務管理である。附属学校は地域によって不夜城とも呼ばれ、長時間労働が自明視されていた。上記の勤務法制の変化はそのような従来の過酷な働き方に大幅な変化を求めるものであり、そこに公立学校の学校管理職、教員が参考にできるヒントがあると考えられよう。そこで、本章ではまず公立学校の教員と附属学校の教員に対する適用法令の違いを示し、これに関連して近年クローズアップされた附属学校の「残業代未払い問題」について触れる。そして附属学校の労務管理の具体的な事例としてA大学教育学部附属小学校での実際と課題について明らかにし、最後に公立学校の学校管理職、教員が参考にできるヒントについてまとめる。

1 附属学校教員に適用される労働関係法令と実態

既述のとおり、国立大学の法人化後に附属学校の教員に公務員関係法令が適用されなくなった。この点、労務管理に関してどのような変化があったか見ていきたい。

国立大学法人法等関係6法のうちの1つに「国立大学法人法等の施行に伴う関係法律の整備等に関する法律」（2003年公布、2004年施行）がある。この法律はその名のとおり国立大学改革に伴い修正を要する法律の改正を規定したものである。これらのうち附属学校の教員の労務管理に影響を与えたのが旧給特法の改正である。

もともとこの法律では国立の義務教育諸学校等の教員の4％の教職調整額の支給が規定され（旧3条1項）、公立学校の教員については「国立の義務教育諸学校等の教育職員の給与に関する事項を基準として教職調整額の支給その他の措置を講じなければならない」（旧8条）としていた。また、「国立の義務教育諸学校等の教育職員（中略）については、給与法第16条及び第17条の規定は、適用しない」（旧3条3項）とされ、「一般職の職員の給与に関する法律」に定める超過勤務手当や休日給の規定の適用除外が規定された。教育職員に時間外勤務を命ずる場合については別途「教育職員に対し時間外勤務を命ずる場合に関する規程」に定められ、3条（時間外勤務に関する基本的態度）において「正規の勤務時間の割振りを適正に行い、原則として時間外勤務は命じない」こととしたうえで、時間外勤務を命ずる場合は、①生徒の実習、②学校行事、③学生の教育実習の指導、④教職員会議、⑤非常災害等やむを得ない場合の5項目のいずれかに該当し、かつ「臨時又は緊急にやむを得ない必要があるときに限る」（4条）としていた。

旧給特法の改正によってなされたのはまず法律名の改題であり（「公立の義務教育諸学校等の教育職員の給与等に関する特別措置法」）、これにより公立学校教員を対象とする法律であることの明確化がなされた。時間外勤務に関しては「公立の義務教育諸学校等の教育職員を正規の勤務時間を超えて勤務させる場合等の基準を定める政令」が制定され、この際上記規程にあった5項目のうち「学生の教育実習の指導に関する業務」がなくなり、①校外実習その他生徒の実習、②修学旅行その他学校の行事、③職員会議、④非常災害の場合、児童又は生徒の指導に関し緊急の措置を必要とする場合その他やむを得ない場合、のいわゆる超勤４項目が定められた。

そして、この改正により附属学校の教員は現給特法の対象外となり、かつて適用された諸規定が消失すると同時に、労働関係法令の適用を受けるようになった。ここで改めて労働基準法（以下、労基法）の内容を確認しておきたい。同法では、労働時間の1週間当たりの上限を40時間、1日の上限を8時間としている（32条）。労働時間が6時間を超える場合少なくとも45分間、8時間を超える場合1時間の休憩を与えなければならず（34条）、毎週少なくとも1回の休日を与えなければならない（35条）。時間外労働や休日労働をさせた場合「6箇月以下の懲役又は30万円以下の罰金」に処せられる（119条1号）。

このような原則の例外として時間外労働や休日労働を可能とする手段が2つある。1つは労基法36条に基づく協定（36協定）の締結である。使用者は労働者の過半数で組織する労働組合あるいは過半数代表と協定を締結し、行政官庁に届け出ることで、労働時間を延長し、休日に労働させることができる。もう1つが33条1項の「災害その他避けることのできない事由によつて、臨時の必要がある場合」である。これらにより労働者に労働をさせた場合、使用者は割増賃金を支給しなければならず（37条）、その額は通常の賃金を2割5分以上の率で計算したものとなる。そしてこれらに違反があったときはやはり「6箇月以下の懲役又は30万円以下の罰金」に処せられる（119条1号）。

上記の労働条件や安全衛生を守らせるために厚生労働省の出先機関として労働基準監督署が置かれ、専門職員である労働基準監督官が「事業場、寄宿舎その他の附属建設物に臨検し、帳簿及び書類の提出を求め、又は使用者若しくは労働者に対して尋問を行う」（101条1項）ことになっている。そして労働条件や安全衛生に関する違反あるいは課題が発見されたとき是正勧告、指導がなされ、これに従わない場合書類送検されることもある。

以上のように附属学校の教員の労務管理のベースが旧給特法から労基法に移行したことは非常に大きな意味をもつ。この点、かつて附属学校の教員が旧給特法の対象であったことに改めて注目する必要がある。旧給特法が制定される際に人事院が作成した「義務教育諸学校等の教諭等に対する教職調整額の支給等に関する法律の制定についての意見の申出に関する説明」（昭和46年2月8日）では、「教員の勤務時間については、教育が特に教員の自発性、創造性に基づく勤務に期待する面が大きいことおよび夏休みのように長期の学校休業期間があること等を考慮すると、その勤務のすべてにわたつて一般の行政事務に従事する職員と同様な時間的管理を行なうことは必ずしも適当でなく、とりわけ超過勤務手当制度は教員にはなじまない」（傍線筆者）としていた。つまり「教員の自発性、創造性」の存在が教育にとって重要であり、かつ教員の労務管理上の大いなる課題であると認識されていたのである。旧給特法ではその解決の難しさゆえ課題を棚上げし、教職調整額という形で決着を図った。

国立大学改革にあたっては、いかにこの「教員の自発性、創造性」のコントロールをできるのかが使用者側に問われていたと言ってよい。しかし、残念ながら多くの大学において労務管理の失敗が見られた。そこで発生したのが後述の残業代未払い問題である。

2 労務管理に失敗すると何が起こるのか
——残業代未払い問題

附属学校の教員は給特法の世界から労基法の世界に身を置くことになった。この変化は労務管理に相当の注意を払うべきことを意味したが、勤務の実態という面では課題を残し続けていた。たとえば日本教育大学協会附属学校委員会「国立大学・学部の附属学校園に関する調査～第2期中期目標・中期計画に基づく改革の実態と課題、今後の附属学校園の展望～」（2011年3月）では、「法人化して6年、貴附属学校園教員の勤務や雇用に関する問題で、今後改善や対策の必要性がありますか」という問いに対して54大学中51大学が「はい」と答え、「改善や対策が必要と考えること」（複数回答可）として**図**のグラフの結果となっている。附属学校園の85%超が「超過勤務」を、65%超が「教員の研修やキャリアアップ」を課題として認識していることがわかる。

　このように引き続く問題を積み残した結果として近年発生したのが残業代未払い問題であり、労務管理に失敗した場合

図

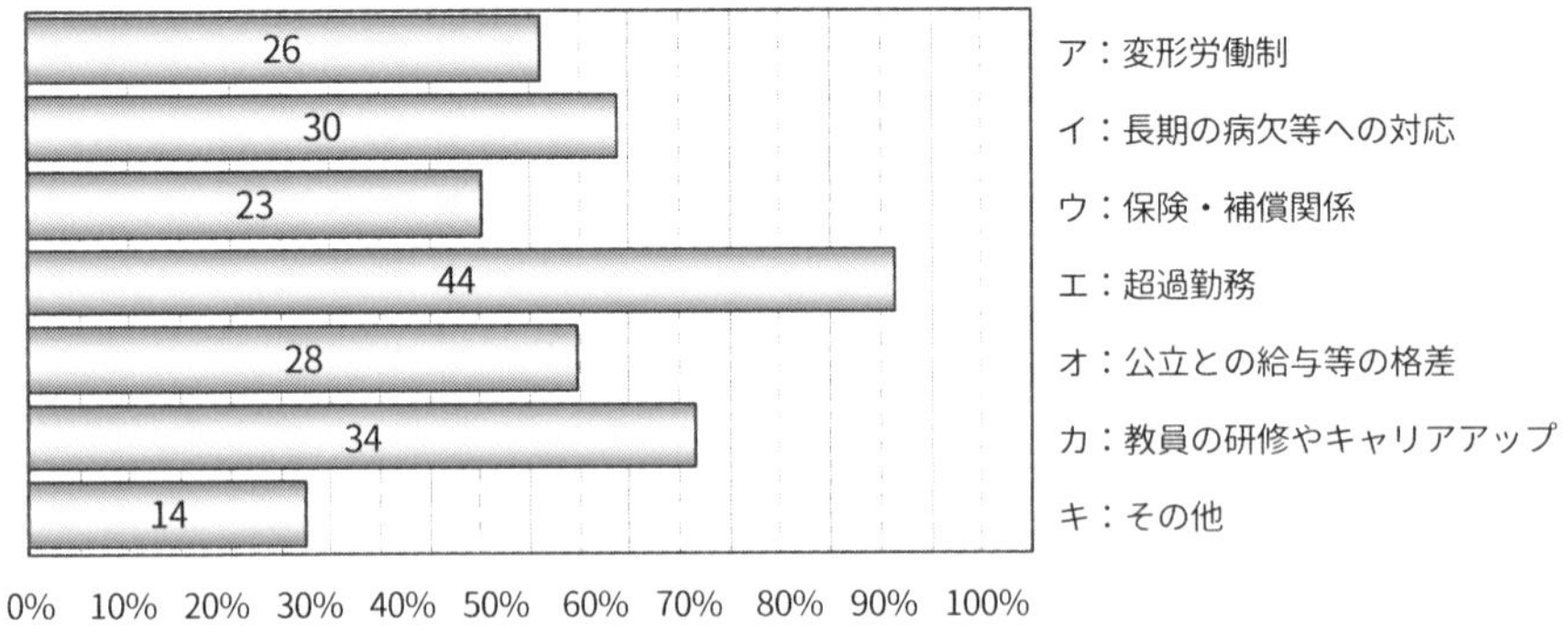

出典：日本教育大学協会附属学校委員会「国立大学・学部の附属学校園に関する調査～第2期中期目標・中期計画に基づく改革の実態と課題、今後の附属学校園の展望～」（2011年3月）84頁より引用

に何が起こるのかを端的に示す好例となっている。文部科学省は２０２１年12月から２０２２年１月の間に附属学校を設置する55国立大学法人に対して調査を実施し、２０２２年２月22日に結果を公表している*1。調査項目は、⑴労働基準監督署からの是正勧告や指導に関する調査、⑵附属学校における労務管理に関する調査、の２つからなる。以下、この調査の結果を概観しよう。

⑴の調査の結果判明したことは、法人化後に55法人中24法人（44％）が是正勧告や指導を受け、対象校は２５３校中66校（26％）に及んだことであった。その主な内容は、労基法32条、37条のほか１０８条違反（賃金台帳が適切に調製、記入されていない）であった。そして割増賃金の遡及支給の内容は24法人合計で２９５２人、15億５５７８万円にのぼった*2。単純な割り算で１人あたり52万円を超えている。

なお、留意したいことは遡及支給の時効は２０２０年４月１日まで２年間、４月１日以降は３年間であり*3、したがって、法人化後に本来支払うべきであった割増賃金を厳密に計上した場合、上記金額を容易に超える額であったということである。たとえば２０１９年に是正勧告を受けた高知大学の場合、法人化以降の未払いの期間が15年10ヵ月あったものの、支払いは２年５ヵ月分（時効を迎えていない２

＊１　文部科学省ＨＰ：https://www.mext.go.jp/a_menu/koutou/houjin/1403895_00008.htm（２０２４年６月10日最終確認）。

＊２　回答日時点で筑波大学、三重大学は改善対応中であり、対応済み分のみ計上されている。

＊３　労基法１１５条では「賃金の請求権はこれを行使することができる時から５年間」となっているが、経過措置として、当分の間「退職手当の請求権はこれを行使することができる時から５年間、この法律の規定による賃金（退職手当を除く。）の請求権はこれを行使することができる時から３年間」（１４３条）としている。

年間と給与規則改定にかかった5ヵ月）であった。この分だけでも3億円以上となったという[*4]。また、2021年に是正勧告を受けた三重大学の場合も、2019年まで遡ることとなり、教諭78名に1億5900万円が支払われた[*5]。

次に、⑵の調査では55法人が全て36協定を締結していること、被用者の労働時間を適正に把握していることがわかった。一方、割増賃金の支給方法の不適切な法人が5法人（9%）存在した。これら法人では教員に対して「教職調整額」等として一定額を支給するものの、時間外労働や休日労働による手当相当額が「教職調整額」等を超える場合もその超過分を支給していなかった。

なぜこのような未払いが生まれたのであろうか。上記の高知大学の記事によれば、大学の担当者は「教員は県教育委員会からの人事交流が多く、公務員の規定を適用するべきだと考えていた」という[*6]。また、共同通信のアンケートによれば9法人が「法人化後も給特法が適用されると誤認していた」という[*7]。人事交流により附属学校に配属された教員への適用法令に関する誤認、またその誤認に基づく内部規則の未改正が法人の不支給の背後にあったと言えよう。

なお、上記の文部科学省の調査後にも是正勧告がなされており[*8]、また割増賃金の未払いの報道がなされている[*9]。労基法に違反する附属学校の時間外労働や休日労働は見逃される状況ではなくなっている。

以上のように、公立学校と附属学校とで教育という本業が大きく変わるわけではないが、教員に適用される法令の違いによって支払われるべき賃金に大きな違いが出る。労基法の世界に位置づく附属学校の場合、働いた分は支給されることが自明となり、労務管理を徹底せねば支給額は必然的に大きくなる。

この点で附属学校はまさしく働き方改革に迫られていると言えるだろう。それでは具体的にどのような働き方改革を行い、労務管理を行っているのであろうか。A大学教育学部附属小学校の事例を見てみよう。

＊4　2020年7月23日付け朝日新聞記事「残業代15年未払い、高知大に是正勧告　3億円超支給へ」、朝日新聞HP：https://www.asahi.com/articles/ASN7R5V04N7RPTLC01L.html（2024年6月10日最終確認）。

＊5　文部科学省HP：https://www.mext.go.jp/content/20220318-mxt_sigakugy-000013768_10.pdf（2024年6月10日最終確認）。

＊6　なお、日本教育大学協会附属学校委員会「国立大学・学部の附属学校園に関する調査～附属学校園の実態と課題、今後の附属学校園の展望～」（2016年3月）によれば、附属学校園をもつ54大学のうち51大学が都道府県・政令市との人事交流を行っており、また31大学が大学の独自採用を行っている（60頁）。

＊7　2021年12月6日付け山陰中央新報記事「教員残業未払い8・7億円　鳥取大など18法人に勧告　国立大付属校」、山陰中央新報HP：https://www.sanin-chuo.co.jp/articles/-/131467（2024年6月10日最終確認）。

＊8　鳥取大学では2022年10月に立入調査が行われ、是正勧告書および指導票が交付された。附属学校園教職員68名に対し6000万円が支払われている。2023年3月17日付け鳥取大学HP「労働基準監督署による是正勧告等への対応について」：https://www.tottori-u.ac.jp/news/20568.html（2024年6月10日最終確認）。

＊9　2023年3月29日付け神戸新聞記事「兵教大、付属校教員54人の残業代未払い　労基署が是正勧告」、神戸新聞HP：https://www.kobe-np.co.jp/news/sougou/202303/0016190293.shtml（2024年6月10日最終確認）。

3 A大学教育学部附属小学校の事例——業務削減、組織改編、労務管理

A大学教育学部附属小学校は教育学部に附属する4校園の1つであり、2023年度、児童数約600人、学級数18学級、教員数26人である。同校は本章冒頭に述べたように不夜城と呼ばれ、その長時間労働が問題視されていた。しかし「スクラップ&スリム」を掲げ働き方改革を行った結果、大幅な改善を示した*10。以下、同校の働き方改革や労務管理の実際と課題について、筆者らが2022年3月22日に同校にて行った校長、教頭、主幹教諭、指導教諭、研究主任対象のグループインタビューの記録のほか公表されている資料に基づき紹介する。

(1) 契機

同校は2015年に働き方改革をスタートさせた。その契機は附属学校内部と外部の双方にある。まず内部の契機として、早朝から深夜までの長時間労働、長時間の職員会議、研修、たくさんの学校行事や土日・祝日勤務により教員が疲弊していたことがあげられる。業務量の多さゆえ業務の精査を行う時間もなく、前例踏襲に陥っていた。そして、同校ならではの慣習として、勤務年数の長い教員が短い教員に指導する仕組み（年次制）、公立学校の参考になりづらい独自の校内研修、厚い研究紀要の発行などがあり、それらに教員は長時間拘束されていた。さらに、附属学校には県の民間教育研究団体事務局が6つも置かれ、本来業務以外の仕事も担っていた。このように「教員の自発性、創造性」が発揮されるあまり見直しをする時間もなく、結果として自らの首を絞める状況が生まれていたと言えよう。県下

では長時間労働の噂が広がり、魅力的ではない附属学校への配属希望は非常に少なくなった。大学と県教育委員会との間での人事交流は停滞し、存続することが困難になろうとしていた。

次に外部の契機として2つある。1つは国立大学改革による勤務法制の変化を受け法令遵守の観点から長時間労働をやめる必要があったことである。ただし、このことは認識されつつも附属学校の伝統の前に積極的な改革に至らなかった。それが可能になったのはもう1つの契機としてA大学がその中期計画において地域密着型の大学を目指すこととしたことである。それ以降大学と県教育委員会とが協議を重ね、附属学校の存在意義を地域のモデル校と定めて学校改革を実施することになった。

2014年に両者の間で取り決められた「附属刷新プラン～教育を取り巻く環境変化に対応していくために～」では、「1．グローバル人材を育成します。～原則3年後には各市町村で活躍できる英語教育の中核人材の育成～」、「2．やりがいのある職場環境に変えます。」、「3．県及び市町村教委との行動連携を強化します。」の3点の方針が掲げられ、2点目のやりがいのある職場環境については、①学校現場で必要とされ、日常の教育実践に生かされる実証研究の実施、②年次制の徹底見直し、③適正な勤務時間の徹底、が示されている。その後の改革はこの方針に基づき実施されている。

＊10　なお、その改革は2020年に文部科学大臣優秀教職員表彰（組織部門）を受けている。

(2) 業務削減と組織改編

２０１５年以降、附属学校が取り組んだのは業務削減である。その際に設けられた観点は①子どもの肉体的、精神的負担軽減、②年間の授業時数内でできる活動、③法令上守るべき内容、④教員の超過勤務軽減、⑤教員の負担軽減及び子どもと過ごす時間の確保、⑥教員の精神的負担軽減及び人材育成、⑦ＰＴＡ活動の精選、であった。これらの観点の優れている点は業務削減の方向性と基準とを明確にしていることである。公立学校においても参照可能なものと言えよう。

附属学校では上記の観点を通じ既述の慣習的な取り組みを含めゼロベースで50項目以上の業務を見直すことになった。７時15分以前の登庁禁止、18時45分完全退庁、上日出勤禁止を掲げ、たとえば宿泊体験を２泊３日から１泊２日に、修学旅行を３泊から２泊にする、毎週の委員会活動を月１回にするなど頻度の見直し、提案文書の１ペーパー化、家庭訪問廃止、厚い研究紀要はつくらない、年次制の廃止、民間教育研究団体事務局の辞退などである。なお、このような見直しは２０２２年度でも継続されており、通知表の所見を年１回にする（職員１人あたり削減時間年間23・７時間）、学年通信を月２回から月１回とするなど配布文書の電子化・印刷物の消滅（同年間２・５時間）、教育課程の電子化（同年間６時間）など、合理化、効率化がさらに進められている。

また、業務削減を実現でき、かつ学校組織における意思決定の時間的コストを削減するよう学校組織を大きくつくり変えた。第一に、従来は多くの附属学校のように校長を大学教員が務め、副校長を公立学校の管理職経験者が担当していた。この管理職の体制は意思決定上の円滑さに欠ける。それゆえ県教育委員会との協議により校長は県下の公立学校の管理職が担うこととした。

第二に、教職員を長時間拘束していた職員会議を廃止し、毎日開催される経営会議（校長、教頭、主幹教諭、指導教諭）や月2回の運営委員会（校長、教頭、主幹教諭、指導教諭、各種主任）が意思決定を行うこととした。この点に関するインタビューでは、職員会議で延々と前年度振り返りを行っているような大規模校では、その廃止は非常に効果的であろうとの指摘がなされている。

第三に、校長、教頭のもとに管理部統括の主幹教諭、指導部統括の指導教諭を置き、教頭の業務を整理したうえで分担することとした。また主幹教諭、指導教諭、教務主任、研究主任は授業を担当せず、各職に与えられた職務に専念する体制がつくられた。経営の機能と指導の機能を整理し、組織化したと言えるだろう。

第四に、ボトムアップの仕組みである。教育活動の共有のために置かれた学年主任会では日々の悩みや教育活動をよりよくしたいとの思いの共有がなされる。その中で生まれた意見は総括学年主任を通じて経営会議に出され、同会議で判断がなされることとなった。また、管理職以外の教員が参加する年3回の拡大学年主任会で教員の意見を提案書にまとめることになった。この提案の際には管理職が何をするかだけではなく教員が何をするかを記載することになっている。これについてインタビューでは「さらなる働き方改革のため資質向上の視点は外さない。要望のみならず自分たちもこうやらないといけない。ワンセット」であると語られている。

上述の取り組みを簡潔に整理するならば、①子ども、教員の過剰負担となる業務の圧縮・廃止、②上限の設定とその枠内での業務遂行、③組織内の権限関係の明確化とコミュニケーションコストの減少、④マネジメント層による新規業務の可否判断、の4点にまとめられる。教員の考え方、動き方に焦点が当てられ「教員の自発性、創造性」のコントロールが行われていると言えよう。なお、同校の2021年度実績では時間外勤務の月平均時間は30時間未満となっている。

ところで、上記のような業務削減や組織改編を進める際には相当な反発があったという。インタビューでは「3割の賛同者をつけて強烈に進めていった」、「軋轢、困難があったが血のにじむ思いで」との発言が聞かれた。学校管理職がビジョンを繰り返し示し、賛同者を徐々に増やし、上記の改革が実現していったという。並々ならぬ学校管理職の思いと実行力がなければ実現できなかったと言えよう。インタビューでは「当時の方々に本当に感謝している」との思いが述べられている。

(3) 附属学校の労務管理と課題

附属学校の労働時間は8時15分~17時を基本としており、タイムカードによる把握がなされている。この時間を超える労働、すなわち時間外勤務の手当の対象となる業務は、①緊急の園児、児童又は生徒及び保護者対応、②修学旅行、林間・臨海学校等において引率して行う指導業務、③対外運動競技等において引率して行う業務、④学校の安心・安全に関する業務、⑤入学選考に関する業務、⑥教育実習生の受け入れ及び指導業務、⑦公開研究会、公開授業及び校内研修に関する業務、⑧その他管理職が必要と認める業務、となっており、これらは大学人事課と附属学校との間での協議を通じて決められたものである。そして、時間外勤務の上限は月45時間、年間320時間までとして労使協定が結ばれている。インタビューにおいて教頭からは「これは認めてこれは認められない」とする線引きは難しく、「先生方が無駄な仕事をしているとは思わない」との発言があった。実際の運用としては割り切りながら管理をせざるを得ないのであるが、教職の性質上常につきまとう問題であり、かつ頭を悩ませる問題と言えよう。

時間外勤務にあたっては教員が大学のシステムを用いた申請を行うことになるが、その際の管理を担う附属学校の教頭には大きな負担があることが課題として指摘された。教頭は申請、実施、報告の各段階にわたりチェックを行う「三重苦」がある。これについてたとえば県の仕組みでは本人が時間外勤務を短く申請してしまった場合には本人に指導をしたうえで管理職側で修正をすることが可能であるが、A大学ではシステムの仕様として管理職側が手を加えることができない。このため余計にコミュニケーションコストが必要となってしまう。インタビューでは管理を行える上限について「多くとも10人」との指摘がなされた。これらの問題はシステムの仕様の問題であり、管理職、教員の慣れの問題でもあろうが、しかし労務管理の業務量を増やすことは間違いなく、仮に現給特法が廃止され時間外勤務手当の業務が加わるならば管理職の負担は相当に重くなることが予想される。

ところで附属学校では大学の方針により一年単位の変形労働時間制が導入されている。周知のとおり同制度は端的には過剰な労働時間を振り替えて休暇にできる仕組みであり、最大限活用して5日間程度の休暇を確保することができる（詳細は、本書I部3⑷①を参照）。附属学校では8時15分~18時までの勤務、また7時15分~17時までの勤務とし、後ろの1時間あるいは前の1時間を活用する運用としている。

この制度について附属学校では大学人事課に対しやめたいとの申し出を行ったことがあるという。インタビューでは「大きなポイントは超過勤務手当が出ているか出ていないか」と語られている。すなわち、業務削減、組織改編によって過剰な労働時間が少なくなる中において、時間外勤務手当として割増賃金が出される時間を休暇の時間として充てる必要性がない。このため「変形労働があってもなくても勤務管理上問題にならない」のである。なお、上述の7時15分からの勤務とする運用は、この制度を最大限活用するために新規に編み出された工夫であり、運動会などの行事において朝早く職員が勤務を開始することを想定している。

附属学校では以上の労働時間の管理を行っているが、その他の大きな特徴として教員が休暇を取りやすくなる仕組みをつくっている。公立学校の場合、教科の進度の遅れが生まれることを懸念し休暇の取得をしにくいことが指摘される。また、担任不在の学級に教頭が入ることで教頭に対する負担が大きくなるとも言われる。これに対し、附属学校では既述のとおり授業を担当しない教員（主幹教諭、指導教諭、教務主任、研究主任）がおり、担任不在の学級にこれら教員が入ることになっている。そしてこれら教員に対しては各学級の授業の進度の情報共有がなされており、どの学級にも容易に入れるようになっている。インタビューでは「誰が入るかがシステム化されており計画年休がとりやすく、安心感がある」との声が聞かれた。経営と指導の機能を整理した附属学校の組織改編は、業務削減、長時間労働の抑止という面だけではなく、教科の進度の情報共有を通じての教員の休暇の取りやすさにもつながっている。教員数という条件には関わるが、組織の設計を行う管理職の仕事によって大きな違いが生じると考えられよう。

＊

これまで述べてきたように附属学校では２００４年以降労基法に基づく労務管理がなされている。その労務管理の失敗の結果として残業代未払い問題が起こり、国立大学法人は大きな損失を招くこととなった。このような事態を防ぐためには、給特法制定の背景として述べられていた「教員の自発性、創造性に基づく勤務」を全面的に是とし、いくら長時間の勤務になっても構わないとする考え方や働き方に使用者側が歯止めをかける必要がある。すなわち「教員の自発性、創造性」をコントロールする経営を考えざるを得ない。

事例の附属学校では「教員の自発性、創造性に基づく勤務」が肥大化し、不夜城であることが自明視され教員が疲弊する事態になっていた。２０１５年以降附属学校は改革の観点を明確に定め、本文中に述べたように①子ども、教員の過剰負担となる業務の圧縮・廃止、②上限の設定とその枠内での業務遂行、③組織内の権限関係の明確化とコミュニケーションコストの減少、④マネジメント層による新規業務の可否判断を行っている。これらを徹底することによって「教員の自発性、創造性に基づく勤務」の無制限の拡大に抑止をしていた。また、組織改編の結果、教員は休暇を取得しやすい状況が生まれており、安心して働ける環境が整えられている。これらについてはコンセプトレベルでも具体的な組織の設計のレベルにおいても公立学校でも参照することが可能であり、また学校管理職の養成段階で身につけられるべき知でもあろう。

一方、附属学校では労務管理上の課題も見られた。附属学校では教頭が月45時間、年間３２０時間の範囲内での時間外勤務手当の認定を行っているが、対象となる業務の線引きは難しく判断に迷うものであった。また、システムの仕様にも起因して実務としての時間外勤務手当の認定のプロセスには大きな負担が伴っていた。これらについて現在給特法が適用されている公立学校ではほとんど関係がない。しかしながら、労基法の基準に照らすときに学校で何が生じるのかは給特法の価値を理解するうえで知っておいた方がよいし、管理職として教員に理解させるうえでも重要な知となるだろう。

本来「教員の自発性、創造性」が発揮されている職場は望ましい。そして、よい教育を希求すれば時間を顧みずに没入せざるを得ない。しかしながら誰かが「労働者が人たるに値する生活を営む」（労基法1条1項）労働条件をつくり出さなければ、長時間労働が当たり前となり疲弊していくことになる。事例の附属学校は当初まさしくそのような状態であった。そして、それを変えることができたのは学校管理職であった。学校において具体的な働き方のレベルで条件をつくり出すことが可能なのは学校管理職である。組織と人を見とり、組織をつくり、人の考え方と動き方を変えていくことが学校管理職に求められている。

3章 労働基準法下の私立学校の働き方改革
――1カ月単位の変形労働時間制の導入・運用に着目して

荒井英治郎

1 労働基準法と私立学校

私立学校の教員は、地方公務員法や地方公共団体が制定する条例が適用される公立学校の教員と異なり、労働関係法を根拠に、各学校（法人）が定める労働協約・就業規則・労働契約の締結により勤務条件等が決定される。したがって、労働基準法（以下、労基法）、労働組合法、労働関係調整法が適用される他、労働三権（団結権、団体交渉権、争議権）も認められている。この意味で民間企業と同様である[*1]。

ところが、勤務時間の客観管理をはじめ、大部分の私立学校において適切な労務管理が行われてきたかというと、そうではない。たとえば、公益社団法人私学経営研究会が２０１７年に実施した「第３回私学教職員の勤務時間管理に関するアンケート調査」の結果によれば（全国の私立高校約１０００校のうち、332校が回答）[*2]、私立高校の専任教員の出勤について、「出勤簿に押印する（出勤時刻の記入なし）」という回答は62・7％と、半数以上の学校が出勤時刻を記録しておらず、勤務時間の管理がなされていない状況が浮き彫りとなった。また、「タイムカード・ICカード等の客観的な記録で管理している」と回答したのは16・9％に止まり、労基法下の私立学校といえども、勤務時間の客観管理がなされていない学校も多数存在していた[*3]。

また、私立学校の中には、無前提に公立学校教員に準じた取り扱いを行っている事例も散見され、労務管理の適切性に疑義が呈されてきた。たとえば、本来労基法下での労務管理の運用が前提とされているにもかかわらず、公立学校教員の人事管理に適用される「公立の義務教育諸学校等の教育職員の給与等に関する特別措置法」に準ずる形での処遇がなされ、教職調整額の支払い（いわゆる「みなし残業代」）が行われていたり（このこと自体、違法性があるわけではない）、実労働時間を踏まえずに時間外・休日労働の割増賃金の算定が行われたりしてきた（いる）事例もあり、長時間労働により精神疾患になった教職員による損害賠償請求訴訟や残業代請求訴訟も提起されている。

こうした状況の中、本稿で着目するのは、1ヵ月単位の変形労働時間制の導入である。1ヵ月単位の変形労働時間制について、公立学校教員の認知度が高いかと言われれば、疑問なしとしない。たとえば、2019年1月25日公表の中教審答申「新しい時代の教育に向けた持続可能な学校指導・運営体制の構築のための学校における働き方改革に関する総合的な方策について」では、「労働基準法において、一定の要件を満たした場合、ある一定の対象期間において、平均して1週間当たりの労働時間が40時間を超えない範囲で、同期間内の特定の週において40時間以上、特定の日において8時間以上の労働をさせることができる『変形労働時間制』が認められており、一か月単位の変形労働時間制や一年単位の変形労働時間制に関する規定がある。この点、教職員を含めて地方公務員については、一か月単位の変形労働時間制は適用されるが、一年単位の変形労働時間制は適用されておらず、一年単位の変形労働時間を実施することはできない。」（傍線筆者）と記載されているが、1ヵ月単位の変形労働時間制は、1年単位の変形労働時間制が実施できない当時の状況を説明するための補足として端的に触れられているだけであった（16頁）＊4。続く2024年8月27日公表の中教審答申「『令和の日本型学校教育』を担う質の高い教師の確保のための環境整備に関する総合的な方策について」では、1ヵ月単位の変形労働時間

＊1　代表的な法令として、労働契約法、労働基準法、労働基準法施行規則、労働組合法、育児休業、介護休業等育児又は家族介護を行う労働者の福祉に関する法律、短時間労働者及び有期雇用労働者の雇用管理の改善等に関する法律、労働安全衛生法、労働安全衛生規則、労働者災害補償保険法、高年齢者等の雇用の安定等に関する法律等がある（小國隆輔編著〈2020〉『Q&A私学のための働き方改革』中央経済社、1頁）。

＊2　公益社団法人私学経営研究会編（2017）『第3回私学教職員の勤務時間管理に関するアンケート調査報告書』私学経営研究会。

＊3　当該結果は、コロナ禍前の2017年であり、その後の取り組みにより、状況が大きく変化している可能性もある。

＊4　なお、改正給特法下の1年単位の変形労働時間制の導入について論じたものとして、髙橋哲「改正給特法総論―「異質」な一年単位変形労働時間制導入の問題」、藤川伸治「給特法改正は長時間労働解消につながるのか」（『現代思想』2020年4月号【特集】迷走する教育―大学入学共通テスト・新学習指導要領・変形労働時間制）、内田良・広田照幸・髙橋哲・嶋﨑量・斉藤ひでみ（2020）『迷走する教員の働き方改革―変形労働時間制を考える』岩波書店、大貫耕一・白神優理子・氏岡真弓・佐々木仁・鈴木大裕（2020）『学校と教師を壊す「働き方改革」―学校に変形労働時間制はいらない』花伝社などを参照。

制に限らず、変形労働時間制それ自体について触れられている箇所は、「令和元（2019）年の給特法改正により導入された1年単位の変形労働時間制については、長期休業期間等において休日を集中して確保することで、教師のリフレッシュの時間等を確保し、ひいては子供たちに対して効果的な教育活動を行うこと、教職の魅力向上にも資することが期待されるものである。」という記載のみであった（32頁）。

しかし、1ヵ月単位の変形労働時間制は、私立学校に限定されず現在の公立学校においても制度上適用・運用可能な仕組みである点は、より知られてよい。特に、教職の仕事には業務の繁閑があると解した場合、1ヵ月単位の変形労働時間制を効果的に運用することで、①業務の月単位の繁閑差や個人差を踏まえながら労働時間の割り振りを柔軟に行っていくこと、②他律的と揶揄されがちな自身の仕事を「自分事」として捉え直し、そのあり方を自律的に構想していくことの意義について自覚を促していくこと、③働き方改革の焦点を、労働時間の抑制という勤務時間の量的管理から、ワーク・エンゲイジメントやワーク・ライフ・バランスの実現という業務の質的向上へと転換させ、専門職たる教員としてのウェルビーイングの向上に資する取り組みを推進していくことができる可能性を有している。

そこで、本稿では、第一に、変形労働時間制、とりわけ、1ヵ月単位の変形労働時間制の制度的特徴を概括する。第二に、ケーススタディとして、1ヵ月単位の変形労働時間制を導入した私立学校の取り組みに着目し、導入の経緯とその効果・課題を論じる。本稿は繁忙期と閑散期の差が大きいとされる公立学校への援用可能性とそこで生じ得る課題を論じる素材を提供しうるであろう。

2 変形労働時間制の概要

(1) 弾力的労働時間制度

労働時間を弾力的に運用する制度（弾力的労働時間制度）として、変形労働時間制（1ヵ月単位の変形労働時間制、1年単位の変形労働時間制、1週間単位の非定型的変形労働時間制など）やフレックスタイム制度がある。このうち、変形労働時間制とは、「単位となる一定期間内における週当たりの平均所定労働時間が週の法定労働時間を超えなければ、その期間内の一部の日または週における所定労働時間が1日または1週の法定労働時間を超えても、その限度で法定労働時間を超える労働をさせたとの取り扱いをしない労働時間制」を指す[*5]。

周知のとおり、労働時間の上限は1日8時間、1週40時間が原則であり（労基法32条）、これを「法定労働時間」と呼ぶが、変形労働時間制は使用者がスタッフに法定労働時間を超えて勤務させることができる例外的な措置である。当該制度は、1947年の労基法制定時から規定されていたが（旧労基法32条2項）、当時は変形の期間や形態は4週間を単位とするものだけであった。これに対して、1987年の労基法改正により、4週間単位が1ヵ月単位に改められ、新しいスタイルの変形労働時間制が創設されるに至った。

＊5　野村勝法「労働時間・休憩・休日(2)1ヵ月単位の変形労働時間制」（医療経営情報研究所編『医療経営最前線　経営実践編』13巻（285）2003年10月5日、60頁）。

⑵　１ヵ月単位の変形労働時間制

1ヵ月単位の変形労働時間制とは、「労使協定」[*6]または「就業規則その他これに準ずるもの」によって、あらかじめ定めた1ヵ月以内の一定期間（変形期間）を平均して、1週間の労働時間が法定労働時間（40時間[*7]）を超えない範囲内で、始業・就業時間や所定労働日を変形させることを通じて、特定の日（1日）及び特定の週（1週間）の法定労働時間を上回る所定労働時間を設定できる制度である[*8]。

この所定労働時間は、就業規則や雇用契約で規定された労働時間を指す。

労基法32条の2には、以下の規定がある。

第32条の2　使用者は、当該事業場に、労働者の過半数で組織する労働組合がある場合においてはその労働組合、労働者の過半数で組織する労働組合がない場合においては労働者の過半数を代表する者との書面による協定により、又は就業規則その他これに準ずるものにより、一箇月以内の一定の期間を平均し一週間当たりの労働時間が前条第1項の労働時間を超えない定めをしたときは、同条の規定にかかわらず、その定めにより、特定された週において同項の労働時間又は特定された日において同条第2項の労働時間を超えて、労働させることができる。

②使用者は、厚生労働省令で定めるところにより、前項の協定を行政官庁に届け出なければならない。

ここでの1ヵ月を平均して1週の平均労働時間が法定労働時間を超えない範囲とは、「1週間の法定労働時間×対象期間（1ヵ月）の暦日数÷7日」で計算した範囲内を指す。したがって、月の暦日数に応じて、総労働時間の限度が変化する。具体的には、変形期間1ヵ月の場合、1ヵ月の法定労働時間の総枠は、28日は160・0時間、29日は165・7時間、30日は171・4時間、31日は177・1時間となる。当該限度はその期間の法定総労働時間を超えてはならず（したがって、労働時間の総枠が増えることを意味しない）、この総労働時間を超えると、割増賃金の必要な時間外労働とみなされることになる[*9]。こうして、制度の運用に際しては、月の暦日数にかかわらず1ヵ月の法定労働時間の限度時間数を超過しない対応が必要不可欠となる[*10]。

労基法上の変形労働時間制（1年単位の変形労働時間制や1週間単位の非定型的変形労働時間制など）

---

*6　私立学校の労使協定の例には、1ヵ月単位の変形労働時間制以外に、時間外・休日労働に関する労使協定、専門業務型裁量労働制に関する労使協定、1年単位の変形労働時間制に関する労使協定、年次有給休暇の計画的付与に関する労使協定、時間単位年次有給休暇に関する労使協定、賃金控除に関する労使協定等がある（小國隆輔編著〈2020〉『Q&A私学のための働き方改革』中央経済社、10頁）。

*7　特例事業（商業、映画・演劇業、保健衛生業、接客娯楽業で10人未満の事業場）の場合は、44時間となっている。

*8　関連する最高裁判決として、大星ビル管理事件・最高裁第1小法廷平成14年2月28日判決、労働判例822号5頁、がある。

*9　1ヵ月単位の変形労働時間制において、法定外勤務となる時間とは、①1日については、就業規則等により、1日8時間を超える日を定めた日はその時間、それ以外の日は1日8時間を超えて勤務した時間、②1週間については、就業規則等により、週40時間を超える時間を定めた週はその時間、それ以外の週は週40時間を超えて勤務した時間（①で法定外勤務となる時間を除く）、③変形期間については、変形期間における法定労働時間の上限を超えて勤務した時間（①または②で法定外勤務となる時間を除く）を指す（三ツ星通代〈2020〉『現場の負担を減らす私立学校の労働時間管理』日本法令、163～164頁）。

を導入する際は、労使協定の締結などが要件とされる場合が多いが、1ヵ月単位の変形労働時間制の場合は、「労使協定」または「就業規則その他これに準ずるもの」で、1ヵ月以内の一定の期間を平均して1週間あたりの労働時間内である定めをし、その定めに応じた特定の日、特定の週に法定労働時間を超えて労働させることができる。すなわち、制度の導入は「労使協定」又は「就業規則等」のいずれかでよいこととなっている*11。いずれの方法を採用するかは、「最終的には使用者が決定できる」とされているが（平一一・一・二九基発四五号）、労使での話し合いを通じて、双方合意の上でどの方法を採用するかを決定していくことが肝要といえよう。

第一に、「労使協定」の締結により同制度を導入する際は、所定の様式により所轄労働基準監督署長に届け出ること（労基法32条の2第2項）、かつ、その際は就業規則にも定めることが必要となる。その一に、就業規則には、絶対的必要記載事項として、始業・終業時刻を規定しなければならない（労基法89条）。その二に、法定事項を定めた労使協定を締結しても、労使協定には免罰効果しかないため、労働者に1ヵ月単位の変形労働時間制で働くことを義務づけることはできない。そこで、労使協定を締結する場合も、就業規則で労働者に1ヵ月単位の変形労働時間制で働かせる旨を規定する必要がある。その三に、通常の労働時間制から1ヵ月単位の変形労働時間制への移行は、労働者にとって働き方が不規則となることを意味するため、労働条件の不利益変更となる。したがって、原則、個別の労働者の同意が必要となる*12。

このほか、労使協定は、事業場の教職員の過半数で組織される労働組合（過半数組合）が協定を締結する必要がある。過半数組合がない場合には、過半数代表者（教職員の過半数を代表する者）が労働者側の当事者となる。労働者の過半数を代表する者の選出方法に関しては、①労基法41条2号に「監督若しくは管理の地位にある者」と規定されている労働条件の決定その他労務管理について経営者と一体的な立場にある者（管理監督者）でないこと、②労使協定の締結を行う者を選出することを明確にして実施される投票、挙手などの方法による手続きにより選出されたものであることとされているが、過半数代表者の正統性や過半数代表者による意向の正当性（選出方法の妥当性など）が常に問われることになる。事実、過半数代表者が適切に選出されていないと疑問視される事例や当該過半数代表者が労使協定の締結に応じないことによりルール化が停滞した事例も少なくない。

第二に、「就業規則その他これに準ずるもの」で実施する場合は、同規則の改正等が必要となる。記載事項としては、①変形期間の長さと開始日を指す起算日（労基法施行規則12条の2）、②対象労働者の範囲（対象となる業務の種類、該当労働者数）、③変形期間における各日および各週の所定労働時間、④変形期間における各労働日の始業・終業時刻、休憩時間、所定休日等の規定が必要となる。勤務割表

＊10　労働調査会出版局編（2021）『新版 労働基準法実務問答第3集～時間外労働と副業・兼業、変形労働時間・フレックスタイム制Q&A～』労働調査会、112～115頁。

＊11　改正前の労基法では、1ヵ月単位の変形労働時間制の実施に際しては、「就業規則その他これに準ずるものにより」定めることとなっていたが、1998年9月の労基法改正に伴い、「労使協定」でも定めることができるようになった。当該制度改正の趣旨は、「労使の話合いによる制度の導入を促進するため、また、一箇月単位の変形労働時間制以外の変形労働時間制の導入要件は労使協定により定めることとされていることも勘案し、就業規則その他これに準ずるものによる定め又は労使協定による定めのいずれによっても導入できることとしたもの」と解説されている（平一一・一・二九基発四五号）。

＊12　川嶋英明「『1か月単位』の変形労働時間制について確認する」（『企業実務』2023年2月号、52頁）。

による場合は、その旨および勤務割表の作成時期、労働者への周知方法も定める必要がある。なお先述の「労使協定」で実施する場合は、④の定めは不要であり、その代わりに「協定の有効期間」の定めが必要とされている（労基法施行規則12条の2の2）。この「有効期間」については、「不適切な制度が運用されることを防ぐため、有効期間は3年以内とすることが望ましい」（平一一・三・三一基発一六九号）。

このように、1ヵ月単位の変形労働時間制の運用により、たとえば、1ヵ月の労働時間が平均週40時間以内に収まる範囲内で特定の日の所定労働時間を7時間とし、他の日の所定労働時間を9時間にすることや、他の日の所定労働時間を短くしたり、別途休みを設けたりすることで、土曜日出勤を時間外労働としてみなさないとすること等が可能となる。極言すれば、特定の日に10時間労働させても労基法に抵触することにはならないこととなる。むろん、法令上の問題はなくとも労働安全衛生の観点からその妥当性が問われることは言うまでもない。

同制度をめぐっては、月単位での業務の繁閑に合わせた労働時間の割り振りを実現することができるといったメリットが指摘されることが多いが、先述のとおり変形期間中の各日および各週の労働時間、さらに、始業・終業時刻に至るまで、事前に定めておく必要がある点は改めて留意が必要である。すなわち、同制度は業務の都合等を理由に、変形期間中に雇用者が任意に所定労働時間を変形できる制度ではけっしてないのである[*13]。したがって、「適切な運用が行われなければ、長時間・不規則労働の温床となる危険な側面」を有しているとの指摘があるように[*14]、管理職のコミュニケーションスタイルが制度の運用の成否を左右することになる。

3 ケーススタディ

以下では、2019年4月から1ヵ月単位の変形労働時間制を導入したA校の取り組みに着目して、その意義と課題を論じる。

(1) A校の特徴と働き方改革の契機

A校は、関西にある大学併設の共学校である。全日制普通科、全生徒1500人規模のA校では、毎年全国大会・近畿大会等に多数出場するなど、スポーツや学校行事が盛んであり、スポーツに至っては、バスケットボール、サッカー、ゴルフ等の競技において、プロ選手をも輩出する実績も有する。これに対して、A校の教員数は、専任教員、常勤嘱託教員を合わせて、60名ほどであった。

A校が働き方改革の取り組みに着手する契機となったのは、2018年4月の労働基準監督署（以下、労基署）からの一本の電話にあり、学校側にとって「青天の霹靂」の出来事であった[*15]。A校は労基署から寮の宿泊指導手当の見直しと超過勤務代の支払いに関する指導・勧告を受けることとなり、A校の働き方改革の取り組みは「外圧」によってスタートせざるを得ないこととなった[*16]。

＊13　川嶋英明「『1か月単位』の変形労働時間制について確認する」（『企業実務』2023年2月号、50〜51頁）。
＊14　「時間制度解説　一ヵ月単位変形労働時間制（特集・労働時間制度の基本解説）」（『ひろばユニオン』第476号、2001年10月号、24頁）。

では、A校の教員の勤務実態は、当時どのようなものであったのか。A校の就業時間は、就業規則上は、月曜日から金曜日は8時20分から16時20分、土曜日は8時20分から14時20分（各曜日1時間の休憩を含む）の週40時間労働で、週に1日以上確保する必要がある「法定休日」（労基法35条1項）は休日、オープンスクールや学校説明会等の学校行事に対しては振替休日を設けて対応していたという。しかし、休日の実態は、いわゆる「クラブ活動三昧」となっており、次のような状態が常態化していた。すなわち、①就業規則上の退勤時間は、平日16時20分、土曜日14時20分であったのに対して、退勤時間の設定は事実上行われていなかった、②自分のやりたいことに際限なく時間をかけて取り組める職場ではあったが、逆に言えば、そこは「職場」というより「居住スペース」となっていた、③「自分がいなければダメである」という責任感を背景に、クラブ活動の指導に情熱を注ぐ教職員が大部分を占めていた、④当時は超過勤務手当の支給がなかったことも関係して、学校は、時間やルールに縛られず、教職員のやる気と熱意を軸とした献身性によって支えられていた、⑤仕事の優先順位については、自分が「やりたいこと」が優先され、教材研究や授業準備などはクラブ活動の指導終了後に行われ、就業規則上の勤務時間を超過して学校に残って働くことが「教師の務め」であり、また正義であると捉える教職員が存在していた、⑥授業やクラブ活動における指導のスタイルも「教師主導」であった、⑦家族は自分のことを理解してくれていると思い込み、育児や介護、家事に携わらない教職員が存在していた、⑧時間感覚が乏しく、会議は長いほど意義があると捉える教職員が多数存在していた、という。

(2) 超過勤務への対応と働き方改革の始動

労基署による指導・是正勧告は、学校を働き方改革を行わざるを得ない状況に陥れた。これに対して、A校の管理職（副校長・教頭）は、「仕方なく」ではなく「良い機会を与えられた」と前向きに受け止めるようにし、2018年4月以降、当該年度の対応と次年度以降に向けて次の取り組みを行った。

第一の取り組みは、超過勤務手当未払いに対する対応である。学校は、出退勤表の精査を行ったうえで、超過勤務代の支払い、（宿泊指導手当を含む）各引率手当の見直し、校務の見直しを進めていった。

第二の取り組みは、A校教職員に対する継続的な説明会・連絡会の開催である。労基署の指導・是正勧

＊15　労働安全衛生法66条の8の3には「事業者は、第66条の8第1項又は前条第1項の規定による面接指導を実施するため、厚生労働省令で定める方法により、労働者（次条第1項に規定する者を除く。）の労働時間の状況を把握しなければならない」と労働時間の把握義務が明記されており、労基法36条10項の「前項の助言及び指導を行うに当たつては、労働者の健康が確保されるよう特に配慮しなければならない」といった規定を踏まえて、昨今、労基署からは厳しい指導等が行われつつある。

＊16　なお、既述の公益社団法人私学経営研究会が2017年に実施した「第3回私学教職員の勤務時間管理に関するアンケート調査報告書」の結果によれば、回答した学校法人（331校）のうち、74・3％（246校）の学校法人は「立入調査なし」と回答しているが、「指導のみあり」は10・3％（34校）、「是正勧告あり」は8・5％（28校）、「調査はあったが、指導・是正勧告どちらもなし」は6・9％（23校）という状況にあり、労基署の立入調査を受けたのは、25・7％であった。また、指導・是正勧告の内容については（回答数39）、「勤務時間の適正把握（出退勤の時刻記入等）」が30、「勤務実態の調査・報告」が1、「部活動等指導の労働時間について」が2、「タイムカードやICカードなどによる客観的な出退勤時間の管理」が2、「ICカードの打刻漏れが多数認められ、労働時間を適正に把握しているとは認められない。ICカードと残業申請の時間に乖離が存在するものについて、個別に面談する等の方法で原因を確認すること」が1、「過重労働にならぬよう、時間労働の短縮に努めること」が1、「シフト勤務の改善」が1、「変形労働時間制度にかかる規定を運用すること」が1という状況であった。

告により教職員に不安と失望感が広がる中で、管理職は「今まで」ではなく「これから」の視点を大切にしながら説明会を根気強く開催したという。連絡会の場では、出退勤表に基づく超過勤務未払いの費用が莫大であり、今後定期昇給・賞与にまで影響が及ぶ可能性があること、まずは出退勤表から実際の校務時間を洗い出す必要があることが説明され、A校の全ての教職員が当事者であり、今までの働き方は今後通用しなくなるという危機感が共有されていった。第三の取り組みは、A校の教職員組合委員長との話し合いの実施と関係性の再構築である。そこでは「未来創造」をテーマに意見交換の場を複数回設けたり、組合委員長に時間管理や業務の効率化に関する勉強会講師を務めてもらうなど、働き方改革の推進においては立場を超えて協調路線をとっていくことの確認が丁寧に行われていった。これにより、A校では、教職員組合の委員長や過半数代表との協力体制を構築していくことが可能となった。管理職は、一方的に押しつける方法では建設的かつ生産的なことは生まれないことを念頭に置き、新たな労使関係の構築に尽力していったのである。

なお、２０１７年８月に開催された労働安全衛生委員会の場では、産業医から過労死ラインを超える勤務時間の教職員に対する指摘をすでに受けていたという。これを踏まえて、２０１７年７月から２０１８年５月にかけての出退勤表の提出状況を改めて確認したところ、①出退勤表は勤務表と異なり在校時間が記されていたこと、②勤務時間やクラブ活動時間の制限がなかったこと、③生徒の下校時間は「良識の範囲」という曖昧な表現で運用されていたこと、④タイムカード等による勤務時間の客観管理は行われておらず、勤務時間は自己申告であったことが明らかとなった。

これを受けて２０１８年６月以降、A校は超過勤務への対応を模索していく。具体的には、①１ヵ月単位のクラブ計画表の作成・提出、②超過勤務時間申請書の作成・提出、③クラブの時間制限の導入、④下校時間と退勤時間の設定等を行っていった。たとえば、④下校時間と退勤時間の設定に関しては、強化指定クラブは20時、その他のクラブは19時（完全退勤時間は20時10分）、補習・自習学習は18時に完全下校とし、保護者対応の時間に関しても、8時20分から18時までと時間を明確に設定、その後は業務終了の意思表示と緊急連絡先のアナウンスをメッセージとして伝える形に切り替えていった。

ところが、取り組みの成果はすぐに出たわけではなく、新たな課題も浮上した。たとえば、就業規則上の勤務時間と労働実態が合致しないことから、出退勤表を前提とした運用では莫大な超過勤務手当が発生することが明らかとなった。これを受けて、A校は、出退勤管理の見直し、時間設定の明確化、校務内外の線引きの明確化を行っていくことになる。

他方で、これらの取り組みは「副産物」ももたらした。その副産物とは、教職という生業に対する問い直しと新たな気づきである。具体的には、①これまでの働き方では、教育の主体は生徒ではなく教員となっており、生徒の主体性を育む教育を行うことができていないのではないか、②「教えること」に専念した反面、生徒が自ら「考える」ことが疎かになっているのではないか、③自身の成功体験が生徒を指導していくうえでの基準となっているのではないか、④自身の家族の存在や生徒の家族の存在に対する意識が欠如しているのではないか、⑤仕事を計画的に行うという意識が乏しいのではないか、⑥「生徒のため」を口実に、教員の自己満足の世界が生まれているのではないか、という新たな気づきである。自身の生業に対する捉え直しは、その後、A校での働き方改革の過程で何度も立ち返るものとなった。

(3)　1ヵ月単位の変形労働時間制の導入

２０１８年８月以降、Ａ校は翌年からの変形労働時間制の導入を目指してさまざまな取り組みを行っていった（**表**）。たとえば、Ａ校の管理職は、積極的に学校外での研修に参加し労務問題を学び直したり、弁護士に随時アドバイスを求める関係性を構築していった。そして、若年層の教員離れに歯止めをかけるべく、教育界に良き人材確保の土壌を形成していくための仕組みづくりを推進していった。そこで浮上したのが、「月単位」の変形労働時間制の導入である。

既述のとおり、変形労働時間制にはさまざまなパターンがあるが、Ａ校では、クラブ活動が盛んである点に鑑みて、「年単位」ではなく「月単位」の変形労働時間制の導入の検討を進めていった。準備段階では、①毎月の労働時間を年間総労働時間をもとに算出すること、②産業医との話し合いを経て、労働安全衛生上、初年度においては７連勤を禁止するルールをつくったこと、③１ヵ月単位の変形労働時間制を導入す

表　Ａ校における 11 の取り組み

①年間所定労働時間の見直し
②各教員にあった勤務表作成と教頭の伴走
③３種類の勤務形態の設定・選択と勤務表の作成
1　強化指定クラブの主指導顧問（時差出勤）
2　日祝に活動するクラブの指導顧問
3　日祝は基本的に活動を行わない運動部・文化部の指導顧問
④７連勤の禁止
⑤個人での退勤時間の設定
⑥同一労働同一賃金対策の先取り
⑦外部指導員スタッフへのクラブ指導サポートのアウトソーシング
⑧外部指導員スタッフルームの設置
⑨管理職による勤務表作成のサポート
⑩校長裁量時間の導入
⑪長期休暇中の教員自主研修の導入

※ヒアリング調査で提供いただいた資料をもとに筆者が加筆修正したもの

る理由について教職員に継続して説明会・連絡会を開催したこと、④勤務表作成のシミュレーションについて全体・個別に説明を行ったこと、⑤クラブ活動計画書を作成し、勤務表と一緒に提出することを求めたことなどがあげられる。そこでは、計画的に仕事を行うこと、生徒主体の教育環境を構築していくこと、プライベートの充実を図ることが、制度をよりよく運用していくうえでポイントとなることを共有していったという。

他方で、変形労働時間制の導入に際しては、次の課題が顕在化した。

第一は、学校の期待に基づく業務と教員のやりがい（ワーク・エンゲイジメント）とのすり合わせをどのように行っていくかである。そこでは教員の思いややりがいを除外して学校側の理想を実現していくことは不可能であり、生徒にも好影響を与えることはないという認識が共有されていった。両者の違いは必然であり、だからこそ、教員とその家族の人生設計、価値観の見直しと共有が大切であることを意識したという。

第二は、教職を志望した理由を学校としてどのように受け止め、実現していくかである。教職を志望するきっかけや動機は十人十色であり、「多種多様な動機と価値観の集合体」である学校組織をどのように方向づけていくかが大きな課題となった。

第三は、クラブ活動指導を「校務」として位置づけられるかどうかである。A校では議論の末、クラブ活動の指導を校務の一環として捉えて労働時間の中に組み込むこと、すなわち、就業時間にクラブ活動指導を含むという決断を行った。

第四は、残業代抑制を目的とした時間管理に力を注いでいるだけでは、働き方改革の成功はないのではないかという本質的な問いの提起である。Ａ校は教育効果や負担を考慮しながら授業の持ちコマ数を減らすなど、変化を生み出す取り組みを推進していった。具体的には、「同一労働同一賃金」の動向を踏まえながら年間総労働時間を合計６時間減らすこと、専任教員と常勤嘱託教員とで２単位分の差を設けること、各主任と入試広報委員の分掌は専任のみとすることなどのルールづくりを進め、時間講師の増員を図ったり、週に１日平日に休日を入れることなどを実現していった。こうした取り組みは、教職員にゆとりのある働き方を体感させ、手応えを感じてもらう契機となった。すなわち、組織としての具体的な行動改革が教職員個人の意識改革を促していったのである。

上記の経緯を経て、２０１９年４月に導入されたのが、Ａ校オリジナルの１ヵ月単位の変形労働時間制である。導入目的として示されたのは、①家族の時間を大切にできる勤務時間を設定し、少子化に歯止めをかけること、②多種多様な働き方を認めて優れた人材（教員）を確保すること、③教員とその家族、生徒と保護者、学校法人全てが幸せになる働き方改革を実践していくことであった。この他、目的を達成するための目標としては、「本校の特色を最大限活かす」「教育の質を下げない」「生徒の自主性を育む」「お母さん（保護者）に優しい学校」「教員が明確な目的を持って仕事に臨む意識」「仕事の優先順位を決める」「家族に優しい勤務形態」「若い世代に教員の魅力を伝える」「ベテランも活躍できる職場」「働きたいと思える職場環境をつくる」「超過勤務が発生しない働き方」等が掲げられた。

⑷　導入の効果と課題

１ヵ月単位の変形労働時間制の運用に際して、Ａ校では翌月の勤務表の提出とクラブ活動計画書を一緒に提出することを求めたが、導入当初は有限の時間を計画的に活用するという習慣が教職員にはまだ培われていなかった。したがって、当初はクラブ活動計画書の作成に苦慮するなど、制度の運用当初は相当の時間を要したという。この「スタンダード」や「当たり前」の変化に対する戸惑いと不安は、①今までの当たり前からこれからの当たり前へシフトしていけるのか、②自分のやってきたことを否定されるのではないか、③仕事に制限を加えられるのではないか、④生徒の心が離れていくのではないか、⑤教師としての生きがいを奪われるのではないか等の本質的な問いを提起することとなった。

そこで重視されたのが、管理職が教職員の勤務時間の作成サポートを丁寧に行うことである。「自分自身との契約を結ぶ」ことを謳ったA校の管理職は、「エンゲイジメント・マネジメント」の観点に基づき教職員に伴走していったと解することもできよう。軌道に乗った現在では、勤務表作成後にやむを得ず変更がある場合は申し出るなど、イレギュラーな事象が発生した際にも管理職に適宜相談する文化や風土が醸成されつつあるという。たとえば、コロナ禍の休校期間中に在宅勤務として校務時間を短縮したことは、子育ての大切さや家事の大変さを再認識する機会にもなったという。「学校」に出勤しなければならないという概念からの脱却は、良いことは継続し、変化があれば順応できるという柔軟さを学校組織にもたらした。

なお、現在は、「一人一人が生活しやすい働き方を普及する」というスローガンのもとで、①平日1日を休日とすること、②クラブ指導を重視した働き方を希望する教職員を想定して、午前中の時差出勤を導入すること、③繁忙期で月の労働時間を超える可能性がある場合は、生徒の不利益にならない範囲で時差出勤を導入することなどの取り組みが行われている。時差出勤の導入は、教員の特性を活かした働き方を実現できる可能性があるとして、現在効果検証が行われており、働き方改革と人事制度改革が通底していることを示す証左といえよう。

4 労務管理と伴走支援

本稿では、1ヵ月単位の変形労働時間制を導入したA校の取り組みに着目した。同制度の趣旨は、労働者の生活設計を損なわない範囲において労働時間の弾力化を図り、併せて労働時間の短縮をも実現する点にある[*17]。したがって、業務の繁閑差や個人差に鑑みて創設された同制度は、クラブ活動や補習に力を入れている教員、子育て・介護・通院等の個別事情を抱えた教員にとって、労働時間の柔軟な割り振りの実現を通じて一定の見通しを得ながら職務に当たり、かつ、ゆとりある働き方を実践していくことができる可能性を有するといえよう。自身の生き方と直結する働き方を主体的に構想していくことは、教職という生業それ自体の捉え直し（アンラーン）を促す機会ともなるのである。そして、労働時間の短縮に焦点化されがちな働き方改革の焦点をワーク・エンゲイジメントやワーク・ライフ・バランスの実現に向けた取り組みへとシフトさせていく可能性をも秘めており、現時点においても制度の導入・運用が容認されている公立学校においても働き方改革の方向性のあり方として大きな示唆を与え得るはずである。

他方で、同制度の運用に際しては、制度理解（変形期間中の各日・各週の労働時間、始業・終業時刻の事前設定など）は当然のことながら、導入目的を明確にしながら共通理解を図っていくことが肝要であり、それが適切になされない場合、長時間労働の温床ともなり得るだけでなく、同僚間に不公平感が生まれ、組織の分断をもたらす可能性も持ち合わせている。以上の点からも、1ヵ月単位の変形労働時間制の成否を左右する要因には、管理職のマネジメント能力の「善用」がポイントとなる。本稿のケーススタディが物語るように、管理職は、労務管理の基礎知識の習得はもちろんのこと、教職員との関係性を紡ぎ制度の円滑な運用を図っていく際に前提となる、心理的安全性の確保、同僚性の醸成、協働的な職場づくりを促していく高度なコミュニケーションスキルが求められていることは多言を要しまい*18。

既述のとおり、同制度は、業務の都合等を理由に、変形期間中に雇用者が任意に所定労働時間を変形できる制度ではない。働き方改革における管理職のリーダーシップの「誤用」は、教職員集団が自身の生き方と直結する働き方のあり方について当事者意識を持つ機会を失わせ、自身の働き方を他者の決定に白紙委任し、依存度を高めてしまう可能性もあるのである。したがって、管理職は、労務を「管理」していくという役割と、支援者として教職員の個別勤務表作成に「伴走」していく役割の両立の必要性に自覚的である必要がある。今後の学校管理職には、教職員の専門職的自立を促していくエンゲイジメント・マネジメントの資質・能力が不可欠と言えるのである。

＊17　「1か月単位の変形労働時間制Q＆A」『労働基準広報』第1398号、2002年5月11日、7頁。

＊18　この点、民間企業における導入事例として、具体的なオペレーションは口頭説明では理解が難しいため、社内周知を徹底する一方で、社員からの問い合わせを基にQ＆Aを作成・蓄積していったり、疑問点からの逆引きマニュアルの整備や定期的なアンケートの実施を行ったりしている事例がある（「エンカレッジ・テクノロジー1カ月単位の変形労働時間制による勤務形態の選択肢の一つとして週休3日制を導入」『労政時報』第4023号、2021年10月22日、35～46頁）。

4章 教員のメンタルヘルス対策と学校の安全衛生管理体制の構築

小川正人

２０２４年中教審答申は、「第3章　４．教師の健康及び福祉の確保に向けた取組の充実」の節で公立学校における教員のメンタルヘルス対策と安全衛生管理の充実について言及している。特に、取り組みの前提として学校の安全衛生管理体制を整えることが必須であり、①国は都道府県・政令市教委を、都道府県教委は市町村教委を強力に指導する必要があること、②安衛法の義務規定が弱い教職員数50人未満の学校が大多数を占める小・中学校とそれを所管する市町村教委の取り組みが不十分であることから、市町村教委および教職員数50人未満の小・中学校の体制充実が重要であることなどが指摘されている。

そこで、本章では、公立学校教員の精神疾患による長期病気療養者数の近年の状況や特徴、原因などを整理したうえで、安衛法とそれに基づく学校の安全衛生管理体制の整備と取り組みのうえで留意すべきいくつかの課題を考える。

1 公立学校教員のメンタル不調の実情——精神疾患による長期療養者数の動向（文科省調査から）

〈過去最高の精神疾患による長期療養者数〉

２０２２年度「公立学校教職員の人事行政状況調査」（公表日２０２３年12月22日）で、精神疾患による病気休職者数が、前年度（５８９７人：在籍者に占める割合０・64％）から６４２人増加し６５３９人（同０・71％）と過去最高になったことが明らかになった。ここ10年間程はほぼ５千人台で推移していたが、一気に６千人台に急増した。また、精神疾患を理由とした1ヵ月以上の病気休暇取得者も５６５８人に増え、精神疾患による病気休職者と1ヵ月以上の病気休暇取得者の合計（以下、長期療養者）も1万２１９７人（全在職者比率1・33％）と過去最高となった。

〈学校種別では特別支援と小学校、年代別では20代、30代〉

表1の学校種別に在籍者割合で見ると、特別支援学校が一番高く、次に小学校、中学校、高校の順になっている。ただ、２０１７年度からの増減率（２０２２年度）では、小学校が増加率56・８％と最も高く、特別支援学校、中学校、高校と続いている（**表1**～**表3**は、筆者が文科省の各年度「公立学校教職員の人事行政状況調査」をもとに作成）。

次に、**表2**の年代別に在籍者割合で見ると、20代が極めて高く、次に30代の順になっており若手・中堅が高い。２０１７年度からの増減率でも、20代が96・６％とほぼ倍になっていて30代も増加率が高い。

〈20代、30代を中心に増える精神疾患による１ヵ月以上の病気休暇取得者数〉

実は、病気休職者予備軍とされる１ヵ月以上の病気休暇取得者数が、数年前から20代と30代を中心に増加傾向にあった。精神疾患を理由とする１ヵ月以上の病気休暇取得者数の推移は、２００６年度～２００７年度では３２００人～３５００人くらいであったが、以後、微増傾向が続き、２０１９年度調査で４１６２人、２０２２年度で５６５８人となった。年代別でみると、２０１７年度～２０２２年度の６年間の増加率では20代が１１１・８％増、30代が92・５％増と20代、30代で急増している。ここ数年間の20代、30代の１ヵ月以上の病気休暇取得者の増加

表１　学校種別の長期療養者数

	2017年度		2022年度		2022／2017増減率（%）
	精神疾患（人数）	在籍者割合（%）	精神疾患（人数）	在籍者割合（%）	精神疾患（人数）
小学校	3,889	0.94	6,098	1.47	56.8
中学校	2,268	0.97	2,875	1.25	26.8
高等学校	1,243	0.68	1,557	0.90	25.3
特別支援学校	1,054	1.20	1,588	1.74	50.7
計	8,454		12,118		43.3

＊義務教育学校＆中等教育学校を除いているため総数とは異なる

表２　年代別の長期療養者数

	2017年度		2022年度		2022／2017増減率（%）
	精神疾患（人数）	在籍者割合（%）	精神疾患（人数）	在籍者割合（%）	精神疾患（人数）
20代	1,576	1.11	3,099	2.03	96.6
30代	2,012	1.04	3,380	1.52	68.0
40代	2,057	0.99	2,627	1.40	27.7
50代以上	2,825	0.88	3,091	1.05	9.4
計	8,470		12,197	1.42	44.0

表３　年代別の精神疾患による１ヵ月以上病気休暇取得者数の推移

	2017年度		2022年度		2022／2017増減率（%）
	病気休暇取得者（人数）	在籍者割合（%）	病気休暇取得者（人数）	在籍者割合（%）	病気休暇取得者（人数）
20代	855	0.60	1,811	1.18	111.8
30代	786	0.40	1,513	0.68	92.5
40代	766	0.37	1,029	0.55	34.3
50代以上	986	0.30	1,305	0.44	32.4
計	3,393		5,658	0.66	66.8

出典：文部科学省「公立学校教職員の人事行政状況調査」（各年度）をもとに筆者作成

が、２０２２年度調査で20代、30代の病気休職者数の急増として現れたということが言える（**表３**）。

〈着任校での勤務年数が短い教員に病気休職が多い傾向〉

２０２１年度調査では、精神疾患による休職発令時点での所属校における勤務年数データも一部明らかにされていて興味深かった。それによると、６ヵ月未満が８・２％、６ヵ月～１年未満が17・４％、１年以上～２年未満が24・５％となっており、着任した所属校での勤務年数が２年未満の教員が精神疾患による休職者数全体の50・１％を占めていることがわかっている。ただ、データでは、新任教員なのか教職経験何年目の教員なのかの区分がないためそれ以上の分析はできないが、着任した所属校での勤務年数が短い教員に精神疾患による病気休職が多いという点は対策を考えるうえで参考になる。

こうした状況を踏まえると、業務の負担軽減と見直し・適正化の取り組みが重要であることには変わりはないが、それとは別に独自の課題として教員のメンタルヘルス対策と学校の安全衛生管理体制の整備充実、そして、その実効的な運用を図っていく必要がある。

2 長期療養者数増加の背景・要因と取り組みの基本的考え方

(1) 背景・要因

仕事上のストレスが、心身の不調、健康障害として発症するにはさまざまな要因が絡む。米国立労働安全衛生研究所「職業性ストレスモデル」（**図１**）に見るように、仕事上のストレス要因は、直線的に疾病を発症させるわけではなく、個人要因、仕事外の要因、緩衝要因などが絡んで疾病発症の有無に影響を及ぼす。仕事上のストレスが高くても、適切なセルフケアの対処と上司・同僚等の支援などでストレスを軽減し疾病を発症しないケースもあれば、逆に、ストレスがそれほど高くなくてもさまざまなストレス反応を生じ疾病に至るケースもある。そうした複雑な諸要因を調整し疾病の発症を防ぐことはなかなか難しいとされているが、教委や学校職場は対策に取り組み教職員の健康被害を最大限防いでいくことが必要となる。

　精神科医の大石智は、教員の職業特性という点から学校の労働環境をみると、教員が休憩する場所がない、児童生徒・保護者を優先し自分を後回しにする雰囲気、労働時間をモニタリングし労働状況を把握し健康を守るという意識が希薄などの問題があり、また、感情労働（肉体

図１　米国立労働安全衛生研究所「職業性ストレスモデル」

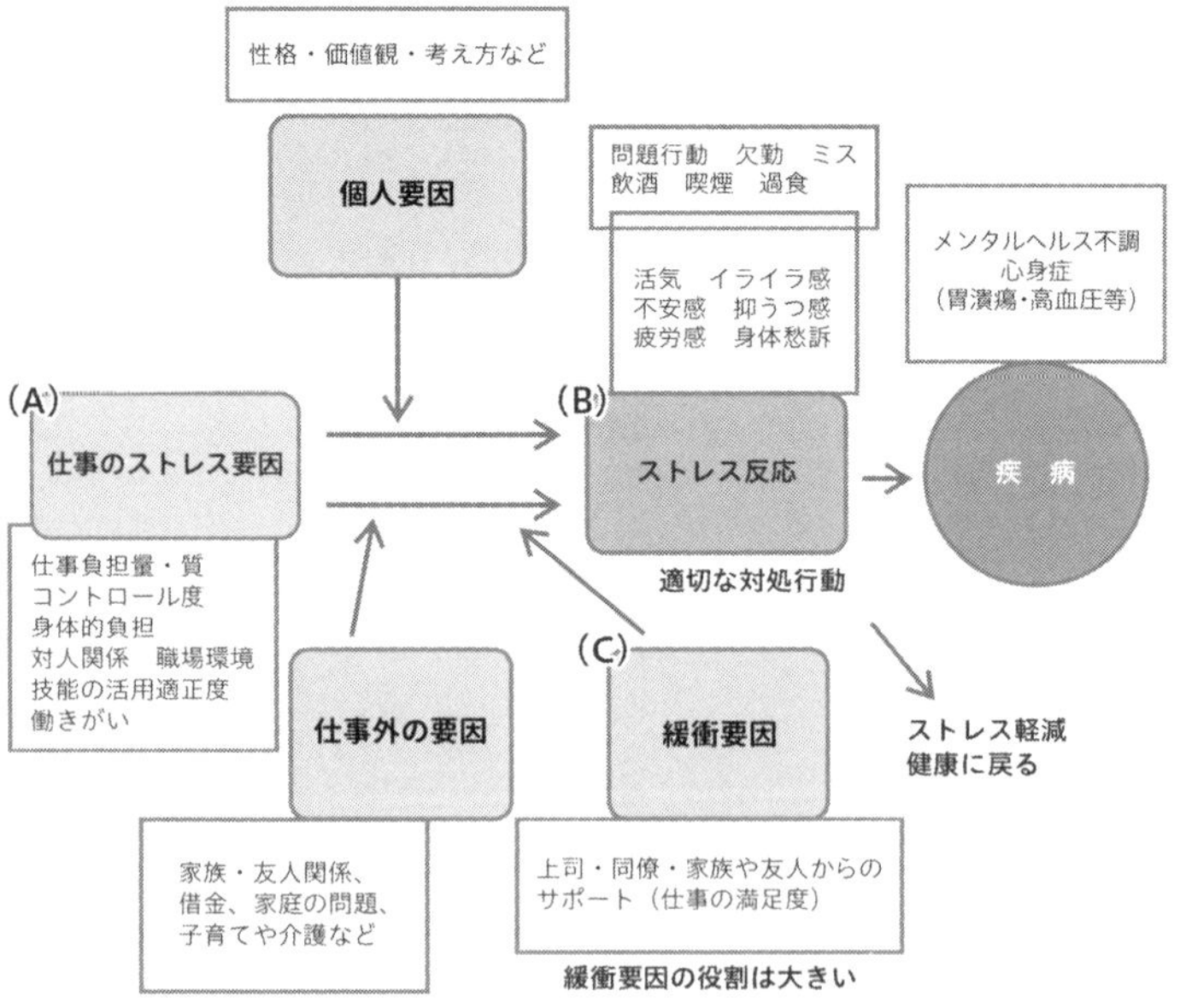

出典：厚生労働省・独立行政法人労働者健康安全機構パンフレット「こころの健康気づきのヒント集」2019年３月、５頁より引用

的・頭脳的労働に加え、感情の抑制、鈍麻、緊張、忍耐が求められる労働で感情を調節することが必須な労働）の極北だと指摘している（大石２０２１：14〜21頁）。

臨床心理士の井上麻紀も、教員のメンタルヘルスケアの仕事を通して、メンタル不調の要因とダウンしやすい教員の傾向を次のように述べている。受診した教員の職場内ストレスは、要因を1つだけあげた場合、「生徒指導」36％、「同僚・管理職との人間関係」20％、「保護者対応」10％、「校務分掌」８％など、要因を2つまであげた場合、「生徒指導」31％、「同僚・管理職との人間関係」23％、「保護者対応」15％などとなっており、職務上、矢面に立って熱心に取り組む教員――具体的には、生徒指導担当、教務、転勤後すぐ、クラブ活動の主担当、50代になって初めて全く新しい仕事をする者の割合が多いと述べている。また、学校種による違いもあり、たとえば、小学校の場合、学級担任制もあり干渉しない代わりに孤立しやすく1人で多くの作業をこなすことで孤立感を募らせやすいことなども指摘している。そして、数年単位の頻繁な人事異動も転勤のたびに全く新しい職場環境や人間関係におかれるためメンタル不調の主な環境要因の一つであるとしている（井上２０１５、24〜32頁）。

文科省は、病気休職者が増加傾向に転じ年間5千人を超える状況が続くようになった２０１０年代に、省内に〝教職員のメンタルヘルス対策検討会議〟を設け対応策を検討し、報告書「教職員のメンタルヘルス対策について（最終まとめ）」（２０１３年3月29日）を公表している。

本報告書でも、メンタル不調の背景を学校の組織・仕事特性などに関連づけて以下のように指摘している。まずは、業務量の増加と業務の質の困難化（生徒指導上の諸課題、保護者・地域との関係など、外部機関との連携など）、次に、教職員の業務の特徴――鍋蓋型組織で管理職が少なくラインケアが難しいことや分散・個業型の職場・仕事で相談しにくく良好な人間関係づくりが難しいこと、そして、教員1人が多種多様な業務を担い業務量も多いだけでなく対人援助職で決まった正解がない事例が多く、終わりが見えにくく成果を実感しづらいことなどをあげている。また、教員の自己健康管理においても多忙などを理由にセルフケアの意識が総じて希薄であり、さらに校長等についても教職員の健康管理に対する認識が十分とは言えないとも指摘している。加えて、学校における安全衛生管理（特に、産業医による職場巡視や面接指導の実施、衛生委員会の毎月1回以上の開催など）が必ずしも十分に実施されておらず、基盤となる体制の整備を図ることや実効性ある取り組みにつなげることが急務となっていると課題も指摘している。

右記のようなさまざまな指摘を踏まえると、教員のメンタル不調の要因としては、①学校・教員が担う業務増加と業務の困難化、②個業ベースの仕事特性や教職の特性から生じる孤立感を助長しやすくする職場環境、仕事の不確実性・無定量感の常態化、③学校の仕事や組織の特性に伴うセルフケア、ラインケアの難しさ、④安全衛生管理体制の整備と安全衛生活動の取り組みの不十分さ、などが主なものとして浮かび上がってくる。その意味でも、教職や学校の仕事・組織の特性に配慮したメンタルヘルスケアとそのための学校の安全衛生管理体制の整備や安全衛生活動の取り組みを図っていくことが重要である。

(2) 予防的取り組みの基本的考え方

メンタルヘルスケアには、一次予防（職場環境等の改善による発症の予防）、二次予防（早期発見・

対応で不調者への対応、発病後の悪化予防）、三次予防（職場復帰支援・取り組み）の各段階がある（大石2021、角森2021）。ここでは紙幅の関係もあり一次・二次予防の取り組みについて触れておく。

職場におけるメンタルヘルス対策については、安衛法70条の2（国による健康の保持増進のための指針の公表等）に基づき、厚生労働省が「労働者の心の健康の保持増進のための指針」（2006年、2015年改正、以下、「心の健康指針」）を策定している。「心の健康指針」では、事業者は衛生委員会などで調査審議して「心の健康づくり計画」を策定し、**表4**に示す4つのケア（セルフケア、ラインによるケア、事業場内産業保健スタッフ等によるケア、事業場外資源によるケア）を効果的に推進し、各レベルの予防が円滑に行われることを求めている。

また、近年では、メンタル不調者を対象にした対処療法的な対策ではなく、安全衛生に配慮した職場環境の整備・改善が勤労者のモラールを向上させかつ生産

表4　厚労省「労働者の心の健康の保持増進のための指針」で示された4つのケア

区分	担当者	実施内容
セルフケア	従業員	自分のストレスへの気づき ストレスへの対処 自発的な相談
ラインによるケア	職場の管理監督者	職場環境等の改善 従業員に対する相談対応、など
事業場内産業保健スタッフ等によるケア	・事業場内産業保健スタッフ（産業医、衛生管理者、衛生推進者、保健師） ・事業場内の心の健康づくり専門スタッフ ・人事労務管理スタッフ、等	職場環境等の改善（評価と改善） 従業員に対する相談対応等（気づきの促進と相談への対応、職場適応、治療および職場復帰の指導） 事業場外資源とのネットワークの形成及び維持（その他、安全衛生管理やメンタルヘルス対策に関する計画や実施状況の把握、研修の企画と実施、就業上の配慮についての意見などを行う）
事業場外資源によるケア	事業場内産業保健スタッフが窓口となり、事業場外の様々な機関と連携する	都道府県産業保健総合支援センター、精神保健福祉センター、医療機関等の事業場外資源の協力を得て事業場に対して心の健康づくり対策を支援する

性も高めるという「健康経営」の考え方に基づき、勤労者一人一人の業務と健康の状態を把握し安全・健康で生き生きと働ける職場づくりを目指すポジティブメンタルヘルス対策の重要性が謳われるようになっている。健康経営とは、「従業員等の健康管理を経営的な視点で考え、戦略的に実践すること、企業理念に基づき、従業員等への健康投資を行うことは、従業員の活力向上や生産性の向上等の組織の活性化をもたらし、結果的に業績向上」等につながる（健康経営の定義：経済産業省ＨＰ）とする考えである。経済産業省は、そうした考え方と取り組みを普及させるために２０１６年度に健康経営優良法人認定制度を創設している。

文科省の先の報告書でも、「心の健康指針」を踏まえて、特に予防的取り組みについて以下のことを教委、学校に要請している。

まず、教職員に対しては、セルフケアを促し、○自らを客観視し安定した気持ちで仕事ができるようメンタルヘルスの自己管理に努力、○自分自身のストレスに気づき、これに対処する知識や方法の習慣化、○メンタルヘルスに不安を感じる際は、早めに周囲の産業医や精神科医等に相談することなどを推奨している。管理職に対しては、第一に、セルフケアの促進のため、○教職員がメンタルヘルスについての知識やストレスへの対処行動を身につける機会を充実させること、○教職員の家族等を対象とした相談窓口を周知し、家族の方から見た健康チェックリストを活用すること、第二に、ラインによるケアの充実として、○日常的に教職員の状況を把握し速やかな初期対応を重視、○校務分掌を適切に行い小集団のラインによるケアの充実、○校長による副校長・教頭、主幹教諭などへの適切なバックアップ、○保護者との関わりへの迅速な対応や困難な事案に対する適切なサポートなどを求めている。そして、業務の縮減・効率化など、相談体制などの充実に加え、良好な職場環境・雰囲気の醸成として安全衛生管理体制の整備と実効性のある取り組みや、風通しの良い職場づくりを通して職場内の問題を職場で解決する円滑なコミュニケーションづくりが大切であると指摘している。

3　労働安全衛生法と学校の安全衛生管理体制

教委や学校において、教職員のメンタル不調を事前防止し心身共に健康に働ける職場づくりと労働環境を整備していくためには、まずは法令で定められている仕組みを知り活用することが大切である。本節では、労働者の安全健康と快適な職場環境づくりを目的に制定された安衛法と本法令などで定められている安全衛生管理体制の整備および運用について説明する。

(1)　安衛法と安全衛生管理体制の整備

労働安全衛生に関する法規制は、1947年に制定された労基法に定められた。その後、高度経済成長に伴い生産・労働環境が大きく変化するなかで、労働災害の危険が増大し罹災者が増加することに対応するため労基法から独立する形で1972年に安衛法が制定された（水町2019：749頁）。安衛法は、1条（目的）に、労基法と相まって、労働災害の防止のための危害防止基準の確立、責任体制の明確化、自主的活動の促進措置など、総合的計画的対策を推進することにより労働者の安全・健康の確保と快適な職場環境の形成を促進することと規定している。そのため、各事業場（公立学校の場合、教委および学校）に安全衛生管理体制の整備を図ることを義務づけている。**表5**は、安衛法のそれら諸規定を学校に適用した際に求められる安全衛生管理体制の項目を整理したものである。安衛法では、労働者数が50人以上と50人未満の事業場で義務づけが違っている。

〈衛生管理者または衛生推進者の選任〉

教職員が50人以上の学校は、衛生管理者を専属で選任すること、また、教職員数10人以上50人未満の学校は、衛生管理者に代わる衛生推進者の選任が義務づけられている。衛生管理者は、国家資格で事業場ごとの専属を原則とし、職務としては、少なくとも週1回事業場を巡回し、健康に異常のある者の発見および処置、作業環境の衛生上の調査、作業条件・施設等の衛生上の改善、衛生教育、健康相談その他労働者の健康保持に必要な事項などを担う。衛生推進者は、指定講習の受講などを資格とし、施設、設備などの点検および使用状況の確認、作業環境、作業方法の点検、健康診断および健康の保持増進のための措置、衛生教育に関することなどを職務としている。

〈産業医の選任〉

教職員数50人以上の学校では、産業医の選任も義務化されている。全ての学校では学校医が必置とされているが（学校保健安全法23条）、加えて、教職員数50人以上の学校では産業医の選任が原則義務化

表5　労働安全衛生法に規定されている安全衛生管理体制の整備項目

	教職員50人以上の学校	教職員49人以下の学校
各学校における労働安全衛生活動の中心になる人	衛生管理者	衛生推進者
安全衛生に関する事項を調査審議する機関	衛生委員会	教職員の意見聴取
産業保健の専門家の配置	産業医	健康管理医
ストレスチェック（文科省：規模にかかわらず全ての学校での実施が望ましい）	義務	努力義務

されている（学校医との兼任も可能であるが、その場合には一定の要件を備えていることが条件とされている）。学校の産業医の職務としては、健康診断・面接指導の実施、作業環境の維持管理などの教職員の健康管理、教職員の健康確保のため必要があるときは、学校の設置者に対し教職員の健康管理などについて必要な勧告の実施、少なくとも月1回は学校を巡視し（学校の設置者から月1回以上、衛生管理者の巡視の結果などの所定の情報の提供を受け、学校の設置者から同意を得ているときは、少なくとも2ヵ月に1回）、作業方法、衛生状態に有害のおそれがあるときは、ただちに教職員の健康障害を防止するため必要な措置を講ずることなどとされている（文科省2019）。

なお、教職員数50人未満の学校では、産業医の選任義務はないが、文科省は、そうした学校においても、学校の設置者は、「教職員の健康管理等を行うのに必要な医学に関する知識を有する医師や保健師に教職員の健康管理等の全部又は一部を行わせるように努めなければならない。この場合、各校ごとに医師を選任するのではなく、教育委員会で産業医の要件を備えた医師等を採用し、複数の公立学校の職員の健康管理を担当させる等の取組も有効である」と述べている（文科省2019）。

〈衛生委員会の設置〉

教職員数50人以上の学校では衛生委員会の設置が義務づけられている。衛生委員会は、衛生に関する重要事項を調査審議する機関であり、学校に設置の衛生委員会は、校長、衛生管理者、産業医、教職員代表などで構成される。調査審議する事項として、教職員の健康障害防止、健康保持増進のための対策、長時間にわたる労働による教職員の健康障害の防止対策、教職員の精神的健康の保持増進を図るための対策などがあげられる。なお、教職員数50人未満の学校では、衛生委員会の設置義務はないが安全・衛生について教職員の意見を聴く機会を設けることとされている（安衛法施行規則23条の2）。ただ、自治体によっては、教職員数50人未満の学校にも衛生委員会を設置したり、それに準じた組織などを設置している例も多い。文科省は、業務の負担増などを考慮して、衛生委員会については、「必要な委員を確保した上で、学校保健委員会等の既存の委員会と併用することにより、比較的簡単に体制の整備が可能」であるとしている（文科省２０１９）。

⑵　２０１８年安衛法改正――労働時間状況の把握と在校等時間を踏まえた健康確保措置

安衛法は、時代の変化に伴い新たに生じる課題に対応する改正を重ねてきている。近年では、長時間労働に伴う過重労働による過労死予防や職場のメンタルヘルス対策を講ずる改正が相次いで行われてきた。２００５年改正では、時間外労働が月１００時間を超え疲労蓄積が認められる労働者について本人の申出による医師の面接指導が、また、２０１４年改正では、ストレスチェックの実施が義務づけられた。「働き方改革推進法」による２０１８年改正はこれまでにない大きな改正となった。ここでは、学校と教職員の働き方改革に関係する２０１８年改正の主な内容を確認する。

①労働時間状況把握義務の新設

医師の面接指導による健康確保などの前提として、労働時間を適切に把握することが必須になることから、労働時間の状況の把握を事業者に義務とする改正を行った（安衛法66条の8の3（新設）「事業者は、……面接指導を実施するため、厚生労働省令で定める方法により、労働者の労働時間の状況を把握しなければならない。」）「厚生労働省令で定める方法」については、同法規則52条の7の3（新設）

で次のように定められた。

1　方法は、タイムカードによる記録、パーソナルコンピュータ等の電子計算機の使用時間の記録等の客観的な方法その他の適切な方法とする。

2　事業者は、前項に規定する方法により把握した労働時間の状況の記録を作成し、3年間保存するための必要な措置を講じなければならない。（傍線引用者）

「その他の適切な方法」とは、「やむを得ず客観的な方法により把握し難い場合において、労働者の自己申告による把握が考えられる」としているが、通達（2018年12月28日）では、労働時間の状況を客観的に把握する手段の有無を検討しないで自己申告制を採ることはできないとされている（石嵜2019：253頁、大村・高2019：113頁）。

②労働者の申出による面接指導の実施要件（時間数）の見直し

旧法では、月100時間超えの時間外・休日労働をし、かつ、疲労の蓄積が認められる場合で本人の申出により医師の面接指導を実施することとされていた（月80時間を超える者については努力義務）。改正法では、「1月当たり80時間を超え、かつ、疲労の蓄積が認められる者」（安衛法規則52条の2）とされ、面接指導の実施要件時間数が80時間に見直された。それに伴い、事業者は、時間外・休日労働が80時間を超えた労働者に対して、速やかに当該超えた時間に関する情報を通知しなければならないとされている（安衛法規則52条の2第3項）。

③産業医の権限強化

改正では、産業医による健康管理を実効的なものにするために、13条（産業医等）が改正され、産業医の職責を改めて明記、確認するとともに（3項）、産業医の権限強化と事業者の義務を新たに規定した（4項～6項）。

・4項：健康管理等に必要な情報を産業医に提供する義務を事業者に義務付け（その情報の提供に関して、同法施行規則14条の2が新設され、必要な情報の具体的内容や情報の提供方法等が規定――月80時間を超えた労働者の氏名や当該労働者に係る当該超えた時間に関する情報、産業医が労働者の健康管理等を適切に行うために必要と求めるもの等）

・5項：必要と認める場合、労働者の健康管理等について必要な勧告をすることができる、事業者は当該勧告を尊重しなければならない

・6項：勧告を受けたときは、その内容を衛生委員会又は安全衛生委員会に報告しなければならない

（傍線引用者）

産業医の勧告が衛生委員会などに報告されることで、問題と課題が衛生管理（推進）者、産業医、管理監督者、労働者の間で共有されその実効性が高まることが期待されている（石嵜2019：240～241頁）。また、労働者が産業医の存在を知らないことで健康管理の機会が失われるといった事態を防ぐために、産業医の職務内容などを事業者が周知する義務も課している（同法101条2項、新設）。

(3) 運用上の留意点――「労働時間の状況」把握規定と給特法の在校等時間との関係

医師の面接指導による健康確保などの前提として、労働時間を適切に把握することが必須になることから、事業者は、「労働者の労働時間の状況を把握」することが義務づけられたが、注意を要する点が、

「労働時間」の把握ではなく、「労働時間の状況」（傍線引用者）の把握とされていることである。大村・

高（2019）では、「労働時間の状況の把握」とは、あくまで安衛法上の面接指導の要否のために求められているものであり、「その点では、割増賃金等の前提となる労働時間のような厳格な管理、把握までは必ずしも必要となるわけではありません」と指摘している（112～113頁）。

文科省「指針に係るQ&A」（2020年1月17日）でも、「面接指導を実施するために把握しなければならないとされている『労働時間の状況』とは、所定の勤務時間及び超過勤務命令に基づき勤務した時間（いわゆる「超勤4項目」の業務に従事した時間）を合計した時間なのか、それとも『在校等時間』のことなのか」という問に対して、「教師については、使用者に該当する校長や教育委員会等の指揮命令下に置かれている時間、具体的には、所定の勤務時間及び超過勤務命令に基づき『超勤4項目』の業務に従事した時間が『労働時間』に当たると考えられ、これをもって『労働時間の状況』に代えることができます。したがって、安衛法第66条の8第1項に定める面接指導の実施義務は、この安衛法上の労働時間の状況として把握した時間に基づくこととなります」と述べている。ただし、続けて、「安衛法第66条の9及び労働安全衛生規則第52条の8において、各事業場において定められた基準に基づき、健康への配慮が必要な者に対しても安衛法第66条の8の面接指導の実施又はそれに準ずる措置を取るよう努めることとされていることを踏まえ、各教育委員会においては、より一層、教師の健康を確保する観点から、『在校等時間』も踏まえ、面接指導の実施又は面接指導に準ずる措置を講じるよう努め」（傍線引用者）るよう要請している。法令上の厳格な解釈としては、教員の面接指導を実施する「労働時間の状況」とは所定労働時間および超勤命令に基づく超勤4項目業務に従事した時間であるが、教員の健康被害防止に配慮して在校等時間も踏まえて面接指導またはそれに準じる措置を講ずべしとしている点に留意する必要がある。

4 学校職場の安全衛生管理体制と運用上の留意点、課題

教職員が心身両面での健康を維持していくうえでは、個々人のセルフケアが大切である。ただ、前述のように、メンタル不調の背景に学校業務の増大や困難化、教職や学校組織の特性などがあることを踏まえると、それらに配慮した学校職場の人間関係や仕事のやり方、労働環境の改善が不可欠であり、教職員、管理職、産業保健の専門職、教委などの関係者・機関が連携・協力して組織的継続的に安全衛生活動を進めていく必要がある。

(1) 学校の安全衛生管理体制整備の責務は都道府県・市町村教委

まずは、教職員の健康確保と安全衛生活動の取り組みを市町村教委や学校に丸投げせず、たとえば、東京都教育庁が、「健康的な職場環境を実現するための宣言」（2023年11月）を表明したように、都道府県および市町村教委が、学校と教職員のメンタルヘルスケアと安全衛生管理に対する基本方針を明示し、取り組みの体制整備を主導的に図ることが重要である。都道府県および市町村教委に総括安全衛生委員会などを設置し、市町村教委への指導・支援や情報共有を図りながら毎年度のPDCAサイクルを回していくことが大切となる。というのも、県立高校などを所管する都道府県教委では事務局に産業

医・保健師などの産業保健専門職を配置している例も多く、また、県立高校などは教職員数50人以上の学校も多く安衛法の義務規定を順守することも強く求められているため安全衛生管理体制が総じて整っている。一方、市町村は、教委事務局に産業保健専門職の配置はほとんどなく、また、教職員数50人未満の小・中学校が90％前後であることからも安衛法の適用も緩く安全衛生管理体制の整備・運用も十分とはいえない実態がある。そうした市町村教委における安全衛生管理体制の整備と実効的運用を図っていくためには、都道府県教委による人的・財的・専門的な指導・支援が欠かせないのが現状である。

⑵　衛生委員会やそれに準じる組織の役割と運営の工夫

第二に、職場の労働環境改善や安全健康を大切にした学校経営には、校長の指導力と教職員参加の自主的取り組みが重要であり、衛生委員会の活動はその要ともいえる。

学校・教職員は、「子どものため」という意識が強く、仕事や生活上の優先順では自身の健康を後回しにする傾向がある。業務の負担軽減・見直しなども「子どものため」を優先し業務のスクラップがなかなかできない状況もある。衛生委員会は、そうした学校の中で、働く者の安全健康の視点で職場の労働環境や働き方を考え改善提案できる大切な場である。安衛法では、衛生委員会を労働者の安全健康に必要なことを調査審議する組織で職場の自主的な活動を担う組織として重視している。しかし、多くの学校現場からは、何をしてよいのかわからないという声も多く聞かれる。

衛生委員会を年間通して開催し校内での安全衛生活動を継続させていく一例として、たとえば、左記のように、衛生委員会で、①教職員の安全衛生や健康に対する関心を高めるため、時期に適ったタイムリーな話題を取り上げたり（啓発）、②職場の働く環境・条件の実態・問題についてアンケート調査などで調べた集計結果や健康診断・ストレスチェックの集団分析結果を受けて職場の実情・問題を共有したうえで（調査・報告）、③職場でどのような取り組みを進めていくかを審議していく（審議）、というようなサイクルで年間を通じた活動をしていくことが望ましい（長野県教委２０２３：**表6**の年間計画の例を参照）。

［啓発］安全・健康に関する話題提供を通じて安全衛生に関する理解を深める

（例）健康に関する講話・話題提供、ストレスの制御法、文科省・教委の安全衛生管理の方針、など

［調査・報告］勤務校の状況について、資料や各種調査データを基に報告し情報と課題等を共有する

（例）定期健康診断・ストレスチェック集団分析結果、在校等時間の集計結果など、産業医などによる校内巡視結果、など

［審議］調査・報告に基づいて勤務校における課題を整理し対策を講じていく

（例）ストレスチェックの集団分析から見直すべきは？　長時間勤務を改善していくための工夫は？　など

教職員数50人未満の学校には、衛生委員会の設置義務はないが、教委によっては衛生委員会を設置したりそれに準じた組織などを設置している例もある。衛生委員会やそれに準じた組織を単独で設置できない場合には、たとえば、校務分掌組織の保健委員会とか教務委員会などの組織と併用したり、それら委員会終了後に衛生委員会に切り換えて会議時間を確保するなどの工夫も考えられる。

なお、市町村によっては、学校数が少なかったり小規模校が多い場合、学校ごとに衛生委員会などを

設置したり衛生管理者・衛生推進者を選任することは学校・教員の負担となり期待する効果もあげることができないケースもありえる。そうした場合には、市町村教委に総括衛生委員会を設置したり総括責任者を配置し、市町村教委が主導して学校の安全衛生活動をサポートすることも考えられる。市町村教委が、学校・教員の情報を集約して状況把握と必要な対応を図ったり、校長・教員がいつでも相談できる体制づくりを進めることが大切である。

(3) 校内の担当者選任と運用上の工夫

第三は、校内の安全衛生活動の要となる担当者選任での工夫である。教職員の安全健康を守りメンタルヘルス対策を講ずる責任者は管理職であるが、管理職だ

表6　衛生委員会の年間計画の例

	テーマ例	調査・審議の観点
4月	職場の安全点検	新年度のスタート。多様な視点で危険箇所の巡視・点検を。
5月	労働安全衛生法等の改正内容の確認 各教育委員会が定める安全衛生管理規定の内容の確認	教育公務員の「勤務時間」「時間外労働」などについて全職員で改めて確認し、理解を深める。「持ち帰り仕事」や「休日出勤」のあり方についても話題に。
6月	ヒヤリ・ハット事例の共有 STOP熱中症クールワークキャンペーン	疲れがたまり始める頃。教職員全体の心身の状況等を確認。
7月	メンタルヘルスへの配慮 全国安全週間	産業医（健康管理医）・学校医による面接指導実施の紹介。
8月	「年休」の取得状況の確認 電気使用安全月間	夏季休暇の取得、勤務の割り振りなど休養のあり方を話題に。日々の息抜きが大切です。
9月	勤務時間の客観管理 秋の交通安全運動	勤務時間調査の集計結果を踏まえ、定点観測をする等、働き方の見直し。
10月	全国労働衛生週間	人間ドック受診の確認。女性検診への配慮も。
11月	やりがい（ワーク・エンゲイジメント） 過労死等防止啓発月間	「ストレスチェック」の集団分析や「活き活き×やりがい職場調査」の結果の分析を通じて、教職員の多様な働き方に目配せを。職場環境改善のための重要なツールとなります。
12月	年末年始無災害運動 全国火災予防運動	年末年始を前に、学校安全の再確認。
1月	振り返り①	今年度の衛生委員会の運営方法（作業管理、作業環境管理、健康管理）の振り返り。
2月	振り返り②	今年度の働き方改革全体の取り組みの振り返りと今後に向けて。
3月	自殺対策予防月間	心理的安全性を確保した協働的な職場風土を。

出典：長野県教育委員会「労働安全衛生管理サポートガイド」（2023年２月）より引用

けで対応するのでは実効的な取り組みは難しい。教職員のセフルケアを促しラインによるケアを充実していくうえでも組織的・継続的に教職員参画型の安全衛生活動を進めていくのが望ましい。そうした教職員参画型の安全衛生活動の要は、衛生委員会やそれに準じた組織であり、その運営を担う衛生管理者・衛生推進者の役割は大切であることから、衛生管理者・衛生推進者の資格取得と育成に計画的に取り組んでいく必要がある。教委によっては、衛生管理者や衛生推進者の資格取得を奨励し、資格取得のための講習の受講に要する経費を補助している例もある。

全国的には、衛生管理者・衛生推進者には資格保有者である養護教諭・保健体育教諭や学校管理上の配慮から副校長・教頭が選任される傾向があり、一般教職員が選任されることは少ない。ただ、副校長・教頭は超多忙であり、また、養護教諭・保健体育教諭も本務と兼務して時間的余裕もないことから、衛生管理者・衛生推進者に本来期待されている役割と活動を思うようにできていない実態も多くある。そのため、副校長・教頭や養護教諭・保健体育教諭を衛生管理者や衛生推進者に選任する場合は、負担軽減を図ったり、あるいは、一般教職員からも選任し複数で安全衛生活動を担うなどの工夫も考えられる。また、衛生推進者の資格は、都道府県労働局長の登録を受けたものが行う講習（近年はＷＥＢ講習も増えている）を修了することで取得できるため、教委は一般教職員を公費派遣するなどして有資格者の確保・育成を計画的に進めることも大切である（地方公務員安全衛生推進協会２０２３）。

(4) 管理職に期待される役割

教職員のメンタルヘルスと安全衛生の確保は、管理職の責務ではあるが、その業務の一切を管理職が抱え込む必要はないし、管理職の抱え込みは逆に事態の悪化を招く可能性もある。管理職の基本的な役割は、①教職員に健康安全を最優先する学校経営の考えを伝え、②教職員の変化や不調にすぐに気がつくことができるような観察とコミュニケーションを担保する関係づくり、③メンタル不調などを抱えた教職員が援助希求しやすい職場の関係づくりなどである。ただ、そうした役割や取り組みも管理職個人では限りがあり、衛生委員会などの組織的取り組みを通して教職員全体でそうした職場づくりを図っていくことが肝要である。そうしたなかで、メンタル不調を抱える教職員が出たり援助希求があった場合には、管理職には学校内外の産業保健専門職に速やかに繋げていく行動が期待されるし、管理職がそうした行動をしやすくするような相談窓口やネットワークを教委が整えておくことが重要である（大石２０２１、川上２０２１、山本２０２４）。

＊

教員のストレスと蓄積疲労は、本務の業務や長時間勤務だけではなく、授業以外の児童生徒への対応、上司・同僚との関係、保護者・地域への対応など、重層的・複合的な複雑な仕事の特性に伴うものである。そのため、長時間勤務の改善は重要な課題の一つであることは間違いないが、同時に管理職・同僚との良好なコミュニケーション、相互のサポート体制、労働環境の整備・充実など、バランスの取れた取り組みを進めていく必要がある。長時間勤務は、脳・心臓疾患発症との因果関係が高いことが指摘されているが、教員の精神疾患による病気休職に関与している要因としては、月80時間以上の時間外勤務の要因より、同僚の支援の有無、上司の支援の有無、教員個人のヘルスリテラシーなどが上位に位置づくとする指摘もある（山本2022）。その意味でも、学校の安全衛生管理体制の整備充実とその取り組みにおいては、職場における教職員参加型の自律的な安全衛生活動を通じてコミュニケーションのある風通しのよい職場・関係づくりがとりわけ重要となる（川上2021：135～142頁）。

【引用文献】

・石嵜信憲編著（2019）『改正労働基準法の基本と実務』中央経済社
・井上麻紀（2015）『教師の心が折れるとき』大月書店
・大石智（2021）『教員のメンタルヘルス』大修館書店
・大村剛史・高亮（2019）『働き方改革法の実務がしっかりとわかる本』労務行政
・角森洋子（2021）『改訂版　わかりやすい労働衛生管理』経営書院
・川上憲人（2021）『改訂版　基礎からはじめる職場のメンタルヘルス』大修館書店
・経済産業省ＨＰ「健康経営とは」（https://www.meti.go.jp/policy/mono_info_service/healthcare/kenko_keiei.html、2024年9月6日最終確認）
・厚生労働省「労働者の心の健康の保持増進のための指針」（2006年策定、2015年改正）
・地方公務員安全衛生推進協会（2023）「公立学校における労働安全衛生管理体制の事例集」（公立学校職場における安全衛生管理体制に関する研究チーム報告、2023年2月）
・長野県教育委員会（2023）「労働安全衛生管理サポートガイド」（2023年2月策定）
・水町勇一郎（2019）『詳解　労働法』東京大学出版会
・文部科学省（2019）「学校における労働安全衛生管理体制の整備のために（第3版）～教職員が教育活動に専念できる適切な職場に向けて～」
・山本健也（2022）「教職員が『健康に働ける』ための管理職の視点と留意点」（『教職研修』2022年11月号、通巻603号）

・山本健也（2024）「メンタルヘルス不調の要因とサインの見つけ方」（『教職研修』2024年5月号、通巻621号）

5章 労働裁判と学校・教員の働き方の法理

神内 聡

本章では労働裁判における学校・教員の働き方の法理について、裁判所の見解を整理し、併せて現状の問題点を指摘する。

1 教員の労働裁判の2つの流れ

教員の労働問題が裁判で争われる主な類型としては、①残業代請求訴訟、②労働災害（公立学校教員は公務災害、国私立学校は労働災害だが、以下この章ではまとめて「労災等」とする）に関する訴訟、の2つがある。このうち、後述のとおり、公立学校教員の残業代請求訴訟は判例上認められておらず、実質的には違法な残業命令に基づく損害を請求する国家賠償請求訴訟の形態をとる。また、労災等に関する訴訟は、労災等で生じた生命損害等の賠償を請求する民事上の損害賠償請求訴訟と、労災等に関する処分庁の処分の取消しを求める行政訴訟の２つの類型があるが、本章では主に損害賠償請求訴訟について扱う。

2 労働裁判における給特法の解釈

(1) 教員の残業代請求訴訟における給特法と労働基準法37条の関係

労働者は労働契約に基づく所定労働時間を超えて労働した場合、その分の賃金を請求することができる。また、労働基準法37条により、労働者が法定労働時間を超えて労働した場合は、時間外労働、休日労働、深夜労働等の規定に基づく割増賃金を請求できる。したがって、労働基準法が全面的に適用される国私立学校の教員は同法37条に基づく残業代請求が可能である。

しかし、公立学校教員に関しては、裁判所はこれまで一貫して給特法が存在することを理由に労働基準法37条に基づく残業代請求を認めていない。これは、給特法3条2項が明文で公立学校教員に対しては時間外勤務手当及び休日勤務手当を支給しないと規定していることや、地方公務員法58条3項が労働基準法37条の適用を除外していることが理由であり、後述するさいたま地裁も、給特法が労働基準法37条を適用除外した趣旨について、

・教員の業務は自主的な部分と指揮命令に基づく部分が渾然一体となっていて、これを峻別することが困難であり、定量的な労働時間による管理になじまない。

・このような教員の業務の本質は現在も給特法制定時と同様であり、労働基準法を適用除外して教職

調整額の支給制度を設けた根拠は全く失われていない。

と示し、教職調整額は教員の勤務時間外での職務を包括的に評価した結果として支給されるもので、超勤４項目以外の業務を含めた時間外勤務に対する超過勤務手当に代わるものとして支給されることから、給特法が超勤４項目以外の業務に係る時間外勤務に関しては教職調整額の他に労働基準法37条に基づく時間外割増賃金の発生を予定していると解することはできないとして、労働基準法37条に基づく公立小学校教員の残業代請求を認めなかった。

⑵ 給特法の趣旨を没却する違法性

一方、裁判所は公立学校教員に関しては労働基準法37条に基づく残業代請求が認められない代わりに、「給特法の趣旨を没却する」ような違法な残業が存在する場合は、校長の違法行為に基づく損害として服務監督者と費用負担者に国家賠償請求を認めている。この点、京都地裁平成20年４月23日判決は、給特法及び本件条例の立法趣旨、立法経緯を踏まえると、教員が教育の趣旨を踏まえて自主的、自発的、創造的に正規の勤務時間を超えて勤務した場合にはたとえその勤務時間が長時間に及んだとしても時間外勤務手当は支給されないものと解するのが相当だが、教員の当該時間外勤務が自主的、自発的、創造的になされたものではなく、当該時間外勤務を行うに至った事情、従事した職務内容、勤務の内容、実態等を踏まえて、校長等から時間外に強制的に特定の業務をすることを命じられたと評価できるような場合、教員の自由意思を強く拘束するような状況下でなされ、時間外勤務を原則として禁止し、それを命じうる場合を限定した趣旨や、限定して命じる場合でも教員の健康と福祉を害することとならないよう勤務の実情について充分な配慮がなされなければならないとしている規定の趣旨を没却するような場合には違法となる、と判断している。

後述するさいたま地裁判決も、

・給特法が時間外勤務を命ずることができる場合を限定して、教員の労働時間が無定量になることを防止しようとした趣旨を没却するような事情が認められる場合には、勤務の外形的客観的状況から校長が労働基準法32条に違反していると認識可能であり、その違反状態を解消するために業務量の調整や業務の割振り、勤務時間等の調整などの措置を執るべき注意義務があるから、これらの措置を執ることなく法定労働時間を超えて教員を労働させ続けた場合には、注意義務違反として服務監督者と費用負担者は国家賠償責任を負う。

と判断しており、そのような場合の例として、

・校長の職務命令に基づく業務を行った時間（自主的な業務の体裁を取りながら、校長の職務命令と同視できるほど教員の自由意思を強く拘束するような形態のように、実質的に職務命令に基づく時間も含む）が日常的に長時間にわたり、時間外勤務をしなければ事務処理ができない状況が常態化しているような場合

を示している。

(3)　労災等に関する裁判と給特法

前述のように、裁判所は公立学校教員の残業代請求に関しては給特法の存在を根拠に認めていないが、

労災等に関する裁判では給特法に関係なく使用者の労働者に対する安全配慮義務の法理が適用されることを認めている。すなわち、最高裁平成23年7月12日判決（集民237号179頁）は「使用者は、その雇用する労働者に従事させる業務を定めてこれを管理するに際し、業務の遂行に伴う疲労や心理的負荷等が過度に蓄積して労働者の心身の健康を損なうことがないよう注意する義務を負うと解するのが相当であり、使用者に代わって労働者に対し業務上の指揮監督を行う権限を有する者は、使用者の上記注意義務の内容に従ってその権限を行使すべきものである」とし、続けて「この理は、地方公共団体とその設置する学校に勤務する地方公務員との間においても別異に解すべき理由はない」と判示している。

3 さいたま地裁判決と教員の労働時間

(1) さいたま地裁判決について

これまでも教員の労働問題に関する裁判ではどのような業務が教員の労働時間に該当するかどうかが争われていたが、この点について正面から詳細に踏み込んだ判決がさいたま地裁令和3年10月1日判決（労働判例1255号5頁）である。この裁判は埼玉県の公立小学校の教員である原告が残業代を請求した事案で、原告自ら裁判での主張や争点についてインターネット上で広く社会的に提起し、大きな話題を呼んだ。

(2) 教員の労働時間の定義

さいたま地裁は教員の労働時間に関して、これまでの判例と同様に、「労働者が使用者の指揮命令下に置かれている時間をいう」と示したうえで、

・教員の業務には教育的見地から自主的かつ自律的に行うものが含まれており、これに従事した時間は校長の指揮命令に基づいて行ったとはいえないから労働時間には当たらない。

・そうすると、教員の在校時間全てを直ちに労働時間に当たるということはできず、労働時間を算出するためには教員が行った業務のうち、校長の指揮命令に基づいて従事した部分を特定する必要がある。

と判示した。さいたま地裁の判示事項のポイントは、①教員の労働時間も一般的な労働時間の定義である「労働者が使用者の指揮命令下に置かれている時間」と同様に判断する、②教員が自主的かつ自律的に行った業務については、校長の指揮命令に基づいて行ったとはいえないので、労働時間に該当しない、という点である。

(3)　教員の労働時間の認定手法

さいたま地裁判決は過去の裁判と比べてもかなり詳細かつ具体的に教員の労働時間の認定と算定を行っているが、教員の業務は校長の指揮命令に基づく部分とそうでない部分を的確に切り分けることが困難であるという特殊性に基づいて、次のような認定手法を示している。

・教員の業務は日々異なるし、状況に応じて時々刻々と変化するものなので、その業務内容を正確に把握することはできず、個々の業務について指揮命令に基づく部分とそうでない部分を的確に切り

分けることが困難であり、日ごとに始業と終業の時刻とその間の各業務の開始時刻と終了時刻を特定して正確な労働時間を認定することができない。
・そこで、月ごとに教員が校長の指揮命令に基づいて勤務時間外に従事した業務に要したおおよその時間を概算して、これを当該教員の時間外労働時間としたうえで、かかる時間外労働時間と所定労働時間を合計した値を、月ごとの労働時間として認定する。

(4) 教員の労働時間に該当する業務・活動

さいたま地裁判決の最大の特徴は、どのような教員の業務・活動が校長の指揮命令下にある労働時間に該当し、または該当しないかを、詳細かつ具体的に認定している点である。**表**はさいたま地裁が労働時間に該当すると認定した業務・活動と、該当しないと認定した業務・活動である。なお、注意すべき点は、裁判所が労働時間に該当しないと認定した業務・活動は、原告が証拠に基づいて立証できなかったという意味であり、校長の指揮命令の存否についての真偽は不明であるという点である。

右記のさいたま地裁の認定内容は教員の実務感覚とはかけ離れていると批判的に受け止められている。たとえば、通知表の作成には3ヵ月で70時間以上、指導要録の作成には毎月100分間の労働時間を認めながら、翌日の授業の準備に必要な労働時間は5分間しか認めておらず、教材研究は全て労働時間ではないと判断している。確かに、教員の授業準備や教材研究が全て校長の具体的な指揮命令下で行われているというのは教員の労働実態にそぐわず、裁判所も教材研究は「各教員の教育的観点からの自主的判断に委ねられており、校長が原告に対して教材研究を義務付けていた事情もない」と認定したこ

表

裁判所が労働時間と認めた業務・活動	裁判所が労働時間とは認めなかった活動
・教室の掲示物の管理（毎週２分間） ・教室の掲示物の作成（年１回90分間、毎月30分間） ・翌日の授業の準備（１コマにつき５分間） ・朝自習の準備（毎週30分間） ・業者テストの採点（１回につき60分間） ・出席簿の整理・授業時間数集計表の提出（月１回30分間） ・健康診断票の作成・報告（７月に３時間） ・日直業務（１回30分間×８回） ・週案簿の作成（週に30分間） ・学年花壇の草取り・管理（月１回10分間） ・学級・学年会計の確認・報告（各学期末に２時間） ・通知表の作成（３か月で70時間40分） ・自己評価シートの作成（３月と４月に各２時間） ・学年便りの作成（月に50分間・４月と７月は各２時間） ・校外学習の準備（９月と10月に各３時間） ・非行防止教室・図書館教室・交通安全教室等の申込み、実施計画作成（６時間） ・家庭訪問の計画表作成・実施（３時間） ・児童調査票・保健緊急カードの確認（１時間） ・緊急連絡網の作成（１時間） ・学級懇談会の準備（１回当たり２時間×４回） ・安全点検（毎月５分間） ・配布物の綴込み（１時間） ・保護者のメール登録の確認（１時間） ・指導要録の作成（毎月100分間） ・扇風機の清掃とビニール掛け（30分間） ・エアコンスイッチ入切記録簿の作成（毎月５分間） ・教室のワックスがけ（１時間×３回） ・校長の指示による宿題作成（毎月30分間）	・教室の整理整頓 ・掃除用具の確認 ・落とし物の整理 ・教室の点検・修理 ・掲示物のペン入れ ・作文のペン入れ ・教材研究 ・提出物の内容確認 ・ドリル・プリント・小テストの採点 ・児童理解研修資料の作成 ・チャイム教室の計画作成 ・保護者への連絡 ・授業参観の準備 ・ウィンバードへの記入 ・保護者対応 ・児童のノート添削 ・授業の作業の添削 ・賞状の作成 ・エコライフ集計 ・いじめ調査アンケート ・就学時健康診断打合せ

とには一定の合理性が認められるが、授業準備が5分間しか労働時間として認められないというのも極端な印象を受ける。とはいえ、この点は前述のように、訴訟法上は校長から授業準備に関する具体的な指揮命令があったことを原告側が証拠に基づいて立証できなかったという評価である。

また、保護者対応の時間についても、各教員の自主的・自律的判断で決めるもので、校長が原告に対し個別の保護者対応の実施を指示した証拠はないとして、労働時間に該当しないと判断しているが、教員の実務上、保護者対応を校長と協議せずに各担任が独断で行うということは学校運営上リスクが高く、保護者対応が労働時間に該当しないという裁判所の判断は、むしろ担任の独断的な保護者対応を助長してしまうおそれすらある（もっとも、原告が証拠に基づいて保護者対応について具体的な指揮命令の存在を立証できなかった点に鑑みると、実情としてはある程度担任の裁量で保護者対応が行われていた可能性も否定できない）。

(5) さいたま地裁の問題点

①給特法違反の残業命令に対する判断

さいたま地裁は結論として、給特法の趣旨を没却するような違法な残業があったとは認めず、原告側の国家賠償請求を認めなかった。その理由として、

・本件校長は労基法32条の法定労働時間を超えて原告に労働させている状況にあるが、本件請求期間（11ヵ月間）のうち過半数の6ヵ月は法定労働時間内にとどまっている。

・法定労働時間を超過した5ヵ月を見ると、12月が5時間8分、2月が5時間47分、3月が4時間48

分、4月が2時間26分、7月が14時間48分であり、いずれも学年末や学年始め、学期末といった一般的に本来的業務による事務量が増加する繁忙期に当たる。
・原告には勤務時間外労働の対価を含む趣旨で教職調整額が支給されていることに加え、本件請求期間内における法定労働時間を超過した月は最大でも15時間未満であり、直ちに健康や福祉を害するおそれのある時間外労働に従事させられたとはいえない。
・原告が従事した業務内容はその大半が授業準備やテストの採点、通知表の作成など教員の本来的業務として行うことが当然に予定されているものである。

と示し、校長の職務命令に基づく業務を行う時間が日常的に長時間にわたり、そのような時間外勤務をしなければ事務処理ができない状況が常態化しているとは必ずしもいえない状況にあり、教員の労働時間が無定量になることを防止しようとした給特法の趣旨を没却するような事情があると認めることができず、社会通念上受忍すべき限度を超えるほどの精神的苦痛があったとも言い難い、と判断し、校長の注意義務違反を認めなかった。

しかし、本来給特法は政令が規定する超勤４項目に該当する業務であり、かつ臨時又は緊急のやむを得ない必要があるときに限って残業を命じることを認める法律であることから、本件のように（給特法の趣旨を没却するほどの長時間の残業ではないとはいえ）明らかに超勤４項目に該当しない業務について校長が残業を命じている事実が認められるのであれば、少なくとも校長の残業命令は給特法の明文に反する明らかな違法行為であったと端的に示す必要があったのではないだろうか。

また、最近の議論では「給特法は罰則規定がないため、長時間労働を抑止する効果が期待できない」

という主張も見受けられるが（たとえば、日本労働弁護団〈２０２３〉）、少なくとも法令の明文の規定に違反する行為があれば、地方公務員法29条1項・32条により懲戒処分に該当することは明らかであり、校長の残業命令は懲戒処分の対象となるはずである。その意味でも、裁判所が校長の残業命令が給特法に違反すると判決で明示する意義があると考えられる。

②国私立学校との違いに関する判断

さいたま地裁は、給特法が公立学校教員に適用される法的根拠として、次のような「教員の職務の特殊性」を示している。

・教員の職務は使用者の包括的指揮命令の下で労働に従事する一般労働者とは異なり、児童生徒への教育的見地から教員の自律的な判断による自主的、自発的な業務への取り組みが期待されるという職務の特殊性がある。

・夏休み等の長期の学校休業期間があり、その間は主要業務である授業にほとんど従事することがないという勤務形態の特殊性がある。

・授業の準備や教材研究、児童および保護者への対応等については、個々の教員が教育的見地や学級運営の観点から自主的かつ自律的に判断して遂行することが求められており、勤務時間外にこのような業務に従事したとしてもただちに上司の指揮命令に基づく業務に従事したと判断できない。

そのうえで、さいたま地裁は「教員の職務の特殊性に鑑みれば、教員には一般労働者と同様の定量的な時間管理を前提とした割増賃金制度はなじまない」と判断し、給特法により労働基準法37条の適用を排除する代わりに、勤務時間外に自主的、自発的な業務が行われることもあり得ることを想定して、その労働の対価という趣旨を含めて時間外での職務活動を包括的に評価した結果として、「俸給相当の性格を有する給与」として教職調整額を支給することは法的正当性がある、と判示している。

しかし、さいたま地裁が上記のとおり給特法が公立学校教員に適用される根拠として示した「教員の職務と勤務形態の特殊性」は、給特法が適用されない国私立学校教員にもほぼ共通するものである。それにもかかわらず、国私立学校教員は一般労働者と同様の定量的な時間管理を前提とした労働基準法37条に基づく割増賃金が適用されるのに対し、公立学校教員は給特法により同条が適用除外となる根拠として説得的な法理を示しているとは言い難い。

給特法が公立学校教員のみに適用される根拠としては、次のような点が考えられる。

第一に、国私立学校教員の人件費は実質上受益者負担であり、子どもが当該学校を選択して利用する保護者からの授業料等が原資となるのに対し、公立学校教員の人件費は公費負担であり、子どもが学校を利用する保護者以外からも強制的に徴収された税金が充てられる。このため、公立学校教員の残業代は受益者である保護者以外の納税者も納得する仕組みが図られる必要がある。

第二に、国私立学校と異なって公立学校は営利性がないため、公立学校教員には営利性の観点からの残業抑制が働かない（実際に、給特法は公務の特殊性と必要性を理由とする労働基準法33条3項の公務員の時間外労働の規定を前提とした法律である）。この点は一般行政職も同様だが、教員は原則として教員免許という国家資格を必要とする専門性が高い職種であり、各自の業務上の裁量が広いことや、長期の学校休業期間が存在すること等、一般行政職とは異なる職務や業務の特殊性が存在することは裁判所が示すとおりである。

このように、裁判所は給特法が公立学校教員のみに適用される、より説得的な根拠を示す必要があったのではないだろうか。

なお、給特法に基づく教職調整額に関しては、日本労働弁護団（２０２３）のように「定額働かせ放題」という表現を用いた見解も広まっている。確かに、教職調整額は教員という身分の職種に支給される点で「役職手当」にも類似するが、役職手当のように勤続年数等にかかわらず一律額が支給されるのではなく、年功序列型賃金に基づく基本給に４％の定率を乗じた額なので、勤続年数や校種によって支給額は異なる[*1]。したがって、給特法を「定額働かせ放題」と表現する見解は「同じように残業したとしても勤続年数や校種に関わらずどの教員にも一律額の金額しか支給されない」という誤った認識になりかねず、法的に正確な表現ではない（あえて正確に表現するならば、「定額」ではなく「定率働かせ放題」である）。また、給特法は公立学校教員の残業について労働基準法37条の適用を除外する代わりに、給料月額の４％に相当する教職調整額を支給するもので、超勤４項目に該当する業務につき残業したとしても割増賃金を請求することはできないが、残業を全くしなかった場合でも教職調整額が支払われるという点では民間企業等の「固定残業代」に類似する。しかし、教職調整額は基本給と一体となっており、退職金などの算定にも考慮されるため、民間企業の固定残業代とは決定的に異なるものである。裁判所も教職調整額に対して残業代という語ではなく「俸給相当の給与として」という表現を用いている点に留意すべきである。

③教員の労働時間管理に関する判断

さいたま地裁は、教員の労働時間管理については上記のとおり「教員の職務と勤務形態の特殊性」を理由に、「管理者たる校長がその指揮命令に基づく業務に従事した時間だけを特定して厳密に時間管理し、それに応じた給与を支給することは現行制度下では事実上不可能であり、一般労働者と同様の定量的な時間管理を前提とした割増賃金制度はなじまない」と判示している。

しかし、現状では給特法7条により、教員の業務量を適切に管理する指針が定められており、在校等時間をＩＣＴの活用やタイムカード等により客観的に計測することが求められていることからすれば、校長が教員の労働時間を厳密に時間管理することが事実上不可能であると決めつけることは妥当でない。実際に、働き方改革を進め、業務量を適切に管理し、タイムカード等で労働時間を客観的に計測する学校は国私立学校だけでなく公立学校でも各地に存在することから、さいたま地裁のこの点に関する判断は実態に反する誤った判断である。

4　労災等の裁判における安全配慮義務違反の認定

(1)　裁判所が示した安全配慮義務の法理

前述のように、労災等の裁判における安全配慮義務違反の判断に関しては、給特法の存在は影響しな

＊1　個人的には教職調整額が年功序列型賃金に基づいている以上、給特法の議論では教員という専門職に年功序列型賃金が妥当するかどうかも議論の対象としなければならないと考える。専門職である以上、勤続年数が短い若手教員であっても能力の高い教員であれば、相応の待遇が認められるべきであろう。

い。そのため、これまでの労災等の裁判でも広く校長の安全配慮義務違反が認められている。次の３つの判決を紹介する。

①福井地裁令和元年7月10日判決（判例時報２４３３号98頁）

本事案は、公立中学校の初任教員が過重業務等により精神疾患を発症し自殺したとして、遺族の国家賠償請求が認められた判決である。福井地裁は校長の安全配慮義務について、次のように判示した。

・使用者は、その雇用する労働者に従事させる業務を定めてこれを管理するに際し、業務の遂行に伴う疲労や心理的負荷等が過度に蓄積して労働者の心身の健康を損なうことがないよう注意する義務を負い、使用者に代わって労働者に対し業務上の指揮監督を行う権限を有する者は、使用者の上記注意義務の内容に従ってその権限を行使すべきものである。

・この理は、地方公共団体とその設置する学校に勤務する地方公務員との間においても同様にあてはまるものであって、地方公共団体が設置する中学校の校長は自己の監督する教員が、業務の遂行に伴う疲労や心理的負荷等が過度に蓄積して心身の健康を損なうことがないよう注意する義務（安全配慮義務）を負う。

また、福井地裁は本件の教員が長時間勤務をしていたことについて、校長の明示的な勤務命令はなかったとしても、業務内容や経験年数からすれば所定労働時間外に行わざるを得なかったと認められる場合は、事実上校長の指揮監督下において業務を行っていたと認めるのが相当である、と判示している。

そして、たとえ本人からの主訴がなく、校長が当該教員の健康状態の変化に気が付かなかったとしても、校長は当該教員の業務遂行に関し、精神的に余裕がなく、在校時間も非常に長く、身体的にも疲労を感じていることをうかがわせる情報を得ていたことから、本人または他の教員に対する聞き取りなどにより、残業時間やその正確な内容把握を行えば残業時間および業務内容が当該教員の心身の健康状態を悪化させ得るものであったことは認識可能であったとして、校長の安全配慮義務違反を認めた。

②大阪地裁令和4年6月28日判決（判例地方自治492号48頁）

本事案は、公立高校教員が過重な業務により長時間労働を余儀なくされ適応障害を発症したとして、国家賠償請求が認められた判決である。大阪地裁は校長の安全配慮義務について、これまでの裁判所と同旨の見解を示したうえで、次のように判示した。

・校長は、労働時間の管理の中で、その勤務内容、態様が生命や健康を害するような状態であることを認識、予見し得た場合には、事務の分配等を適正にするなどして勤務により健康を害することがないよう配慮すべき義務（安全配慮義務）を負う。

そして、本件高校の校長は本件教員の長時間労働が生命や健康を害するような状態であることを認識、予見し、あるいは認識、予見すべきであったから、その労働時間を適正に把握したうえで、事務の分配等を適正にするなどして勤務により健康を害することがないよう配慮すべき注意義務を負っていたものと認められる、と判示し、校長としては、声掛けや面談等を行うだけでなく、本件教員の業務負担を改善するための具体的な措置を講じる必要があったというべきであり、声掛けや面談等を行っただけでは注意義務を尽くしていたとはいえず、漫然と身体を気遣い休むようになどの声掛けなどをするのみで抜本的な業務負担軽減策を講じなかったとして、校長の安全配慮義務違反を認めた。

③富山地裁令和5年7月5日判決（判例時報２５７４号72頁）

本事案は、公立中学校の教員が業務の遂行に伴う疲労や心理的負荷等を過度に蓄積させたことでくも膜下出血を発症し、死亡したとして、遺族による国家賠償請求が認められた判決である。本判決も上記の裁判と同旨の安全配慮義務の法理を示したうえで、本件中学校の校長は本件教員が量的にも質的にも過重な業務に従事しており、心身の健康を損ねるおそれがあることを客観的に認識し得たといえるから、その業務の遂行状況や労働時間等を把握し、必要に応じてこれを是正すべき義務を負っていたものと認められる、と判示した。

本件は主として部活動の負担が争われた事案であるが、裁判所は業務の量的過重性と質的過重性について、次のように判断した。

(量的過重性)

・本件教員の責任感の強さや部活動指導に対する積極的な姿勢が残業が多くなった背景に存在するとしても、全体としてみれば顧問業務が全くの自主的活動の範疇に属するものであったとはいえず、本件中学校では教員が部活動顧問を担当し、その関連業務に所定勤務時間外にわたって従事することは当然に想定されていたといえ、本件教員が残業として行った顧問業務は、いずれも本件中学校の教員の地位に基づき、その職責を全うするために行われたものである。

(質的過重性)

・本件教員が担当していた中学3年生の担任業務は業務量においても責任の重さからしても強い負荷がかかるものであることや、顧問を担当する部活動は県下の強豪であり、生徒や保護者の期待が大きかったことからその活動日数や時間が長くなる傾向にあり、身体的にも心理的にも強い負荷がかかっていた。

(2) 労災等の裁判における労働時間の認定

残業代が争われたさいたま地裁の事案と異なり、上記3つの裁判はいずれも労働時間に関しては当事者はほとんど争っておらず、裁判所も主要な争点としていない。これは、いずれの事案も訴訟提起前に地方公務員災害補償基金が（以下、「地公災」）公務災害と認定しており、労働時間に関しても地公災が公務災害の判断に際して一定の証拠に基づいて労働時間を認定しているからであって、裁判所も地公災が認定した労働時間をほとんど修正せずに認定している。

5 裁判の分析と実務上の問題点

(1) 労働時間の認定基準の違い

法律論としては、残業代請求訴訟も労災等の国家賠償請求訴訟も労働時間の定義は同じであり、ともに使用者の指揮命令下の時間を指すが、実際の裁判実務においては残業代請求訴訟における裁判所の労働時間の認定は証拠に基づいて厳格に認定するのに対し、労災等の国家賠償請求訴訟ではやや緩やかに認定される傾向がある。前述の裁判例においても、残業代が争われたさいたま地裁の事案では、裁判所は原告が主張する労働時間を容易には認めず、証拠に基づいて労働時間に該当すると立証できなかった業務・活動が目立つのに対し、労災等の裁判では地公災が認定した労働時間がほぼそのまま認められているうえ、福井地裁のように校長が明示的な業務命令をしていなかったとしても、業務内容や経験年数を考慮して事実上黙示的な業務命令があったと判断する判決もある。

これは、残業代請求訴訟が労働の対価を求める雇用契約上の金銭債権請求であることから、形式的にも実質的にも使用者の指揮命令下で労働した時間であること（労働したことが真実であること）を厳格に立証しなければならないのに対し、労災等の賠償請求の根拠となる安全配慮義務は契約とは別の信義則上の義務であり、労働者にとって「心理的負荷がかかっていた時間」であれば広く労災等に関連する時間として認定することが可能だからと考えられる。実際、労災等の認定には時間の長短だけでなく、心理的負荷がかかっていたかどうかが判断基準となる。教員の労働安全衛生法上の「労働時間」に関して「在校等時間」が基準になっている点も、在校していれば心理的な負荷がかかりやすいという推定が前提になっている。

なお、国私立学校における残業代請求の実務においても証拠に基づく厳格な労働時間の認定がなされている一方、教職員による過大な残業代請求も少なくない点には留意すべきである[*2]。

(2) 業務適正調整配分義務

大阪地裁は校長の安全配慮義務の内容として、「その労働時間を適正に把握した上で、事務の分配等を適正にするなどして勤務により健康を害することがないよう配慮すべき注意義務」を示している。これは「業務適正調整配分義務」とも表現できる法的義務だが、給特法の立法趣旨が争われたさいたま地裁も、教員の労働時間が無定量になることを防止しようとした給特法の趣旨を没却するような事情が認められる場合には、勤務の外形的客観的状況から校長が労働基準法32条に違反していると認識可能であり、その違反状態を解消するために業務量の調整や業務の割振り、勤務時間等の調整などの措置を執るべき注意義務がある、と判示している。

したがって、教員の長時間労働を防止するために、校長は各教員の労働時間を適正に把握したうえで、業務量の調整や業務の割振り、勤務時間等の調整などの事務の分配等を適正にする措置を講ずる法的義務（「業務適正調整配分義務」）を負うことが判例法理としても確立していると考えてよいだろう。

もっとも、この義務を学校現場の実務ではたして適切に履行することができるかどうかは別途議論しなければならない。なぜなら、一部の教員に業務が偏らないように全教員の業務を適正に調整して配分するためには「教員各人の能力は同じであり、属性や置かれている状況等も等しい」という、現実を無視した「法的擬制」を前提としなければならないからである。実際に、ストレス耐性は各人で異なることから、ストレス耐性の弱い教員に困難な業務を配分すれば労災・公務災害のリスクが増えてしまうが、かといってストレス耐性の強い教員に困難な業務を集中させると、それは業務適正調整配分義務に違反することになってしまう。

＊2　実際に、ある私立学校の残業代請求裁判において、部活動等の業務で残業させられていた職員が約900万円の残業代を請求したところ、裁判所からの和解指示で学校が約180万円の解決金を支払うことで和解したケースが報道されたことがある。朝日新聞デジタル2022年11月9日付報道を参照。https://digital.asahi.com/articles/ASQC96RHLQC9TIPE013.html（2024年9月7日最終確認）。

また、校長が各学校において業務適正調整配分義務を適切に履行するためには、少なくとも校種・学校規模・教科・役職・校務・経歴・経験年数・能力差等によって多様な労働実態が存在する教員の業務量を第三者がある程度詳細にモニタリングする必要があると考えられるが、現実的には容易ではない。こうしたモニタリングを実施すれば「誰が働きすぎていて、誰が怠けているか」が明確になるため、競争的な勤労を好まない教員の価値観からは抵抗が強いはずである。

そもそも公立学校教員の労務管理・人的管理は権限の多重構造の中で行わなければならないという特殊性がある。すなわち、「教員の能力と資質」を判断して任命する任命（採用）責任を負っているのは任命権者である都道府県（または政令市）教育委員会であるが、教員の監督責任を負っているのは服務監督権者である市町村教育委員会であり、校長はこうした権限の多重構造のもとで現場にて校務掌理権者として、校務分掌の責任と、教員各人の能力と資質を考慮した業務適正配分調整義務を負っているのである。このように考えると、裁判所が示す業務適正配分調整義務を校長が適切に履行することは現実的には極めて難しいのではないかとも考えられる。

とはいえ、任命権者も服務監督権者も校長が業務適正配分調整義務をできる限り履行できるように全力を尽くさなければならないことは当然である。たとえば、健康を害している教員の負担を軽減するように医師から指導・助言があり、校長がその旨を教育委員会に伝えた場合に、教育委員会ができる限り当該教員の代わりとなる臨時講師等を配置できるように人材の確保を常日頃から怠らない努力をすることも必要であろう。

(3) 裁判所が示唆する教員の労務管理

さいたま地裁や控訴審である東京高裁（東京高裁令和4年8月25日判決）は、全体として教育関係者には批判的に受け止められているが、教員の労務管理に関して次のように議論を提起している事項がいくつかあることも冷静に考える必要がある。

①教員の働き方の特殊性

第一に、前述のように給特法が公立学校教員のみに適用される根拠としては不十分であるものの、裁判所が示した教員の職務と勤務の特殊性自体はけっして間違っているわけではない。裁判所が示すように、教員の業務が自主的な判断に基づく部分と校長の指揮命令に基づく部分を区別することが困難であることや、控訴審で東京高裁が示したように、教員の勤務時間は授業時間とそれ以外の時間で労働密度が異なることは、教員の勤務実態を社会科学的に観察すればおそらくそのとおりの実態が判明するのではないだろうか。また、これらの特殊性は公立学校教員だけでなく、国私立学校教員にも共通するものである。そうであれば、国私立学校教員に一般労働者と同様に労働基準法を形式的に適用することに関しても、本来は議論が必要であろう[*3]。

*3　たとえば、神内（2020）は教員の専門職性を重視した働きやすく能力や仕事量を公正に反映したワークルールとして、裁量労働制と役職手当の充実を提言しているが、この2つの事項は今回の中教審特別部会でも言及されている。また、ドイツの労働時間貯蓄制に類似するルールとして、自宅勤務日を設けて振替休日や授業準備日等に活用するルールを導入している学校もある。

②教員の労働時間の考え方

　第二に、さいたま地裁は授業準備や教材研究の時間はほとんど労働時間と認めなかったが、この点を全面的に批判するのも妥当でない。授業準備や教材研究は、教員のやり方次第では無限定になってしまう可能性は否定できないが、かといって法令が求める労務管理を名目に校長が厳格に個々の教員の授業準備や教材研究を管理したり、過度に成果を要求したりすると教員の専門性を奪いかねないからである。結局、裁判所は教員の労働時間は単純に「労働時間か否か」という二項対立的な法律論で議論するのが難しいことを示唆しており、教員の労務管理を考えるうえでこの点の議論は避けて通れないと思われる。

　この点、どのような業務について労働時間とするか、たとえば、授業準備については労働時間内に1単元当たり1時間の準備時間を設定する、といったように、あらかじめ労使間で協議して労働時間に該当する業務のルールを設定することを提唱する見解もあり、実際にそのように労使間でルールを設定して労務管理している学校もある（詳細はⅢ部2章を参照）。また、残業に関しても、あらかじめ労使間で残業として許可される業務についてルールを設定し、そのルールに基づいて残業許可制を運用する学校もある。学校の働き方改革を進めるうえでは単に長時間労働を減らすだけでなく、教員にとっての「働きやすさ」や「働きがい」も重要であることから、労使間でその点にも配慮したルールを設定することも重要である。

　もっとも、労使間のルールで一定時間を超えた授業準備は残業に該当しないものとして扱うとしても、現行の労働法制のもとではこうしたルールはあくまでも無駄な残業を抑制するために法的拘束力のない紳士協定的なものであると考えられる。なぜなら、残業代の放棄は使用者と個別の労働者との合意であっても原則として認められておらず、労使協定が労働者個人の意思に反して特定の業務を労働時間から除外させることは法的に困難だからである。また、労使間でルールについて協議するとしても、労働組合（過半数組合）と過半数代表者のどちらがより教員の利害を反映したルールを設定するのに適しているか、という問題がある。法制度上は労働組合に強い権限が与えられているものの、労使間のルール内容に組合内の人間関係や声の大きな教員の影響が及んでしまったり、労働組合の意思決定は過半数組合の過半数で決議が可能なので、職場全体からすれば絶対多数ではない意見がルールに反映されてしまうリスクもある。教員の業務の属人性に鑑みれば、労働組合や過半数代表者ではなく、教員各自が個別に学校と協議して各自で適用されるルールを設定したい、というニーズもあるだろう。

③変形労働時間制の可否

第三に、さいたま地裁は教員の業務には繁忙期とそうでない時期があることを明示している。さいたま地裁が原告の請求を認めなかったのは、原告が残業代を請求した期間のうち、過半数の月は法定労働時間内にとどまっており、法定労働時間を超過した月はいずれも学年末・学年はじめ・学期末等の繁忙期に当たると認定し、全体としては給特法の趣旨を没却するほどの違法性はないと判断認定したからである。このことからすれば、裁判所は教員の労務管理に関しては変形労働時間制をもっと活用すべきである、と示唆しているようにも読める。

実際には、変形労働時間制は運用上の制約も大きく、少なくとも近年新たに条例で導入が可能になった1年単位の変形労働時間制は、校種や役職、学校の事情等によって個々の教員に与えられている仕事量の差が大きいことから容易に機能するとは考えにくい。しかし、公立学校でも従来から導入可能である1ヵ月単位の変形労働時間制については国私立学校でそれなりに活用されている実例があることから（詳細はⅢ部3章を参照）、公立学校でも積極的に導入を議論すべきではないだろうか。

④教員の実働時間の認定手法

第四に、教員の実働時間について、さいたま地裁の労働時間の認定手法は、1日における実働時間について、所定労働時間内は使用者の指揮命令下にあったと推定する、民間企業の残業代請求訴訟で一般的な労働時間の認定手法ではなく、教員が個々の裁量で自主的に利用できる時間（たとえば、授業を担当していない時間）に関しては、所定労働時間から控除して実働時間を認定しており、この点を批判する見解もある*4。

もっとも、労働時間は労働者が使用者の指揮命令下に置かれていたと客観的に評価できる時間であり、労働契約や就業規則等の規定により決定されるものではないことは確立した最高裁の見解であり、むしろ社会科学的に実働時間を厳格に判断するのであれば、所定労働時間の規定にかかわらず、使用者の具体的な指揮命令が及んでいたかどうかを労働実態から判断することは必ずしも不合理ではない。実際に、民間企業の残業代請求訴訟の実務でも、労働者が所定労働時間はそのまま実働していたと主張したとしても、使用者からの証拠に基づく重要な反証があれば、労働者の主張する労働時間から控除して実働時間を厳格に認定することは一般的にも行われている。

6 補論（私見）——教頭の長時間労働の改善の必要性

本章では教員の働き方改革に関する裁判について説明したが、最後に現状における教員の働き方改革の議論、とりわけ給特法をめぐる議論について、研究と実務の双方の視点から筆者の私見を補論として示したい＊5。

給特法をめぐっては廃止・維持の双方の立場からさまざまな論者が議論を交わしているが、筆者が最も懸念していることは、給特法の議論ばかりに焦点が当てられていて、「教頭の長時間労働の改善」という実務上最も最優先しなければならない争点が放置されていることである。

2022年に公表された教員勤務実態調査においても、前回の調査においても、在校等時間が最も長かったのは一般の教諭でも校長でもなく、教頭・副校長であった。つまり、教頭の多忙な実態は、全く改善の余地が見えていないのである。そうであるならば、最も最優先に掲げなければならない事項は給特法の議論ではなく、教頭の長時間労働の改善ではないだろうか。

しかし、今回の中教審答申では、教頭の長時間労働の改善に関してはほとんど対案が示されていない。また、給特法の廃止を求める論者も、もっぱら廃止すれば残業代を請求できる一般教員の立場からの主張ばかりであり、教頭の長時間労働の問題には全く関心がない。それどころか、給特法を廃止すれば現状のように民間企業よりもはるかに少ない管理職数で労務管理をしなければならない教頭の負担が増大するリスクについては全く考慮しておらず、むしろ教頭の長時間労働を助長するかのような主張すら見

＊4　たとえば、髙橋哲（2022）を参照。
＊5　補論の部分は、神内・小國・坂本（2022）でも指摘されている論点である。

受けられる。

給特法の廃止を求める論者は、給特法を廃止すれば労働基準法に基づく残業代を支払うことにより長時間労働が抑制される効果が期待できると主張するが（たとえば、日本労働弁護団〈２０２３〉）、教頭は管理職であり、給特法を廃止しても残業代が支払われるわけではないのだから、この理屈では給特法を廃止しても教頭の長時間労働が抑制される効果は全く期待できないと言わざるを得ない。また、勤続年数が短い若手教員による残業代請求ならともかく、勤続年数が長く基本給も高いベテラン教員が管理職に昇格しないまま残業代を請求するケースを想定した場合、教職経験が豊富であるにもかかわらず授業準備や教材研究等に要する労働時間が長いという問題が生じることになり、勤続年数に応じて教員の能力が向上することを前提とした年功序列型賃金体系に基づく教員の給与体系を見直さなければならないのではないだろうか（実際に、民間企業で勤続年数が長い一般社員が管理職に昇格しないまま残業代を請求する実例というのは多くないであろう）。

現状の給特法廃止論の最大の問題点は、教頭のように残業代がもらえなくなる管理職の立場をあえて希望せず、定年まで残業代がもらえる一般教員の立場を希望する側から給特法の廃止が強く主張されている点である（この点は、民間企業のように管理職に昇進しなければ生涯賃金で大きな差が生じる賃金体系が導入されており、営利性の観点から労働の成果を意識せざるを得ない一般的な民間企業の労働者の意識とは異なる）。教員にとって児童生徒と直接関わることができる授業や担任業務、部活動業務等は非常にやりがいのある業務であり、教員の仕事の醍醐味であるが、教頭になればそうした業務がほとんど担当できなくなることから、教員の世界ではあえて管理職を志望しない者も少なくない。仮に給特法が廃止されたとして、教頭にならなかった教員が授業準備等に要した残業で多額の残業代を請求できる一方で、教頭が一般教員の労務管理に多大な時間を費やされるにもかかわらず、残業代を全くもらえない立場であれば、支給される賃金自体の逆転現象が生じることにすらなりかねず、教頭になる教員は誰もいなくなってしまう。

筆者は公立・国私立問わず、教員という専門職にふさわしいワークルールを構築すべきであるという視点から給特法を廃止すべきであると考える立場だが、そのためには教頭の長時間労働の改善は不可欠であり、その点を全く考慮していない現状の給特法の廃止の主張には賛同しがたい。その意味でも、近年広まりつつある「複数教頭制」を導入している学校や、義務教育学校・中等教育学校・多部制の学校のように、実質的に管理職数が加配されている学校について、教頭の労働時間にどのような効果や影響が生じているのか、学術的に検証する必要があるのではないか、と考えている。

【参考文献】

・神内聡（2020）『学校弁護士――スクールロイヤーが見た教育現場』角川新書
・神内聡・小國隆輔・坂本順子（2022）『学校と教師のための労働相談Q＆A41――スクールロイヤーと学ぶ学校の働き方』日本加除出版
・髙橋哲（2022）『聖職と労働のあいだ――「教員の働き方改革」への法理論』岩波書店
・露口健司（2024）『教員のウェルビーイングを高める学校の「働きやすさ・働きがい」改革』教育開発研究所
・日本労働弁護団（2023）「公立学校教員の労働時間法制の在り方に関する意見書」

本音の「働き方改革」座談会

小川 正人
東京大学名誉教授

島谷 千春
加賀市教育委員会教育長

川上 泰彦
兵庫教育大学教授

中島 晴美
埼玉県公立小学校長

※編集部注：本座談会は2024年6月に実施しました。

1 学校の働き方改革の更なる加速化

(1) 業務の負担軽減、業務の見直し・適正化

小川 業務の負担軽減や見直し・適正化に関しては、教育委員会、学校ではやれることはやってこられました。「更に徹底して取り組めと言われても大変」という声が聞かれる一方で、自治体間、学校間で取り組みと成果の差が大きいことも事実で、まだまだ取り組みが不十分という評価もあります。教育委員会、学校の当事者、責任者として、これまでの働き方の取り組みをどう評価されているか、また、「審議のまとめ」における「働き方改革の更なる加速化を」という提案、とくに3分類14業務を中心に見直しをもっと徹底して図るといった方向性をどう受け止めておられるか、考えをお聞かせください。

●やれることは全部やる

島谷 自治体それぞれの取り組みに差はあるとは思いますが、加賀市は「やれることは全部やる」というスタンスでやっています。市長も率先して現場か

らの要望を受け、外部人材は入れられるだけ入れて、教師が担う必要のない業務をアウトソースしたり、全校がコミュニティ・スクールに移行して地域の力も入れられるようにしたり、今年度は部活動の地域移行をまずは土日からスタートさせたりと、やれることは全部やっているところです。同時に、学校の意識改革も進んでいるので、ここ数年、数字にも表れてきてはいます。ただ、数字としてはもう頭打ちかなという感覚はありますね。

3分類に関しては、特に地域との関係では、地域の力なくしては学校経営が成り立たないところもあるので、そのあたりは実情を踏まえて各自治体で判断してやっていくしかないかなというところです。

小川　在校等時間の短縮については、国のレベルでは通常期の10月、11月は２０１６年と比較して30分程度しか減りませんでしたが、加賀市ではどうですか。

島谷　激減しているわけではないですが、平均で見ると小学校の時間外在校等時間は38時間、中学校でも48時間くらいなので、数字としてものすごく悪いというわけではないかなと思います。負担軽減に関する政策だけでなく、意識改革も進み、数字に反映されている部分は大きいと思います。

川上　教育長というお立場から、各学校ごとの取り組みのばらつき感はいかがでしょうか。また、各学校で「できること」の上限が少しずつ違ってくる部分もあると思いますが、どのようなことを感じられていますか。

島谷　加賀市くらいの自治体のサイズ感だと、基本的には同じような温度感で進んでいけるので、大きい自治体に比べれば学校間での大きな差は生まれにくいとは感じます。意識改革が進んだ先に、さらに負担感や時間外勤務を確実に落としていくという意味では、市全体の政策がやはり必要であり、部活動の地域移行や外部人材登用など、差が出るとしたら、そういうことができる教育委員会か全く着手できない教育委員会かというところかなと思います。

小川　では中島先生、これまで文科省が進めてきた「働き方改革」をもとに、自校でどう取り組まれてきましたか。

●工夫と努力での取り組みには限界も

中島　私は今年度異動したので、前任校での話が中心になりますが、まず時間外在校等時間を45時間にすることと、精神的負担軽減を目指しながら改革を進めてきました。大きな抜本的な改革は少ない中、学校の工夫と努力で、全力で取り組んできました。

たとえば、ボトムアップ型で「紙面カエル会議」（注：対面の会議ではなく、共有フォルダに教職員から業務改善へのアイディアを書きこんでもらい、それをもとに業務改善を進めるというもの）を実施してきました。「微差は大差」を合言葉に、業務を30秒縮める取り組みを積み重ねる、というようなことから始まり、学校でできる大きな働き方改革としては登校時刻の変更などに取り組んできました。そのような取り組みにより、時間外在校等時間をかなり減らすことができました。またコミュニティ・スクールとして地域の力を借りることができたのも大きな支えとなりました。

小川　今回、「審議のまとめ」では働き方改革の「更なる加速化を」とありますが、これについてはどう受けとめていらっしゃいますか。

中島　正直に言いますと、「更なる加速化」というところではやはり頭打ちのところがあります。その理由は人不足です。一生懸命がんばって業務を分単位で減らしても、誰かが何らかの理由で欠けた場合、その方が担当していた時間分を他の教員（職員）が分担することになります。その心理的負担はとても大きいです。今、どこでも人不足が発生しており、4月の段階で担任配置ができない状況も発生しているということを耳にします。それが一番大きな問題なのではないかと感じています。

さらに、臨時的任用教員の人員も足りませんので、お願いをして入ってもらうという状況が続いています。昔は臨任教員の登録者が多くいましたが、今はいないのが現状です。このような状況については地域差も感じています。たとえば、臨任教員も政令指定都市など財政が豊かな市と近隣市を比べ、雇用条件がよい市へ希望地を変えてしまうなど、島谷教育長もおっしゃっていたように、その自治体の取り組み方や財政によってもだいぶ変わってきてしまうのではないかと感じています。これは日本全体の問題だと感じているところです。

●働き方改革の取り組みと学校現場の評価

小川　３分類14業務の徹底について、周りの校長先生方や、学校の先生方はどう受けとめていらっしゃいますか。

中島　文科省が３分類14業務の徹底について明示してくださったことは、改革を進めるにあたり説得材料ができたのでとてもよかったです。一方で、地域の伝統、地域の方の思いがあるからこそ、なかなか言い出せなかった、改革できなかったという学校もあるのが現実です。周知のために、学校の努力の継続と社会全体の理解を深めていくための情報をどんどん出していくことが必要だと思っています。

小川　私と川上さんは、働き方改革について学校現場の取り組みと評価を調べるため２０２１年にアンケート調査を実施しました（アンケート調査結果の一部は本書Ⅰ部やⅡ部2章・3章で紹介しているので参照のこと）。そこでは、校長先生に、負担軽減としてどのような取り組みをどれだけやっているか、その取り組みでどんな成果があったかということを調査しました。いろいろな負担軽減の手法、たとえばノー残業デーや学校閉庁日の設定などの「キャップ・制限」、行事を縮小するなどの「カット・削減」、会議の効率化やＩＣＴ活用などによる「効率化」、そして「委託・移行」、だいたいこの４つの取り組みで20数項目の手法をあげて、どの手法がどれだけ実施されたか、効果はどうかを校長に尋ねた調査です。

キャップ・制限、カット・削減、効率化の手法は、自分の学校の状況に応じて自分たちの判断でできるので、ほとんどの学校が取り組んでいます。ただ、中島先生がおっしゃったように、これらの手法は業務時間の削減では少ししか成果が出ず、まとまった大きな時間削減とならない。

効果があるのは、やはり「委託・移行」です。国や県がお金と人員を確保して部活動指導員を雇うとか、補助金をつけて支援スタッフの人材確保をするような枠組みをつくることができれば、非常に効果が高いとほとんどの校長が回答していました。また、プール掃除等にかかる経費を教育委員会が補助してくれて業者に委託することができ、大幅な負担軽減になったという学校もありました。

一方で、自校が自前でやらなければならない委託・移行、たとえば学校運営協議会で話し合って地域の方にいろいろな仕事を担ってもらうことなどはむずかしいという声もありました。

そこに教育委員会や学校の実力差のようなものが出てきて、この委託・移行をどれだけできるか、またはできないかで地域間、学校間の負担軽減の効果の差が大きく出ているのではないかというのが、私たちのアンケートで見えてきたことです。このアンケート結果について中島先生はどう思われますか。

中島　まさしくアンケートのとおりだと思います。本市では、スクールサポートスタッフを配置していただきたいへん助かっています。プール掃除については、前任校では業務改善のひとつとして教職員から案が出て、業者に依頼しました。課題としては経費をどこから捻出するかということでした。前任校ではリサイクル活動でたまったお金を活用するという策で何とか実施することができました。業務改善の視点、子どもたちと職員の安全（転倒事故・熱中症防止）のためにも、本プール掃除の業務委託ができればと切に願っています。

島谷　私は横浜市教育委員会への出向経験もあるのですが、そこで働き方改革を担当していました。横浜市は、国での議論が始まる前から動き出しており、「職員室業務アシスタント」というスクールサポートスタッフ制度の先駆けとなる施策も早々に始めていました。学校が本当に喜んだ施策でありましたし、確実に誰かから業務を剥がすということを人を入れてやるということは効果としては本当に大きいなと思います。そして、まさにアウトソースですよね。プール掃除、ワックスがけ、フィルター掃除など、外に出せるものは全部出しました。

そんな横浜市での経験もあって、加賀市でも同じようなことをやっており、やっぱり喜んでもらえます。その分早く帰るかというと、その辺は行政側からしたら少し悩ましいところはありますが、心理的な負担軽減はやはり大きいです。先生たちは、授業のためならいくらでもがんばりたいという方々なので、そういう業務にどれだけ注力できる環境をつくれるかというのが、行政のがんばりどころですね。

●仕事の捉えへの「でこぼこ」にどう向き合うか

川上　学校の忙しさを分数のように捉えると、分母が人員などの資源、分子が仕事の量というふうに考えられます。そうすると、忙しさを小さくするためには、分子を小さくするか、分母を大きくするか、どちらかが必要ですよね。資源を投入するか仕事を減らすかのうち、資源を入れて分母を大きくする対策は、現場的にはあまり葛藤がなく、すごく嬉しい。ただし、どう資源を確保するかという部分では、学校単位でのご苦労があると思います。

一方で、分子を減らすというのは現場的にけっこう葛藤があります。また、せっかくどこかで業務を削減しても、そのおかげでやりたくてもできなかった仕事をやって、結局トータルとして同じことになる、ということもよくあると思います。そこを変えていくという意味では「働き方改革」の分子の部分については、「働く」ということの捉えを変えなければならない場面がたくさん出てきます。

そこで中島先生におうかがいしたいのは、習い性、ついやってしまうという部分についてです。せっかくいろいろ工夫をして時間を短くしようとしても、仕事の捉え方や受け止めの個人差とかでこぼこのようなものに接していく場面が出てくると思います。そうした場面にはどう向き合っていらっしゃるのか、またそうした仕事の捉え方に手を入れていかなければならない際は、どの辺を大事にされているのかをお聞かせください。

中島　まさしくそこが今、私がいちばん悩んでいるところです。ほんとうにでこぼこがあります。一例をあげると、保護者から、「下校時にいつも子ども同士のトラブルが起こるので、先生が送ってきていただけませんか」という要望がありました。「何とか力になりたい。その要望にお応えしたい」という気持ちは教員も管理職ももっています。今まではその気持ちで学校はさまざまな対応を精いっぱいしてきました。この例の場合、3分類が示されたことを保護者、教員とも理解していれば、説明をしてお断りをしなければならない場面だと考えられます。

学校の職員は子どものためならがんばりたいと思う方がほとんどです。そのためこのケースでも、しばらくのあいだ下校の見守りをすることになったと報告がありました。以前なら「そこまでしてくれてありがとう」と100％称賛できた場面ですが、今はアドバイスの言葉を添えていかなくてはなりません。管理職として、この転換期に教職員の温かい善意の気持ちに寄り添いながら、働き方についての考え方の転換の必要性・最新情報をしっかりと伝えていかなくてはいけないと責務を感じています。

私が大切にしたいと考えているのは1on1です。対話をとおしてさまざまなでこぼこをうめたり、でこぼこを尊重し合えたりできるようにしていきたいと考えています。また、最新情報や世の中の動きなどについて、職員会議、校長だより等すべての手段を使って示しているところです。

(2) 教職員の健康と福祉

小川 この間の業務の負担軽減や見直し・適正化の取り組みでも、なかなか時間外勤務が減らない状況が続いています。「審議のまとめ」は、年間推計の月当たり平均の時間外在校等時間が、小学校で約41時間、中学校で約58時間となり、2016年度調査の小学校約59時間、中学校約81時間から、それぞれ約18時間、約23時間減少（6年間で約3割減少）したことを示し、成果があったことを強調しています。ただ、この年間での数値の改善は、夏などの長期休業期間の勤務日や時間外勤務の少なさが反映した結果であり、そうした長期休業期間以外の通常時期の時間外在校等時間は、依然、長時間の高止まりとなっています。
また、周知のとおり、働き方改革のもとでも、2021年度、2022年度と連続して精神疾患による病気休職者数が過去最多となっており、教員の健康確保の取り組みが喫緊の課題です。「審議のまとめ」では、教職員の健康について、学校の安全衛生管理体制の整備・充実というテーマとして取り上げており、とくに、労働安全衛生法の義務規定が弱い教職員数50人未満が90％近くを占める小・中学校とそれを所管する市町村教育委員会の安全衛生管理体制の整備とその運用が不十分であり、都道府県が指導体制を整えることを強く求めています。

まず中島先生、教職員のメンタルヘルス対策や安全衛生にかかわって、これまで取り組まれてきたことや今取り組んでいること、また今後の取り組み、課題などについてお話しください。

●メンタルヘルス、安全衛生への対応

中島 私は勤務校で「ウェルビーイングな学校づくり」を進めており、その考え方の柱のひとつに「SPIRE」というものがあります。これはSpiritual（知性）、Physical（心と体）、Intellectual（精神性）、Relational（人間関係）、Emotional（感情）の頭文字をとったものですが、その中の「Physical」が幸せに関してとても大事だという話をしています。

前任校では、先生方に心身の健康（含：メンタルヘルス）の大切さをわかってもらうために、夏休みに1時間確保し、校内研修を実施しました。また、「学校保健委員会」を活用して、先生方に必要だと感じる議題について学ぶ機会をつくりました。さらに、時間外勤務が80時間以上の先生がいたら、どうしたら改善できるかについて、その先生の生活や悩みに寄り添いながら改善策を共に考えてきました。

小川 校内研修や勉強会などは、中島先生が直接されているんですか。それとも、たとえば衛生委員会のような組織や、衛生管理者とか衛生推進者など、システムの中で動かしているのでしょうか。

中島 私が直接行ったのは夏休みの校内研修で、そこでは、レジリエンス力やハピネスブースターなどについてお伝えしました。また、学校内で組織的にするものとしては、養護教諭が保健主事とタイアップして、睡眠や食事などについて先生方にお伝えする研修があります。さらに、学校医や、企業の方をお呼びして、たとえば睡眠について羽毛布団の会社の方に話していただくなど、ちょっと楽しい研修をしたりしました。

小川 労働安全衛生法上の衛生委員会とか衛生管理者、衛生推進者などの整備についてはいかがです

か。

中島　整備はしていますが、正直そこまで機能していないかもしれません。

小川　では島谷教育長、加賀市での取り組みはいかがでしょうか。

島谷　労働安全衛生法上求められているような、衛生管理者を置くとか、ストレスチェックをするなどはもちろんやっていますが、学校内に衛生管理委員会というかけもちの分掌がひとつ入ることでどれだけ効果があるのかというのは、小さい学校が多い加賀市では、正直なところ少し厳しいと感じます。ですから、形式的な制度を整えるのも大事ですが、少ししんどくなってきたなという先生の情報については相当密に学校と教育委員会でやり取りをしていて、その先生が学級経営に苦しんでいたら伴走支援にすぐ入るようにしたり、保護者対応が厳しかったらそこにも仲介を入れるようにしたりして、苦しんでいることについて直接的に支援に入ることで、とにかく元気でいてもらえるようにするのがいちばん大事かなと思っています。

●教員の「しんどい」をキャッチするための工夫

川上　中島先生の1on1を大事にすることや、島谷教育長のしんどくなった先生の情報共有をすることなどはすごく大事なポイントがあふれていると思います。働き過ぎを抑えるうえでは、これまで美しくていいものとされていた先生方の「まだやれます、大丈夫です」というのをどう止めるかが今後は求められます。また、自分が一教員としてダメだと思うことなく「できません」とか「しんどいです」が言えるようにしておくことも大事になってきます。しんどいと言えるようにするための工夫なしに1on1を設定しても効果にはつながりませんし、先生の「しんどい」が教育委員会に上がってくるには、まずその「しんどい」が校長に伝わらないとうまくいかないと思います。教員から「しんどい」が出せるようにするための工夫などは、それぞれおありでしょうか。

中島　言葉で言うと、心理的安全性を担保することです。もうこれは絶対で、どういう組織が心理的安全性があるといえるのか、理論をしっかりと伝えています。言葉だけでなんとなく伝えるのではなく、具体的にこういう条件が整っていて、こういう心持ちがあると心理的安全性になるということを、最初に学校経営方針を伝えるときに共通理解を図り、みんなでこれを目指しましょうと伝えています。

具体的には、たとえば「2学期年休取得キャンペーン」ということをやりました。これは、心理的安全性をベースに、お互いに認め合って「じゃあ行ってらっしゃい、楽しんできて！ 私の時はよろしくね！」と必ず1回は平日に休めるようにするという楽しい作戦です。

このような取り組みのおかげで、前任校はストレスチェックについても、仕事の量へのストレスはありましたが、人間関係上のストレスがなく、全国平均よりもかなり外れた数値となりました。しんどい保護者対応や児童の問題行動もありましたが、それも先生たちは乗り越えることができました。

そして、教育委員会と校長の関係にも心理的安全性があれば、島谷教育長が言われたようなしんどい先生の情報共有ができると思います。心理的安全性は大きな組織でも小さな組織でも本当に必要なベースだと思って貫いてやっています。

島谷　私も全く同じ思いです。教育委員会と校長の関係、校長と教員の関係、教員と子どもとの関係も全部つながっているので、ちょっとした段階で言葉に出せるような心理的安全性が担保された環境にするというのが大前提です。しんどい先生の見つけ方という点では、学校から報告が上がってくることもありますが、加賀市では今、授業改革に取り組む一環で、教育委員会の伴走支援チームが学校に頻繁に行っているので、あの先生がちょっと元気がないなどの情報がすぐに入ってきます。もし校長があまり気づいていなくても、あの先生はちょっとしんどそうなので、よく気遣ってあげてくださいね、という感じで教育委員会から学校に伝えることもあります。教育委員会職員が学校をたくさん回ってそこでキャッチしているというのが大きいですね。

小川　衛生委員会を整備するとか、衛生管理者、衛生推進者をきちんと選任するというような整備の努力はある程度されているとは思いますが、加賀市は小規模の学校が多いということなので、むしろ、そういうことに注力するよりも、労働安全衛生やメンタルヘルスに関わることを、教育委員会が主導権を持ってやっていくという体制なのでしょうか。

島谷　横浜市の学校のような大規模校で学校が担う部分と、地方の小規模校で教員の数が限られているなかで学校が担う部分は、だいぶ違うかなとも思います。小規模校では複数の分掌を担当しているような状況なので、衛生管理者を充てたとしてもなかなか機能させることは難しいかなと。そこは組織でというよりは、ある程度教育委員会で引き取って、一つひとつの芽を早期に摘んでいくという感じです。

小川　教育委員会の方が各学校のメンタルヘルスや労働安全に関するサポートをきちんとやろうとすると、既存の指導主事だけでは対応しきれないのではないかと思いますが、たとえば教育委員会の事務局職員の中に保健師さんがいるとか、それに類するような産業保健の専門スタッフなどは配置されているのでしょうか。それとも、指導主事が対応されているのでしょうか。

島谷　加賀市は、専門の職員はいないので、指導主事プラス授業改革のための外部人材を３人入れています。その３人がだいたい１日に３、４校をまわっていて、先生たちにも複数人、毎日会い続けているので、学校や先生たちの変化がかなり見えやすい状況になっています。

2　学校の指導・運営体制の充実

⑴　他の専門職・支援スタッフの更なる配置充実と「チーム学校」の実現

小川　学校教育の課題の多様化、複雑化、困難化が進むなかで、他の専門職・支援スタッフが学校に不可欠な人的資源として配置され「チーム学校」の構築の取り組みが始まって10年ほどが経過しています。学校の働き方改革の文脈からも教員の負担軽減策として「チーム学校」の構築が不可欠となっていますが、チーム学校を構成する他の専門職のスタッフや支援スタッフ等々の配置が、学校現場のニーズから見ると質量ともに不足しています。その運営や取り組みの仕方で、学校や教育委員会はさまざまなご苦労や工夫がおありだと思いますが、中島先生は「チーム学校」とはどのようなものと受け止められ、どんな「チーム学校」をつくってこられましたか。

●保護者・地域と共につくる「チーム学校」

中島　私は、全教職員と保護者と地域の（学校に関わる全ての）方々を「チーム学校」のメンバーであるとして、学校だよりなどで伝えてきました。新入生保護者説明会の時に、「これから皆さんは私たちのチームです、チームメンバーとして子どもたちのために連携し、力を合わせて進んでいきましょう」とモチベーションを上げていきました。

小川　「チーム学校」をつくったことで、うまくいったことは何ですか。

中島　学校の課題を一緒に解決することができました。たとえば、前任校では教員数が少ないなかで、広い敷地の草刈りや木々の手入れ等の環境整備が課題でした。それを投げかけたところ、地域の方が手をあげてくださいました。除草活動は、当初は保護者が20人ほど集まるくらいだろうと考えていましたが、地域の方々の声かけにより、3年後には参加者が165人にまでなり、それが本当にチームとなって、そこからさらに保護者と地域の方との会話が生まれて、地域活性化にもつながってきたという手応えがありました。

小川　「チーム学校」をつくるうえでのむずかしさは何でしょうか。

中島　コミュニケーションを取る時間が足りず、情報を広げることに苦労しました。昔は夜の座談会などで信頼関係を築くこともあったかもしれませんが、コロナ禍や働き方改革も始まり、短い時間で、適切にコミュニケーションを取っていくということがむずかしかったです。また、情報を広げるという点について、学校が保護者・地域に発信できる手段は、学校だよりとホームページが主になります。これらだけでは十分に伝えられないことを感じていました。「チーム学校」づくりのために、これからも工夫をして、情報を広げられるよう努めていきたいと思います。

●組織として意思決定ができる

小川　島谷教育長は、「チーム学校」とはどのようなものと受け止めていらっしゃいますか。

島谷　そうですね、チームで、組織で、地域も一緒に動きましょうということは、「チーム学校」と括弧付きでわざわざ言わなくても、学校には相当浸透してきていると思います。やっぱり規模が小さいと、まとまらないと何も動いていけないので、教員免許を持っていようがいまいが、とにかく学校にいる職員全員で何かをやるということが当たり前の空気にはなっていると思います。

小川　教育委員会としては、各学校の「チーム学校」づくりをどう支援されていますか。

島谷　スクールサポートスタッフ、学習支援員、スペシャルサポートルーム（校内教育支援センター）の支援員の配置、授業支援者など、いろんな外部人材を入れていますが、コミュニティ・スクールの存在も大きいと思います。中島先生もおっしゃっていましたが、地方は普段から地域とのつながりがかなり強く、改めて組織化するというのはこれまでと全然違いました。

組織として定例的に話し合える場があり、属人的ではなく組織として意思決定が進められ、正式にいろんな人を巻き込んでできるというのは、大きな学校の力になります。「チーム学校」が言われ始めた当初は、おそらく地域の概念は薄かったと思いますが、地域の力を巻き込むというのは負担軽減の観点でもすごく大事だなと思いますね。

川上　中島先生がイメージされているチームというのは、学校がこういうふうにしてほしいということをいろんな人が分業するという感じのものでしょうか。

中島　学校の問題をみんなで解決しようという、一つの目標をみんなで協働する形で話し合いをしていきます。たとえば登校時刻について、前任校で教員の勤務時間開始と同時に子どもたちが登校してくるようにするために8時15分に変えることが成功したのも、学校運営協議会の方々のお力があったからでした。地域や保護者の理解がないとできないことについて一緒に考えてもらい、皆さんの代表がこんなふうに言ってくれたんですよ、と情報発信することで、本当に苦情がなくなりました。これを学校からぱっと出したら、うまく進まなかったと思います。みんなで審議して決めたということで理解していただき、また、どうしてもこうしてほしいということについても、苦情というより相談という形になったので、先生方の心理的安全性もかなり担保されたと思っています。

また、学校応援団として別枠を設けており、地域や保護者の方ご自身の才能を活かして、たとえば読み聞かせが得意でそこだけは応援したいというような方が活躍できる場をつくったりもしています。

川上　地域の方の、「こういうことをやってほしい」「このやり方で進めてほしい」という思いが、学校の思いとは違う形になってしまう可能性もあるような気がします。そのように思いの違う人が集まっているときは、どのようにチームビルディングをされていますか。

中島　最初は一人ひとりとのコミュニケーションを取って信頼関係をつくります。その信頼関係づくりをベースにし、チームビルディングの方向性を考えてきました。どの人にどの話を最初に持っていけばよいかというのを、自分の中でイメージしながら、誰に何の話をするかというシナリオをつくったり、うまくいかなかった場合の第二・第三のシナリオも考えたりしながら進めてきました。

たとえば、今回の登校時刻を8時15分にするということでしたら、いちばんの反対のご意見はＰＴＡからくるだろうと思われましたので、想定できる意見にどのように寄り添い、合意形成できるかを考えて必要な材料を集めたり、先に対策方法を学校運営協議会で話し合い、解決策の提案を示せるよう努めてきました。保護者も地域の方々も、私たち学校職員も、だれもが「子どもたちのために」という思いでいるという向かう方向を整えていくことでチームビルディングをしてきました。

川上　なるほど。ありがとうございます。続けて島谷教育長にお聞きしたいのですが、中島先生のような幅感をもって戦略を立てられる校長先生はそうそういないなかで、地域と連携していきましょうというときには、教育委員会から学校への支援や助言が必要になってくると思います。地域もさまざまですし、校長先生の引き出しの多さや察知する能力などにもばらつきがあると思いますが、それを教育委員会としてはどれくらい把握していて、手を打ったりされているんでしょうか。

島谷　この先生はこの地域に勤務経験があるとか顔が効きそうなどの情報はほぼわかっています。ただ、これまで縁のなかった地域に管理職として赴任する場合ももちろんあるので、そのときは教育委員会として地域のコミュニティ・スクールのメンバーや地域の有力者、ＰＴＡ会長などとのつながりを活かして、支援のお願いなどを先回りしてやったりしています。地域との関係は、中島先生みたいな校長先生だったら苦労しないとは思いますが、結局は、コミュニケーションの問題ですよね。何をするにもコミュニケーション力以上に大事な力ってないなと思います。

●スクールカウンセラー等との連携

小川　チーム学校の構築では、学校の中での事務職員の新しい役割などではいろんな取り組みもありますが、たとえばスクールソーシャルワーカーやスクールカウンセラーについては、チーム学校がスタートして10数年経とうとしている今も、人的な配置の数は昔と比べると確実に増えているものの、非正規ですし、学校に常駐するような体制づくりというのはなかなかできていない状況がまだ続いています。このような状況について、学校や教育委員会としてチーム学校を構築するうえでの支障は何か感じられていますか。

島谷　スクールカウンセラーは県の事業なので市でハンドリングできないのですが、全然足りないですし、もっと入ってくれたらいいなとは思います。ただ、そう言っていても仕方ないですし、人もいないので、加賀市では、子どもの端末から東京にいる心理の専門家にチャットで相談できる機能を、子どもにも教員にも保護者にも提供しています。今の子は、チャットだからこそ、親にも先生にも言えない悩みがたくさん出てきて、そこからいろいろな支援につなげている現状もあります。スクールカウンセラーだけでなく、さまざまなチャンネルを増やすために、地方だと人材確保がとにかく大変なので、オンラインを使って東京とつなぐことなども視野に入れていくのがとても大事だと思っています。たとえお金はあってもやっぱり人がいないという状況もあるので、専門人材の確保はかなり工夫が必要です。

小川　中島先生の学校ではいかがですか。

中島　スクールカウンセラーは月1回、スクールソーシャルワーカーは教育センター常駐で、依頼すれば来校してくれるという状況です。私は、1ヵ月に1回でも学校に来てくださる方は全部チームのメンバーだと伝えて、校長室便りや必要な連絡事項などをその方の机に置いておき、本校の現在地がわかるようにしていました。

(2)　持続可能な教職員指導体制の充実

小川　中教審の特別部会における審議のなかで、教員の負担を軽減し、持続可能な教職員指導体制を充実するためには、教員数を大幅に増員して、教員一人の週当たり授業持ちコマ数を減らす等、教員一人ひとりの負担を軽減し、授業や授業準備等の本来的業務に無理なく専念できる体制づくりが不可欠とする主張もありました。一方で、児童生徒数が今後大幅に減少していく見通しのなかで教員数を大幅に増員することに難色を示している財務省等の姿勢もあって、そうした主張はなかなか実現困難であるのが現実です。

「審議のまとめ」では、そうした制約があるなかでいろいろな提言が示されています。学校現場に大きな影響を及ぼすものとしては、小学校中学年への教科担任制の拡大、新卒教員を学級担任にせず教科担任とし、授業持ちコマ数も軽減して新卒・若手教員の負担軽減を図る、また、中学校での35人学級の推進などの施策を打ち出しています。このような施策について、中島先生が学校現場から期待できることや、反対にあまり期待できないかもしれない、ということなどあればお話しください。

中島　これが本当に実現できたらすばらしいなと思

いますが、先ほど申し上げたように、そもそも教員のなり手が少ないなかで、教員数を大幅に増員するというところに工夫が必要だと思いますし、さらなる対策が必要です。

小学校中学年への教科担任制については、今、本校でも高学年で教科担任制に取り組んでいますが、よい面もある一方で、持続可能にしていくには研究が必要だと思っています。たとえば、6年生で体育の担当をしている先生はずっと外にいます。1人だけ真っ黒に日焼けしていて、健康という面からも心配です。また、たとえば「私は家庭科が得意だから」といって、新卒の頃から家庭科だけを教えていたら、他の教科が教えられなくなってしまうので、ポジションチェンジをどう進めていくかということも考えていかなければなりません。

新卒教員のコマ数を減らすのは大賛成ですし、新卒の方を担任外にすることもできればいいとは思いますが、現状では担任外を置くことができない状態です。そのようななかでは厳しいのではないかというのが実情です。

島谷　そうですね、実現できたらいいなと思います。今の講師不足の状況で、今すぐには実現できないものばかりだなと思いますが、中・長期的に見たら、やっぱり講師の数や教員数も盛り返してくるところはあるので、制度を敷いておくことは、私はすごく大事だと思っています。こういう機運が盛り上がることは、そうあることではないので。

小学校の初任で担任を外すというのは、いち早くやりたいですね。とにかく若い先生を潰したくないという思いは、教育委員会としては切実です。教科担任よりも何よりも、本当にそこですね。

●産育休後の働き方のフォロー

川上　少子化で新卒者の労働市場がこの先ずっと縮小していくので、学校で働く人を増やすということがどれだけ可能かについても考えておかなければいけません。

また、教員採用試験の倍率が下がっているなかで、とくに小学校初任の先生方が若くなってきていて、正規採用されてからの産育休が増えているということに関心を持っています。以前の高倍率の時期のように、学校、産育休は講師の頃に経験している方が多いと、教育委員会としてそれをどう捉えるかという話になりにくかったと思います。今は、産育休での中断や育児・介護による勤務の制約など、さまざまな状況の中での働き方やキャリアを模索する必要が出てきていると思います。

そうしたなかで、中島先生は何か気をつけていらっしゃることや、お声がけで工夫されていることはありますか。人が足りないという環境のなかで、たとえば産育休でキャリアを中断された方が、免許も実践経験もあるのに、生活スタイルに合わないということで教職に戻らないというのはすごくもったいない話だと思いますが、その辺での工夫をお聞かせください。

中島　前任校で、7年間産育休を取得後復帰されて、時短を取りたいという申し出があり、その方の意向にそえるように努めました。川上先生がおっしゃるように、産育休明けの方があまりにもギャップが激しくてやめてしまうというケースをたくさん聞いていますので、本校ではそういう方を出さないように、ウェルビーイングな学校をつくろうと、先生方と一緒に協力してやっていました。その愛情を彼女が感じて、先生たちがこんなにしてくれるのだから私もがんばろう、というような、チームメンバーの温かさで乗り越えられたのだと思います。

●中堅教員へのケアも重要

川上　もうひとつお聞きしたいのですが、産育休などのキャリアの中断明けや働き方に配慮の必要な先生を大切にしようとするなかで、ややこしいこと、めんどうなことが中堅教員にしわ寄せされてしまって、今度はそちらが疲弊してしまうというようなケースも考えられます。そのあたりはどのようなケアをされていますか。

中島　そこは、日頃からウェルビーイングな学校に本気でしようという先生方の温かさと熱量で乗り越えられたと思っています。同僚が苦しむ姿を見たくないという思いで、全職員で支え合っていました。そのことで疲弊してしまうのではないかと正直最初は心配していましたが、そのようなことは全くなく、私の方が先生方の姿勢から学ばせていただくことが多かったです。前任校に4年間いたなかで、4人の方が結婚し、6人赤ちゃんが生まれました。そのたびに、みんなが笑顔で「おめでとう！」と言って産前休に入る職員にエールを送ったり、出産後、学校に連れてきた赤ちゃんをみんなで抱っこしたりする温かい雰囲気がありました。このように、中断された方へのケアでも、心理的安全性、ウェルビーイングの考えというのが非常に大切だと私は職員のあり方から、強く感じました。

川上　ありがとうございます。今の40代後半の世代は、採用試験がとても厳しかった時期で、言い方はよくないですが代わりはいくらでもいるんだという雰囲気のなかで仕事をしてきた方もいるのではないかと思います。その時代との違いをどう出していくのかというのは、おそらく人を確保していくうえで大事なポイントになるのかなと思いました。

中島　初任者の給料を上げるということも人員確保のためには必要です。他企業と比べてけっして高い給料ではありません。力がある方はよほど教育に対する熱量がなければ、物価高騰の社会情勢からも給料が高い方を選ばれるでしょう。もちろん、熱意のある方も来てくれますが、一方で、他での採用がむずかしかったために教職を選んで来られる方もいます。そのような方も現場では本当に一生懸命に力をつくしてくれますが、専門性の高い教職業においては生徒指導等においてもフォローアップが必要になります。それもまた中堅以上の先生方がフォローアップしてくれるのです。

私は、この例や前例の産休明けの教員をサポートして学校を支えてくれている中堅層の方々の給料こそ上げてほしいと切に願います。55歳で打ち止めではなくて。そこからがすごく大変ですし、その方々がいろいろと担ってくださっています。今も、講師で70歳過ぎの方がいますが、そういう方もやめられない状況です。退職された校長先生方も、担任をしたり、担任外で週2、3時間の授業をもったりなどしてがんばって現場を支えてくださっています。

小川　文科省としても定数改善でいろいろ努力はさ

れていますが、やはり財源の壁などがあって、定数改善も小幅しかできない。そのように人的な資源を学校に配置するのには限度があるなかで、学校現場から見て、教員を増やすのであればこういうところを最優先にしてほしいということはありますか。たとえば、先ほど島谷教育長は、新卒の方を学級担任にしないということが優先順位としては高いと言われていましたが、学校現場から見たら、教員数を学校現場で1、2人増やすとしたら、どういうところに活用したいですか。

中島　そうですね、贅沢な使い方ですが、新任や若手の先生と伴走しながら見てくれるようなポジションの方がいてくださるととても助かります。また、中学校のように小学校にも学年副主任の立場の方が配置されるとたいへん助かります。

3　教職員の処遇改善

(1)　給特法の継続と教職調整額の増額

小川　「審議のまとめ」で社会の耳目を集めたのは、給特法の継続と教職調整額の10%以上の増額ということでした。まずこのことについて、学校の現場から何か感想やご意見があればお聞かせください。

中島　10%以上の増額案に対しては、それはそれはもう、ないよりは本当にありがたいです。学校現場では、文科省がどれくらい苦労して交渉されているかというところが伝わりにくいので、足りないよという声も聞いたりしますが、少しずつでも前進させていただきありがたいことです。

島谷　私は国で働いていた時間も長いので、政治情勢等々考えたときに、処遇改善についてあそこまで審議のまとめに書けるタイミングというのはそうそう来るものではないという感覚を持っています。今回のまとめに対して反対している先生の声も聞きますが、今回のチャンスが潰れたら、もう一回やり直しのチャンスはなかなか訪れないと思っています。ですから、少しでもよくなる道をみんなで実現していく方向に力を合わせないと、いつまでたっても処遇改善なんて実現できないので、この波に乗るというのはすごく大事なことだと思っています。

川上　調整額10％については、給料プラスα分を地方の政治過程に委ねなくて済むようになる強みはあるなと思います。ルールに書いてしまえば、お金を出す側を縛ることができますので、この意味はすごく大きいです。もし、残業代を制度化するとなると、その原資や、どこまで支払うかというのを地方の政治過程で検討することになると思うので、これは実効性の面でも心配です。

小川　島谷教育長がおっしゃったように、やはりタイミングというのがありますね。２０１９年の中教審の時には給特法や教職調整額についてはほとんど触れられませんでした。これは私の感想ですが、政治が動かなかったんですよね。だから、文科省が所管している所掌事務と権限でやれることは全部やったと私は思っていて、その成果が在校等時間という新たな勤務実態把握のしくみの構築と時間外の上限設定などだったと考えています。今回は自民党の「令和の教育人材確保に関する特命委員会」が中教審に先立って動き、調整額10％以上に増額という方向性を特命委の提言に書き込めたことは政治的に重い意味をもったと受け止めています。今回、教職調整額10％以上アップを中教審の「審議のまとめ」に書き込めたのは、政治の流れのタイミングもあってできたのかなと思っています。

(2)　新たな職と給料表への「級」の創設、学級担任手当

小川　「審議のまとめ」で学校現場により直接的に影響が及ぶのは、新たな職＝主任を職とし、給料表にその主任職の「級」を新たに創設することや、学級担任手当＝義務教育等特別手当の額の加算ではないかと思います。

主任制は、今日までさまざまな議論もあるなかで、東京都が先行して制度を整備してきた主任職という仕組みは、教員のキャリアデザインや中堅層の成長と励みを促すとして評価する声もあります。一方、学級担任手当に関しては、教員の負担軽減とチーム担任制で学級経営と児童生徒への指導のあり方を見直そうとしている複数担任制や学年担任制など

の新しい試みを制約するように作用しないか、懸念の声が出ていました。そうした懸念に配慮するかのように、「審議のまとめ」では加筆訂正が行われて、最終的に、「学級担任の処遇改善に関わらず、学級担任一人のみでなく、複数の教師が連携・協働しつつ児童生徒に関わることは重要であり、複数の教師で学級担任業務を分担している場合には、給与負担を担う都道府県・指定都市の判断により、その分担に応じて支給することなども考えられる」とされています。

学校経営にとって非常に大きな意味を持つ今回の提言だと思いますが、そのあたりについて、学校現場としてはどう受け止められていますか。

中島　主任職については、もう少しよく考えてみないと、どういう影響が出てくるのかというところは安易にお答えできないと思っています。今現在、主任手当というのはありますので、そこに級が入ったとしてもあまり変わらないのかなと考えています。

学級担任手当についてもよく考えてみないと思っていますが、まだそこまで考えられていません。

小川　教育委員会としてはどうですか。

島谷　主任の級創設に関しては、主任層がやっている仕事はマネジメントに近いところもありますし、将来の管理職候補として一段高い視野で仕事をしてもらいたいと思っているので、その分の処遇をちゃんとするというのは民間でも当然のことですし、ぜひ改善してほしいと思っています。単なる手当か、俸給表の級が変わるかというのは大きな差があって、ボーナスなどの算定のベースも変わってくるため波及効果が大きいので、責任ある人にちゃんと相応の処遇をするということは大切だと私は思います。

学級担任手当については、級外でも負担が大きくがんばっている先生もいっぱいいるので、そこはやってみないとよくわからないですね。

●教職員の仕事を勤労者の視点・立場で見直す

小川　全体を通じて、最後に一言ずつお願いいたします。

島谷　私も国や教育委員会などで働き方改革を散々

やってきた立場で、多くの現場を見るなかで、働き方改革だけに特化したことをやりすぎないことも大事だと思っています。毎日学校の先生と話していると、やっぱり子どもの成長を見られるというのが何よりも先生方のモチベーションで、力の源泉になっているわけです。そういう場面に触れられる機会や時間をどれだけ確保できるかというのが、すべて先生方のウェルビーイングにつながっていくなということは毎日実感しているので、時短になるようなことはもちろんやるけれども、そもそも何のためにやるのかというところを見失わないようにトータルで環境を整備していくことが本当に大事だなと思っています。

中島　私も改めて考える機会をいただき、たいへん勉強になりました。そのなかで、目指すものは子どもたちが幸せな力を、幸せになる力を持った人になっていくというところだと思います。今、島谷教育長もおっしゃってくださったのですが、よく、ウェルビーイング＝働き方改革とか時短と言う方もいますが、そうではないというところは大事かなと思います。ただ、制度というのは本当に大切で、そのためのモチベーションや、人員確保のために必ず必要なものはあると思うので、それはこれからもどんどん議論して、いい方向に向かってくれるといいなと思います。

川上　働き方改革もそうですが、教員採用試験が低倍率になったり、働く人の定着がむずかしくなったりというなかで人員を確保しようとしている分、成果が見えにくいという状況にあると思います。あれこれ工夫をしてみても、離職はまだ多いじゃないかとか、採用倍率はそうそう回復しないじゃないかという話になりやすいところを認識しながら、一歩ずつ続けていただくのがすごく大事だと思います。また、働き方改革が進んでいくことで、ようやくバックヤードにちゃんと目が向くようになっているのはすごく望ましいことだと思います。これまでは、表向きの、専門的な指導が入るとか、学級のサイズが小さくなるというような、子どもに接する部分で目に見える改革を目指す動きが強かったですが、持続可能な仕組みや、働き方など、バックヤードを充実させる政策にようやく目が向いているというのはすごくいいですね。今日はそんなバックヤードの充実のお話をいっぱい聞かせていただき、たいへん勉強になりました。ありがとうございました。

小川　今、学校の働き方改革は、労働力人口の減少というなかで、優秀で意欲ある人材が教職を選んでくれるかどうかという人材確保競争下で取り組まれているというある種の緊張感をもっておくことが大切だと思っています。川上さんが、バックヤードという視点で今の働き方改革で新たな課題として見えてきたことを指摘されましたが、私も同じように感じています。学校や教員は、自分よりも「子ども優先」で地域や保護者にもさまざまな配慮などをしていろいろな場面で自分を律してきた傾向があったのですが、働き方改革を通して、学校や教職の仕事を勤労者の視点・立場で見直すことができるようになったと感じています。勤労者の視点で、自身の生活と仕事のありようを考えたとき、①働きやすい職場であることと同時にやりがいと成長を実感できる仕事・職場であること、②そうした仕事にふさわしい社会的処遇の改善、そして、③安全・健康に働くことができワーク・ライフ・マネジメントも推進する、という取り組みが不可欠です。こうした取り組みは、教職に意欲ある優秀な人材を確保するだけでなく、教職員のモラールを高め生き生きした学校づくりと学校教育の質向上にもつながると思います。そうした取り組みを今進めていることを社会に発信していく必要がありますし、そのチャンスでもあると思ってもいます。

今日は、皆さんから取り組みを進めていくうえでのいろいろな示唆をいただけたと思っています。ありがとうございました。

あとがき

本書のテーマでもある教員の勤務の在り方や給特法などの政策論議には、ずいぶん前から研究者の立場で関わってきた。２００８年に文科省初等中等教育局に設置された「学校の組織運営の在り方を踏まえた教職調整額の見直し等に関する検討会議」（同年5月～8月）に委員として参加して以降、中教審正委員としても関連テーマの中教審審議に幾度か関与し、最後に、学校の働き方改革に関する２０１９年中教審答申をまとめた中教審では副会長・特別部会長として関わった。２０１９年中教審答申とその後の指針策定では、当時の諸事情もあって給特法や教職調整額には踏み込めなかったが、文科省は自身の所掌事務と権限ででき得る可能な取り組みを最大限図ったと評価している。

政策過程分析モデルの一つに、〝政策の窓モデル〟というものがある。政策過程の流れには、①問題認識、②政策案、③政治、という三つの流れがあり、これらの流れが合流するタイミングで政策の窓が開く（＝政策が実現する）というものである。①はある特定の問題に社会や政府内外の広範な関係者が強く関心を抱きその問題解決を図りたいという大きなムーブメントが生じること、②はその問題に対する多様な政策案やアイデアが政府内外で生成消滅して政策論議が高まること、③はその問題の解決を実行に移せる政治的環境や合意形成が可能になることである（縣公一郎・藤井浩司編『コレーク政策研究』２００７年、成文堂、１９８頁）。①問題認識が高まり⇓②実現可能な政策案が用意され⇓③実現のための政治的環境と合意が整って政策が実現するという政策実現過程の流れが描かれることになる。

このモデルに従えば、２０１９年中教審答申は、①問題認識の流れは形成されていたが、②政策案と③政治の流れが十分に醸成されていなかったと捉えられる。そして、２０２４年中教審答申は、それに加えて、

②政策案と③政治の流れが開いたともいえる。その開き方が、「一部」なのか「全開」なのかは立場でその評価は異なると思うが、今後さらに、②と③の流れがより強まり政策の窓が「全開」することを期待する声も大きいように思う。私も、引き続き研究者の立場から調査研究と社会的発信を通してこのテーマに関わっていきたいと考えている。

なお、本書には、日本学術振興会科学研究費「労働法制改編に伴う教員の新たな勤務時間管理方策の影響と課題に関する調査研究」（基盤研究B　研究代表者：小川正人、2019年度～2022年度）の成果の一部が反映されている。本科研費による共同調査研究に研究分担者・協力者として参加した若手・中堅研究者が本書の執筆者となっている。共同調査研究と本書執筆の過程は、私にとっても刺激の多い学びの機会となった。また、たいへんご多忙ななか、本書の座談会に出席いただいた島谷千春・加賀市教育委員会教育長と中島晴美校長（埼玉県上尾市立上平小学校）には、心よりお礼申し上げたい。お二人にご参加いただいたお陰もあり、座談会は本書を締めくくるのにふさわしいものになり、また、学校・教育行政の現場関係者に対してもより納得感のあるものになったと思う。

最後に、本書の刊行では、教育開発研究所の方々、特に、編集者の桜田雅美さん、岡本淳之さんにはたいへんお世話になった。出版業界の厳しい諸事情もあるなかで、学校現場にとって少し距離感のある本書のような教育政策や教育行政をテーマにした著作物を出版するのには躊躇もなかったとは言えないと思うが、本書の意義をご理解いただき出版にご尽力いただいたことに心より感謝を申し上げたい。また、中教審特別部会審議の進捗状況を見据えての執筆と校正・編集には迅速な作業が不可欠であったが、短期間のなか、原稿の確認と的確な編集作業を進めていただいた桜田さんと岡本さんがいなければ本書の出版はなかったと思う。ここに、改めて心よりお礼申し上げる次第である。

小川　正人

執筆者一覧

※所属・肩書きは2024年9月1日現在

【編著者】
小川 正人　東京大学名誉教授（Ⅰ部／Ⅲ部4章／座談会）

【執筆者】（執筆順）
神林 寿幸　明星大学准教授（Ⅱ部1章・2章）
櫻井 直輝　放送大学准教授（Ⅱ部3章）
川上 泰彦　兵庫教育大学教授（Ⅲ部1章／座談会）
雪丸 武彦　西南学院大学准教授（Ⅲ部2章）
荒井 英治郎　信州大学准教授（Ⅲ部3章）
神内 聡　兵庫教育大学教授、弁護士（Ⅲ部5章）

学校の未来をつくる「働き方改革」
――制度改正、メンタルヘルス対策、そして学校管理職の役割

2024年10月20日　第1刷発行

編著者　小川正人
発行者　福山孝弘
発行所　株式会社 教育開発研究所
〒113-0033　東京都文京区本郷2-15-13
TEL03-3815-7041／FAX03-3816-2488
https://www.kyouiku-kaihatu.co.jp
表紙デザイン　長沼直子
印刷・製本　中央精版印刷株式会社
編集担当　岡本淳之／桜田雅美

ISBN 978-4-86560-600-3
落丁・乱丁本はお取り替えいたします。定価はカバーに表示してあります。